普通高等教育通识类课程精品系列

大学生法制与安全教育

主　编　姚天金
副主编　杨　力　刘晓论
　　　　司小昆　高鹏飞
参　编　卜凡珊　崔倩倩
　　　　冯培培　常书豪

北京理工大学出版社
BEIJING INSTITUTE OF TECHNOLOGY PRESS

内 容 简 介

本书立足于当前大学生校园学习生活实际,选取与大学生息息相关的法制、安全等内容形成专题,引导大学生学习总体国家安全观,增强法制、安全意识。

全书坚持思想性、科学性、前瞻性、适用性相统一,结构清晰,概念准确,语言通俗易懂、直观简洁,内容难易适中、重点突出、可读性强。本书可作为各级各类高校的法制与安全教育教材,也可作为大学生自学的参考读物。

版权专有　侵权必究

图书在版编目（CIP）数据

大学生法制与安全教育 / 姚天金主编 . -- 北京：北京理工大学出版社, 2022.11
ISBN 978-7-5763-1105-1

Ⅰ．①大… Ⅱ．①姚… Ⅲ．①大学生 – 法制教育 – 高等学校 – 教材②大学生 – 安全教育 – 高等学校 – 教材 Ⅳ．① G641

中国版本图书馆 CIP 数据核字 (2022) 第 220657 号

出版发行 / 北京理工大学出版社有限责任公司
社　　址 / 北京市海淀区中关村南大街 5 号
邮　　编 / 100081
电　　话 /（010）68914775（总编室）
　　　　　（010）82562903（教材售后服务热线）
　　　　　（010）68944723（其他图书服务热线）
网　　址 / http://www.bitpress.com.cn
经　　销 / 全国各地新华书店
印　　刷 / 河北盛世彩捷印刷有限公司
开　　本 / 787 毫米 × 1092 毫米　1/16
印　　张 / 12　　　　　　　　　　　　　　　责任编辑 / 李慧智
字　　数 / 278 千字　　　　　　　　　　　　文案编辑 / 李慧智
版　　次 / 2022 年 11 月第 1 版　2022 年 11 月第 1 次印刷　责任校对 / 刘亚男
定　　价 / 39.80 元　　　　　　　　　　　　责任印制 / 李志强

图书出现印装质量问题,请拨打售后服务热线,本社负责调换

前言 FOREWORD

认真开展大学生法制与安全教育,筑牢高校安全稳定工作的思想防线,是维护高校和谐稳定的根本措施。大学是人们追求知识、完善自我、实现理想的殿堂,是人们心目中的一片净土。大学生的人身安全与健康成长关系到我国人才发展战略的落实,事关我国高等教育事业的健康发展和人才培养,既是坚持以学生为中心的客观要求,也是维护社会稳定、构建社会主义和谐社会的重要保障。作为培养适应我国社会经济发展所需高素质人才的阵地,实施法制与安全教育是高校必须承担、不容懈怠的社会责任。随着社会主义市场经济制度的逐步完善,我国高校发生了深刻的变化,这些变化既给高校的发展带来了生机和活力,也给学校安全管理带来了新问题和新挑战。这对大学生法制与安全教育提出了新要求。

本书注重围绕总体国家安全观,内容涵盖法制教育、国家安全、人身安全、财产安全、消防安全、交通与出行安全、运动安全、饮食与健康安全、网络安全、求职就业安全、心理安全等内容,以章节为单位,力求充分为学生普及校园生活、社会生活以及心理健康等各方面的安全与法律知识。同时,对于相应的案例进行深度剖析,指出现实危害,揭示特点规律,阐述法律条文,提出防范对策,让学生在学习知识的同时能够将所学知识运用到生活中去。本书具有以下几个特色:

第一,在编写过程中引导学生深刻学习总体国家安全观,注重培养学生的法律素养和国家安全意识。

第二,紧扣大学生法制与安全教育教学大纲要求,注重教材的思想性、启发性和适用性,联系学生日常生活和学习实际,注重培养学生自主分析问题和解决实际问题的能力。

第三,在内容的选择上追求把握好继承、发展与创新的关系,在其他同类教材的基础上有所发展,有所创新。

第四,编入了许多案例,每一个鲜活的案例都力求贴近生活,并对案例进行深度剖析,力求让学生通过最鲜活生动的案例学习相关知识。

本书的编写者都是从事大学生法制与安全教育工作的一线教育工作者。由黄河交通学院姚天金担任主编,杨力、刘晓论、司小昆、高鹏飞担任副主编,刘晓论负责统筹,具体分工为:第一、十一章由姚天金编写,第五章由杨力编写,第四章由刘晓论编写,第三章由高鹏飞编写，第二、七章由司小昆编写，第九、十章由卜凡珊编写，第六章由冯培培编写，第八章由常书豪编写，第十二章由崔倩倩编写。

本书在编写过程中得到了黄河交通学院教务处、学生处、科研处、经济管理学院、安全教育教研室等部门和单位相关专家的支持和帮助，在此表示诚挚的感谢。本书在编写过程中参考了大量贴近实际的资料和研究成果，在此一并对相关作者和专家表示感谢。

由于时间仓促，加之编者水平有限，书中难免存在疏漏和不足之处，恳请广大读者批评指正。

编　者

2022 年 8 月

CONTENTS

第一章 绪论
    第一节 大学生法制与安全教育的内涵、特征与目标 // 1
    第二节 大学生法制与安全教育的内容、原则与方法 // 3
    第三节 加强大学生法制与安全教育的意义 // 7

第二章 法制教育
    第一节 大学生提升法律素养的重要性 // 9
    第二节 大学生需了解的法律法规 // 12

第三章 国家安全
    第一节 国家安全 人人有责 // 20
    第二节 大学生要认识到国家安全的重要性 // 27

第四章 人身安全
    第一节 校园人际关系安全 // 30
    第二节 大学生如何防范校园暴力 // 34
    第三节 应对突发的校园安全事故 // 40
    第四节 防范大学生性侵害 // 48

第五章 财产安全
    第一节 防范校园偷盗 // 53
    第二节 防范校外抢劫 // 59
    第三节 防范电信网络诈骗 // 61

第六章 消防安全
    第一节 火灾的预防与扑救 // 74

第二节　火灾中的自救与逃生 // 84

第七章　交通与出行安全

第一节　大学生交通安全 // 89
第二节　大学生出行安全 // 95
第三节　大学生在交通事故中的自救 // 99

第八章　运动安全

第一节　校园运动安全问题及原因分析 // 102
第二节　预防校园运动安全事故 // 105
第三节　常见运动损伤及救护措施 // 110

第九章　饮食与健康安全

第一节　加强大学生饮食安全教育 // 117
第二节　大学生饮食安全注意事项 // 119
第三节　大学生传染病的预防 // 121

第十章　网络安全

第一节　网络安全基本知识教育 // 127
第二节　常见网络诈骗及其防范措施 // 135
第三节　警惕各种网络陷阱 // 138

第十一章　求职就业安全

第一节　大学生求职就业相关法律政策 // 145
第二节　大学生谨防求职招聘陷阱 // 154
第三节　大学生如何保护自身的就业权益 // 160

第十二章　心理安全

第一节　大学生心理健康 // 170
第二节　大学生常见心理问题及影响因素 // 177
第三节　提升大学生心理健康水平的方法 // 180

参考文献

第一章 绪论

【学习目标】

1. 了解大学生法制与安全教育的内涵、特征与目标。
2. 了解大学生法制与安全教育的内容、原则与方法。
3. 理解加强大学生法制与安全教育的重要意义。

第一节 大学生法制与安全教育的内涵、特征与目标

安全是从人身心发展需要的角度提出的,是个人生存和人类繁衍的基本需求之一,既关乎个人生命财产安全和家庭幸福,又关乎社会安全稳定和国家长治久安。大学生处在人生发展的黄金期,而其安全教育和法制教育仍有许多漏洞,因此加强大学生法制与安全教育至关重要。

一、大学生法制与安全教育的内涵

什么是法制?"法制"一词古已有之。今日法制的概念有广义与狭义之别。广义的法制是指一切社会关系的参加者严格地、平等地执行和遵守法律,依法办事的原则和制度。狭义的法制即指法律制度。法制是一个多层次的概念,既包括法律制度,也包括法律实施和法律监督等一系列活动过程。

什么是安全？"无危则安，无损则全"。安全有着丰富的科学内涵，如安全是一种仁爱之心，安全是一种文化，安全是一种幸福，安全是一种挑战，安全是一笔财富，安全是一种权利也是一项义务。结合本书的定位，安全通常指人的身心不受危害，或者指人没有受到威胁，是人类生存和发展最基本的要求，是生命与健康的基本保障。

什么是法制与安全教育？教育是一种培养人的社会实践活动，指教育者对受教育者或教育对象有目的、有意识地施加影响的活动。法制与安全教育指教育者对受教育者施加的以法制和安全为主要内容的系统性的教育活动，以期改变教育对象。法制与安全教育也包括受教育者进行的自我教育。法制与安全教育包括教育者、受教育者、教育影响等多个要素。

什么是大学生法制与安全教育？大学生法制与安全教育主要指高等学校依照国家有关法律法规的规定，组织教师或相关人员对大学生开展的国家法律法规、校纪校规和各模块安全防范知识与技能的教育活动。高校实施大学生法制与安全教育意在使学生树立正确的世界观、人生观和价值观，把握总体国家安全观，提升法制与安全意识，提高安全防范的知识与技能，增强自我保护和应急救护能力，提升法治素养，成长为全面发展的人。

二、大学生法制与安全教育的特征

大学生法制与安全教育既具有教育的共性特性，又具有自己的特性，其特征一般体现在如下几个方面：

（一）全面性

大学生法制与安全教育涉及内容比较全面，包括大学生会遇到的法律问题、国家安全、消防安全、交通安全、人身安全、财产安全等，几乎涵盖了大学生学习生活的方方面面。同时，大学生法制与安全教育是大学生全面发展的重要内容。

（二）及时性

大学生处在人生的黄金时期，体力、智力等发展都处于高峰期，个性鲜明，接受能力强。近些年，大学生的安全隐患仍然存在，此时进行法制与安全教育恰逢其时，能收到较好的效果。

（三）实用性

大学生法制与安全教育选取理论讲授、案例分析、社会考察和实践等方式开展教育，教育内容与大学生学习生活息息相关，重在培养大学生法律和安全方面的意识和技能，进而预防违法事件和安全事故，具有极强的实用性。

（四）长期性

基于大学生的性格特点、法制环境的特性、安全问题的长期存在，大学生法制与安全教育不能一蹴而就，需要结合大学生的学习生活长期进行。一般情况下，大学生存在侥幸心理，认为法律问题、安全事故距离自己很遥远，极易放松警惕，需要不断加强教育。而要实现法制与安全教育的长期性，需要将法制与安全教育常态化、制度化、科学化。

（五）创新性

科学技术在不断变化，人类生产和生活方式也在不断变化，诱发因素在不断变化和更新，因此法制问题和安全问题也随之不断出现新变化。大学生法制与安全教育需要积极适应当前的新形势，采取贴近学生实际的方式开展教育，创新性地整合相关内容和现代信息技术，体现法制与安全教育的时代感。

三、大学生法制与安全教育的目标

大学生法制与安全教育目标指向明确，主要有法律和安全意识、法律和安全知识和安全防范技能三个层面。

（一）增强大学生法律与安全意识

在当前环境中，有部分大学生法律意识和安全意识淡薄，这是极其危险的。大学生法制与安全教育选取贴近学生学习生活的鲜活案例，能够帮助大学生牢固树立安全第一、安全重于泰山、安全无小事的观念，增强大学生法律与安全意识，为大学生健康成长保驾护航。

（二）丰富大学生法律与安全知识

通过大学生法制与安全教育，大学生应当了解常见的法律知识和安全知识，清楚了解哪些是大学生极易触犯的法律条款，诱发安全隐患的因素有哪些，掌握必备的法律与安全知识。

（三）提升大学生安全防范技能

通过大学生法制与安全教育，大学生要了解和掌握基本的安全信息搜索、安全防范技能，掌握必备的自我保护技能、沟通技能、急救技能，养成日常生活中必要的安全习惯，最大限度地预防和减少安全事故带来的伤害。

第二节 大学生法制与安全教育的内容、原则与方法

开展大学生法制与安全教育，需要有明确的教育内容，掌握教育的原则与方法。

一、大学生法制与安全教育的内容

大学生法制与安全教育涉及的内容较多，从法制与安全的角度讲，一般包括以下十一个方面：

（一）法制教育

当今社会是法治社会，大学生身处法治社会，有必要了解相关的法律知识。大学生法制与安全教育要讲清楚提升大学生法治素养的重要性、大学生中常见的违法行为和如何有效预防大学生违法犯罪等问题，帮助大学生筑起人生发展的屏障。

（二）国家安全

国家安全事关国家主权。国家安全包括国家安全的基本概念、总体国家安全观、大学生面临的国家安全形势、大学生维护国家安全的权利与义务等内容，要清楚坚决自觉抵制邪教迷信和加强反恐防爆安全防范等基本要求。

（三）人身安全

生命和健康权是人基本的权利。现阶段，大学生人身安全仍然面临着一定的威胁，如日常纠纷与滋扰、意外事故伤害、传销陷阱等。大学生法制与安全教育要讲清楚大学生面临的常见人身安全伤害类型，提升大学生安全防范意识和技能，帮助大学生掌握防身自卫的本领。

（四）财产安全

绝大部分大学生经济不独立，学习期间靠家庭或国家资助，但近些年来，社会上针对大学生的侵财事件多有发生，尤其是校园诈骗、校园盗窃、电信诈骗等，不少大学生深受其害。大学生法制与安全教育要帮助大学生识别相关侵财行为，学会保护自己的财产安全。

（五）消防安全

随着我国高等教育事业的发展和高校的不断扩招，高校在校师生数量猛增，校园人员密度相应增加。大学生群体相对缺乏消防意识，在面对火灾等突发事件时往往缺乏必要的消防常识和消防技能。

（六）交通安全

交通安全指不发生交通事故或少发生交通事故。大学生交通安全指大学生在校园内和校园外的道路行走、乘坐公共交通工具时的人身安全。如何避免交通安全，如何在出现交通安全事故时进行妥善处理，如何做到交通安全出行是大学生法制与安全教育的重要内容。

（七）运动安全

大学生喜欢运动，也经常受运动伤害的困扰。大学生法制与安全教育要引导大学生认清校园中常见的运动伤害及其产生的后果，从而使学生了解到运动伤害事故的发生机制及其预防、处理办法并在实际事故中进行应用，也教育学生重视自身安全，在运动过程中及时避免运动伤害事故发生。

（八）饮食与健康安全

"民以食为天，食以安为先"，饮食安全是保障大学生健康安全的重要一环。大学生也会面临食品安全威胁，掌握必备的饮食安全常识，学会预防各类传染病，才能保护自身安全，远离安全威胁。

（九）网络安全

随着互联网的迅速发展，高校大学生的学习和生活已经离不开网络，通过网络，学生可以获取丰富的信息和知识。但是，网络同时也是一把"双刃剑"，它在为学生的学习和生活带来巨大便利的同时，也可能产生交往能力下降、人格分裂等负面影响，从而导致大学生心理健康问题，甚至走向网络犯罪。为此，大学生要掌握网络安全基本知识、网络安全事故的表现形式及特点、网络陷阱及网络犯罪的预防措施和如何文明使用网络等内容，旨在营造健康文明的网络环境，坚持文明上网，科学合理使用网络资源。

（十）求职安全

大学毕业生就业问题是社会难点问题，就业结构矛盾给大学生就业带来冲击和挑战。一些招聘单位、机构或个人利用大学生社会经验不足、自我保护意识差、就业竞争激烈等弱点，以提供就业机会为诱因，采用违法悖德等手段，与大学生达成权利与义务不对等的各类就业意向（协议），试图侵害大学生合法权益，这就要求大学生必须掌握必要的求职就业安全知识。大学生要认清就业形势，做好求职准备，了解求职过程中常见的陷阱，不断增强自身求职就业安全防范意识，进而顺利就业。

（十一）心理安全

心理健康是指个体在各种环境中，都能保持良好的心理状态。也就是说，一个人在各种环境中都能保持积极的、乐观的、向上的、良好的心态，在外界环境发生变化时，能及时地调整自己的心态，与外界环境相协调。由于学习压力、经济压力、就业压力、家庭环境及个人经历等原因，一些大学生心理压力大，部分大学生产生心理问题，受到心理安全的威胁。因此，大学生要了解心理健康的基础知识，知道为什么要重视心理健康以及如何在认识心理健康重要性的基础上保证自己的心理健康。

二、大学生法制与安全教育的原则

开展大学生法制与安全教育，要遵循教育教学工作的基本原则，一般来说，大学生法制与安全教育的原则主要有如下几个：

（一）理论与实践相结合原则

法制与安全教育内容涉及基本的知识、理论较多，关涉的实际和实践问题十分广泛。在开展大学生法制与安全教育中，教师要讲清楚法制与安全教育的基本概念，帮助学生形成对法制教育、国家安全、人身安全、消防安全等主要内容的全面的理解和把握，同时结合学生学习、生活实际，采取案例教学、观摩教学等方式，引导学生主动理论联系实际，增强学生法制与安全意识。

（二）科学性与思想性相结合原则

大学生法制与安全教育不仅要将法制与安全教育各模块的知识、技能讲清楚、讲透彻，让学生形成科学的认识，还要善于挖掘各模块教学中的思政内容，增强教育的思想性，达到立德树人的效果。如：在法制教育中注重培养学生学法、守法、尊法、用法的法治思维，提升学生法律素养；在国家安全教育中注重讲解总体国家安全观、国家安全形势、传统国家安全、非传统国家安全等内容，培养学生维护国家安全的意识；在人身安全教育中，注重讲清楚滋扰、传销等内容，引导学生关注自身安全，同时学会尊重他人，不做侵犯他人人身安全的违法行为。

（三）教育引导与加强管理相结合

大学生法制与安全教育涉及很多具体的行为和习惯，因此开展大学生法制与安全教育，既要坚持通过课堂进行授课，加强学生教育引导，帮助学生形成系统、科学、适用的法制与安全理念、意识，掌握法制与安全知识与技能，同时要结合学校学生工作和安全保卫工作，通过学生工作人员如辅导员、班主任等，借助专职保卫人员力量，加强对学生的安全管理。教育引导和加强管理形成合力，织就科学实用的大学生法制与安全教育之网，提升教育效果。

三、大学生法制与安全教育的方法

开展大学生法制与安全教育，要坚持综合使用课堂教育法、实践指导法和自我教育法。

（一）课堂教育法

课堂教育具有计划性、系统性、思想性、科学性等特点，组织较为便利。课堂教学是高校开展教育教学工作的主渠道，法制与安全教育的主渠道是课堂，因此其首要方法是课堂教育法。课堂教育法主要指法制与安全教育教师、高校学生工作和保卫工作人员通过课堂开展相关教育的方法。此处的课堂既包括根据人才培养方案安排的大学生法制与安全教育课程课堂，也包括党课、团课、主题教育课堂等。

开展大学生法制与安全教育要坚持以学生为中心，注重教师主导、学生主体的课堂教学师生定位，采取讲授法、演示法、讨论法、问答法等多种灵活的形式，注重通过课堂教育讲清楚相关的基本概念、基本原则、基本方法和基本技能。

（二）实践指导法

大学生法制与安全教育与学生的学习、生活密切相关，具备鲜明的实践特征。根据相关教学安排，在开展大学生法制与安全教育时，教育者要组织学生开展模拟危险场景演练、现场或虚拟参观事故地点、参与学校安全管理等实践教学环节。教育者要通过加强实践教学环节的组织、帮助学生分析身边安全案例、帮助学生解答法制与安全困惑等方式加强对实践的指导。

（三）自我教育法

课堂教育法、实践指导法均属外在的教育，自我教育法是内化的教育。自我教育法是激发大学生自身法制与安全意识、培养大学生相应自我保护能力的主要方法。大学生在实际的学习和生活中，虽然有一定的安全风险，但安全事故、安全灾害并非时时刻刻发生，也并非所有学生都能有亲身经历，因此极易产生麻痹大意、消极松懈的思想意识，进而疏于防范。

基于上述考虑，大学生要在法制与安全教育方面坚持自我管理、自我学习、自我教育，坚持学会弄通课堂上讲授的知识和技能，同时注重提高分析能力，坚守底线思维，不断通过身边案例、网络资源加强法制与安全教育方面的学习，才能不断提高自身的安全意识，降低安全风险。

第三节　加强大学生法制与安全教育的意义

安全是一个人成长、生活、学习、成功和幸福的重要保障，加强大学生法制与安全教育具有重要意义，有助于维护国家安全和利益，有助于维护校园安全稳定，有助于促进学生健康发展。

一、维护国家安全和利益的需要

国家安全和利益关系到国家存亡、民族兴衰，没有国家安全和国家利益，就没有和平稳定的建设环境，同时不会有大学生学习的安静环境。从当前国际形势看，冷战结束后，国际格局正从"一超多强"向多极化转型，在转型过程中，国与国之间的博弈加剧。当前世界正在经历百年未有之大变局，某些境外势力和间谍情报机构分化、西化我国的因素仍然存在，这些势力利用各种渠道，采取多样化措施，传播西方政治、经济模式，传播西方价值观，并呈现出愈加严重的态势，国家安全和利益面临严峻考验。

当前大学生对国家安全的了解，更多停留在传统安全层面，如政治安全、经济安全、文化安全等，对非传统安全如科技安全、网络安全、生态安全、海外利益安全、新型领域安全等掌握不够，与国家对大学生给予的期望、大学生应履行的义务不相称。

面向大学生开展法制与安全教育，系统全面地为大学生讲解法制、国家安全等内容，讲深讲透当前国际国内安全形势，有助于大学生把握国际大势，更加清晰地理解当前国际国内形势和总体国家安全观，增强国家安全和利益意识。

二、维护校园安全稳定的需要

随着我国高等教育由大众化进入普及化阶段，高等教育领域不断进行改革，多层次、多形式办学格局已经形成，高校管理方式社会化、办学形式多样化、学生结构复杂化更加明显，学校与社会相互交叉，校园管理形势更加复杂。

当前校园安全形势总体较好，治安状况也是好的，但仍存在一定的安全隐患，部分不法分子将手伸向校园，校园治安不容乐观。加强大学生法制与安全教育，可以有效帮助大学生识别不法分子的违法犯罪骗局，及时自救或寻求帮助，同时帮助大学生了解哪些行为是违法的，一旦发生这些行为将给自己和他人带来哪些不良影响，从而养成自觉遵守法律法规和校园校纪校规的良好习惯。

三、促进学生健康发展的需要

据统计，学生财产物品失窃较多的地方为宿舍和教室，失窃物品中笔记本电脑、手机等居多。失窃产生的原因主要在于大学生疏于防范，缺乏防盗意识，经常出现人不在而门窗不落锁的情况，给不法分子以可乘之机。部分大学生缺乏社会经验，自我保护意识不强，思想较为单纯，轻易相信陌生人，对社会上的人和事辨识不足，对存在的安全危险和隐患应对不足，极易成为诈骗或人身伤害的受害者。有些大学生法制安全意识和规则不强，经常违反相关规定，心存侥幸，最终酿成悲剧。更有甚者，部分大学生人生观、价值观扭曲，抵制不住拜金主义、享乐主义的侵蚀，对自己的不良行为缺乏理智的控制，最终造成违法犯罪。

加强大学生法制与安全教育，可以有效引导大学生掌握法制与安全的基本要求，自觉规范自己的行为，远离安全风险和违法犯罪，从而维护大学生合法权益，促进大学生健康成长和发展。

思考题

1．大学生法制与安全教育的内涵、特征有哪些？
2．如何理解大学生法制与安全教育的目标和重要意义？
3．你认为大学生面临的违法问题与安全隐患有哪些？
4．大学生应如何树立正确的安全观，提高安全防范意识，养成自觉遵纪守法的良好习惯？

第二章

法制教育

【学习目标】

1. 教育学生明确政治站位，拥护中国共产党的领导，引导学生树立正确的价值观，树立加强法律素养的理念。
2. 提高学生的法律法规意识，帮助学生了解法律知识，提高学生发现问题、分析问题和解决问题的能力，加强法治观念。
3. 提高学生运用法律法规知识的能力，培养学生社交与沟通能力及良好的团队合作精神，从而提高学生遵纪守法、依法办事的自觉性。

第一节 大学生提升法律素养的重要性

当代大学生是青年中的一个精英群体，是社会的宝贵资源，是中国特色社会主义事业的建设者和接班人，是构建和谐社会的主要力量。当代大学生要真正肩负起这一神圣使命，需要具备良好的思想道德素质和科学文化素质，而良好的法律素养应是其中的重要内容，大学生法律素质高低直接关系到国家的未来、民族的命运，关系到依法治国方略的实施和中华民族伟大复兴的实现。

一、大学生法律素养教育概述

（一）法律素养教育的内涵

法律素养是公民通过教育和社会实践所获得的内在的、相对稳定的、长期发挥作用的一种掌握和运用法律的综合能力。一般来说，法律素养是指一个人应当具备的法律思维能力、表达能力以及对法律事实探索能力等职业素养之和。法律素养包含了法律知识、法律意识以及法律实践能力三个要素，三者之间彼此补充、相互促进。法律知识涵盖了法理学、法的渊源、法的效力及作用法的综合运行过程，是一个人形成法律意识的前提与基础；法律意识是公民对法律权威性的敬畏之心和对法律价值要素的广泛认同，是一个人自觉履行义务的保障；法律实践能力则是评判一个人法律素养水准的唯一标准，提高法律实践能力也是高校开展法律素养教育的终极目标。

大学生法律素养指的是大学生这一群体对掌握法律知识、增强法律意识、运用法律实践能力的综合体现。法律知识的掌握，是法律素质的重要衡量标准，是法律素养的重要载体和内容。

由于在法律知识学习上的欠缺，大学生的法律能力较弱，很容易导致法治观念的淡薄和法律观点的错误。例如，很多大学生分不清什么是法，什么是权。他们中有些人认为当今社会是人情关系的社会，只要有人情在，违法的事情就有机会大事化小，小事化了。还有的大学生认为法律就是一种惩戒，没有意识到权利和义务的层面，认为只要自己不做违法的事，法律就会离自己很远。就是这样的想法使得大学生分不清自己的行为是对还是错。

大学生法律素养是大学生拥有稳定的法律意识并养成良好的运用法律的行为习惯，进而在知法、懂法的前提下产生守法、护法的能力和勇气，有助于形成良好的社会法治现代化环境。加强大学生法律素养教育对提升大学生综合素质，引导其正确维护自身合法权益具有重要的意义，一是立足于帮助促使大学生知法、守法。提高大学生法律素养，引导其树立对法律的敬畏与信仰并内化为具体的法律实践能力，成为一个高素质知法和守法的人；二是立足于提高大学生法律素养可以增强其道德素养，促进学生的全面发展。加强大学生法律素养教育，可以激发他们的爱国热情，引导其正确履行自己的责任与义务；三是立足于引导大学生正确维护自身合法权益，当个人合法权利遭受侵害时可以正确使用法律武器加以维护。

法律素养教育就是强调综合性和整体的法律教育，摒弃传授的单纯知识观念，强调培养运用法律分析、解决问题的能力。大学生法律素养教育是指一种以提高大学生掌握和运用法律的综合能力为目标的教育模式，它重视培养大学生的法律观念、法律知识和法律权益。肩负着为法治社会输送合格人才的高校，理应重视和加强对大学生的法律素养教育，应注重培养大学生正确的法律意识，尤其是培养法律信仰。

（二）法律素养教育与普法教育、法律知识教育的关系

1. 法律素养教育与普法教育的关系

大学生的法律素养教育与公民的普法教育具有相同点，都着力于法律知识的宣传，培养公民的法律意识，但二者在对象、方式、内容上皆有不同。普法教育的对象是全体公民，由于公民受教育程度不同、居住分散，普法教育的方式一般是通过法律宣讲小分队进入基层的村、社区开展宣传教育，普法教育的内容大多是法律、行政法规的条文规定；大学生法律素养教育的对象是具有相当知识储备的大学生，实施法律素养教育的主要方式是课堂教学和社会实践，法律素养教育的内容除了法律知识，更多的是培养法律观念和依法办事能力等方面。因此大学里的法律相关课程不能等同于普法教育，更不能以普法教育代替大学生的法律素养教育，应当让大学的法律相关课程常态化、固定化和连续化，不仅讲

解法律、行政法规的条文规定，还应当解读条文背后的法理知识，做到让大学生知其然、知其所以然。

2. 法律素养教育与法律知识教育的关系

法律知识教育是通过法律陈述性知识特别是法律理论知识的传授和学习，帮助学习者建立良好的法律认知结构和法律知识背景，为法律素养教育打下坚实的基础。法律知识教育的对象除了学生，还有各级行政机关工作人员、企事业单位人员等。法律知识教育通过法律知识讲座、法律知识竞赛等非常态方式进行。法律知识教育的内容主要是与学习者密切相关的法律规范，如学生主要学习安全方面的法律规范，各级行政机关工作人员主要学习行政法律规范，企事业单位人员主要学习经济法律规范。法律知识教育无论从对象、方式和内容上，都与法律素养教育有明显区别。

二、加强大学生法律素养教育的对策

（一）改进学校的教育方式方法和内容

学校要改变以教师为中心的传统教学方法，尽量避免仅仅是教师讲学生听。"满堂灌、注入式"的教育方式是不适合的，要采取案例式教学法等，充分调动学生的学习主动性，培养大学生的学习能力和法律素质。

在教学内容上注重以现代民主法治社会的核心理念为指针，以培养大学生的法治观念为宗旨，避免多而全，要少而精。既要重视法学体系，又不拘泥于法学体系；既要注重部门法的学习，又要突出法学理论知识的讲解。教学内容的重点应该是法理部分和各部法的总则部分，以理论和原则概括全貌。只有这样，才有可能使大学生在学法的同时，培养用辩证唯物主义的观点分析问题、解决问题的能力，应对现实生活的挑战。

（二）学生自觉学习和运用法律

提升法律素养，大学生自身的主观能动性更加重要。大学生要按照课程安排主动参加实践教学活动和多层次、多形式的法律素养教育活动，如旁听审判了解整个诉讼程序，培养程序正义的理念和分析问题、解决问题的能力；自觉参加模拟法庭，运用案例模拟、角色扮演，通过观察、评论、角色转换和辩论等方式，在鲜活的法律事件中感受法治，接受法律素养教育，增长见识；结合暑期社会实践活动，自觉参加社区法律事务、农村社会治安、经济合同纠纷、婚姻家庭矛盾、义务教育实施情况等相关法律社会问题的调查，进而树立社会主义法律意识和法治观念。

三、加强大学生法律素养教育的意义

（一）加强对大学生的法律素养教育，是当前构建和谐社会的需要

我国仍面临各种复杂的社会问题，不安定因素、各种违法犯罪活动仍然存在，治安形势十分严峻。作为社会的一部分，社会上的各种矛盾、不安定因素必然会影响高校。青年学生法律意识的强弱关系到国家的未来，必然要求用社会主义法制思想教育大学生，提高他们的法制观念。

（二）加强大学生的法律素养教育，是发展社会主义市场经济的需要

在高度规则化的社会里，大学生只有树立正确的法律意识、增强法制观念，才能自觉遵守法律，自动有效地运用法律调整和规范自己的行为，维护社会的法律秩序，才能在社会主义的市场经济建设中做出应有的贡献。

（三）加强大学生的法律素养教育，是大学生综合素质发展的需要

大学生急需在学校的正确教育和引导下不断学习，努力提高和完善自己。加强大学生的法制教育，是社会主义教育方针的基本要求，也是大学生成才的需要。

第二节 大学生需了解的法律法规

在全面构建社会主义和谐社会的过程中，大学生作为青年中的优秀分子、国家宝贵的人才资源，是构建和谐社会的重要力量，更是将来和谐社会的创造者。发展中国特色社会主义伟大事业，实现中华民族的伟大复兴，必须加强大学生法制教育。

一、提高思想认识

针对当代大学生思想呈多元化发展的状况，积极协助大学生分析产生这些违法犯罪活动的思想根源，认真帮助大学生形成辨别是非的能力，教育他们形成正确的世界观、人生观、价值观，使他们在人生的航程中始终保持正确的方向，做到思想到位、组织到位、行动到位，这是做好预防、控制和减少大学生违法犯罪活动的最根本点。

二、加强心理教育

犯罪动机形成于人的心理，因此我们应从心理预防入手，正确引导心理需求。针对大学生心理发展不够成熟的特点，要有意识地开展心理健康知识讲座、开设心理咨询服务，帮助大学生形成健康向上的心理，当前尤为重要的是：首先，引导大学生控制情绪，增强社会应变能力，学会处理现实与愿望的矛盾，学会自我调适，做事前理智思考。其次，注意引导大学生建立和谐的人际关系，大学生要放弃自卑心理，充满信心地对待生活，能够接纳自己和他人，使自己的心理处于轻松愉快之中。最后，注意引导大学生正确处理恋爱与性问题。对于正当的需求应加以提倡、鼓励；对不正当的需求，要及时发现，密切注意，并合法有效地予以控制。这就需要多了解学生的需求，开展丰富多彩的课余文化生活。同时，开展互帮互学活动，把一般的教育与深入细致的思想工作结合起来，形成讲正气、讲进步、讲理想、健康向上的校园文化氛围。

三、大学生应掌握的法律法规

通过一些法律相关课程的学习，大学生逐渐认识到法律的重要性，但是大学生对法律知识的认知水平不高，很多大学生对于我国法律体系不清楚，并没有形成法制观念；一些大学生虽然具备法律知识，但是知行不一；有些大学生产生了违法犯罪行为；有些大学生的法制观念并不深刻，没有引导外化于行，不具备法律思维。作为社会主义建设主力军的大学生，是我国全面建成法治社会的关键，而这一庞大群体法律意识的培养又是关键中的关键。学习法律知识对于大学生个人有着重要的价值，对于和谐社会发展有着重要的意义。

加强大学生的法律素养，培养大学生学习法律知识，让大学生形成正确的法律思维，增强大学生的法律知识意识，大学生需要了解常见的法律法规，进而做到知法、守法、用法，成为一名合法的公民，共建和谐稳定的社会。结合日常学习和生活需要，大学生应加强《中华人民共和国宪法》（以下简称《宪法》）、《中华人民共和国刑法》（以下简称《刑法》）、《中华人民共和国民法典》（以下简称《民法典》）、《中华人民共和国国家安全法》（以下简称《国家安全法》）、《中华人民共和国反分裂国家法》（以下简称《反分裂国家法》）、《中华人民共和国高等教育法》（以下简称《高等教育法》）、《中华人民共和国反间谍法》（以下简称《反间谍法》）、《中华人民共和国治安管理处罚法》（以下简称《治安管理处罚法》）、《中华人民共和国食品安全法》（以下简称《食品安全法》）、《中华人民共和国消费者权益保护法》（以下简称《消费者权益保护法》）、《普通高等学校学生管理规定》等法律法规的学习。

（一）国家和社会层面

1.《宪法》

《宪法》是我国的根本法，是治国安邦的总章程，1982年12月4日第五届全国人民代表大会第五次会议通过，1982年12月4日全国人民代表大会公告公布施行，根据1988年4月12日第七届全国人民代表大会第一次会议通过的《中华人民共和国宪法修正案》、1993年3月29日第八届全国人民代表大会第一次会议通过的《中华人民共和国宪法修正案》、1999年3月15日第九届全国人民代表大会第二次会议通过的《中华人民共和国宪法修正案》、2004年3月14日第十届全国人民代表大会第二次会议通过的《中华人民共和国宪法修正案》和2018年3月11日第十三届全国人民代表大会第一次会议通过的《中华人民共和国宪法修正案》修正。

2.《刑法》

《刑法》是为了惩罚犯罪，保护人民，根据《宪法》，结合我国同犯罪做斗争的具体经验及实际情况而制定的法律。

1979年7月1日，第五届全国人民代表大会第二次会议通过，自1980年1月1日起施行（注：被称为"1979年旧刑法"，现已失效）。1997年3月14日，第八届全国人民代表大会第五次会议修订；1997年3月14日中华人民共和国主席令第83号公布；自1997年10月1日起施行（注：被称为"1997年刑法典"，即现行刑法典）。后经11次修正，最近一次修正为2020年12月26日，中华人民共和国第十三届全国人民代表大会常务委员会第二十四次会议通过。《中华人民共和国刑法修正案（十一）》自2021年3月1日起施行。1998年12月29日，第九届全国人民代表大会常务委员会第六次会议通过《关于惩治骗购外汇、逃汇和非法买卖外汇犯罪的决定》(以下简称《决定》),自 1998 年 12 月 29 日起施行,新设骗购外汇罪,该《决定》被称为"单行刑法"。

现行"1997 年刑法典"和 11 个刑法修正案,以及《关于惩治骗购外汇、逃汇和非法买卖外汇犯罪的决定》,一共规定有 483 个罪名;规定有死刑、无期徒刑、有期徒刑、拘役、管制五种主刑,以及罚金、剥夺政治权利、没收财产、驱逐出境(仅对于犯罪的外国人适用)四种附加刑。

3.《民法典》

《民法典》被称为"社会生活的百科全书",是新中国第一部以法典命名的法律,在法律体系中居于基础性地位,也是市场经济的基本法。

《民法典》共 7 编、1 260 条,各编依次为总则、物权、合同、人格权、婚姻家庭、继承、侵权责任,以及附则。通篇贯穿以人民为中心的发展思想,着眼满足人民对美好生活的需要,对公民的人身权、财产权、人格权等作出明确翔实的规定,并规定侵权责任,明确权利受到削弱、减损、侵害时的请求权和救济权等,体现了对人民权利的充分保障,被誉为"新时代人民权利的宣言书"。

2020 年 5 月 28 日,十三届全国人大三次会议表决通过《民法典》,自 2021 年 1 月 1 日起施行。

4.《国家安全法》

《国家安全法》是为了维护国家安全,保卫人民民主专政的政权和中国特色社会主义制度,保护人民的根本利益,保障改革开放和社会主义现代化建设的顺利进行,实现中华民族伟大复兴,根据《宪法》制定。

2015 年 7 月 1 日,第十二届全国人民代表大会常务委员会第十五次会议通过新的国家安全法。国家主席习近平签署第 29 号主席令予以公布。法律对政治安全、国土安全、军事安全、文化安全、科技安全等 11 个领域的国家安全任务进行了明确,共 7 章 84 条,自 2015 年 7 月 1 日起施行。

5.《反分裂国家法》

2005 年 3 月 14 日,第十届全国人民代表大会第三次会议通过《反分裂国家法》。《反分裂国家法》指出,本法是根据宪法制定的;世界上只有一个中国,大陆和台湾同属一个中国,中国的主权和领土完整不容分割;台湾问题是中国内战的遗留问题;完成统一祖国的大业是包括台湾同胞在内的全中国人民的神圣职责;坚持一个中国原则,是实现祖国和平统一的基础;国家采取措施维护台湾海峡地区和平稳定,发展两岸关系;国家依法保护台湾同胞的权利和利益;国家主张通过台湾海峡两岸平等的协商和谈判,实现和平统一;"台独"分裂势力以任何名义、任何方式造成台湾从中国分裂出去的事实,或者发生将会导致台湾从中国分裂出去的重大事变,或者和平统一的可能性完全丧失,国家将采取非和平方式及其他必要措施,捍卫国家主权和领土完整;依照本法规定采取非和平方式及其他必要措施并组织实施时,国家尽最大可能保护台湾平民和在台湾的外国人的生命财产安全和其他正当权益,减少损失;本法自公布之日起实施。

6.《高等教育法》

《高等教育法》于 1998 年 8 月 29 日第九届全国人民代表大会常务委员会第四次会议通过,根据 2015 年 12 月 27 日第十二届全国人民代表大会常务委员会第十八次会议《关于修改〈中华人民共和国高等教育法〉的决定》修正。

《高等教育法》指出：为了发展高等教育事业，实施科教兴国战略，促进社会主义物质文明和精神文明建设，根据宪法和教育法，制定本法。在中华人民共和国境内从事高等教育活动，适用本法。本法所称高等教育，是指在完成高级中等教育基础上实施的教育。高等教育必须贯彻国家的教育方针，为社会主义现代化建设服务、为人民服务，与生产劳动和社会实践相结合，使受教育者成为德、智、体、美、劳等方面全面发展的社会主义建设者和接班人。高等教育的任务是培养具有社会责任感、创新精神和实践能力的高级专门人才，发展科学技术文化，促进社会主义现代化建设。公民依法享有接受高等教育的权利。国家采取措施，帮助少数民族学生和经济困难的学生接受高等教育。高等学校必须招收符合国家规定的录取标准的残疾学生入学，不得因其残疾而拒绝招收。

7.《反间谍法》

《反间谍法》于2014年11月1日第十二届全国人民代表大会常务委员会第十一次会议通过。

《反间谍法》指出：为了防范、制止和惩治间谍行为，维护国家安全，根据宪法，制定本法。反间谍工作坚持中央统一领导，坚持公开工作与秘密工作相结合、专门工作与群众路线相结合、积极防御、依法惩治的原则。国家安全机关是反间谍工作的主管机关。中华人民共和国公民有维护国家的安全、荣誉和利益的义务，不得有危害国家的安全、荣誉和利益的行为。一切国家机关和武装力量、各政党和各社会团体及各企业事业组织，都有防范、制止间谍行为，维护国家安全的义务。国家安全机关在反间谍工作中必须依靠人民的支持，动员、组织人民防范、制止危害国家安全的间谍行为。

8.《治安管理处罚法》

《治安管理处罚法》由中华人民共和国第十届全国人民代表大会常务委员会第十七次会议于2005年8月28日通过，自2006年3月1日起施行。根据2012年10月26日第十一届全国人民代表大会常务委员会第二十九次会议《关于修改〈中华人民共和国治安管理处罚法〉的决定》修正，并于2013年1月1日起实施。

《治安管理处罚法》指出：为维护社会治安秩序，保障公共安全，保护公民、法人和其他组织的合法权益，规范和保障公安机关及其人民警察依法履行治安管理职责，制定本法。扰乱公共秩序，妨害公共安全，侵犯人身权利、财产权利，妨害社会管理，具有社会危害性，依照《中华人民共和国刑法》的规定构成犯罪的，依法追究刑事责任；尚不够刑事处罚的，由公安机关依照本法给予治安管理处罚。治安管理处罚的程序，适用本法的规定；本法没有规定的，适用《中华人民共和国行政处罚法》的有关规定。违反治安管理的行为对他人造成损害的，行为人或者其监护人应当依法承担民事责任。对于因民间纠纷引起的打架斗殴或者损毁他人财物等违反治安管理行为，情节较轻的，公安机关可以调解处理。经公安机关调解，当事人达成协议的，不予处罚。经调解未达成协议或者达成协议后不履行的，公安机关应当依照本法的规定对违反治安管理行为人给予处罚，并告知当事人可以就民事争议依法向人民法院提起民事诉讼。

治安管理处罚的种类分为：（一）警告；（二）罚款；（三）行政拘留；（四）吊销公安机关发放的许可证。对违反治安管理的外国人，可以附加适用限期出境或者驱逐出境。

9.《食品安全法》

《食品安全法》于2009年2月28日第十一届全国人民代表大会常务委员会第七次会议通过，2015年4月24日第十二届全国人民代表大会常务委员会第十四次会议修订，根据 2018 年 12 月 29 日第十三届全国人民代表大会常务委员会第七次会议《关于修改〈中华人民共和国产品质量法〉等五部法律的决定》第一次修正，根据 2021 年 4 月 29 日第十三届全国人民代表大会常务委员会第二十八次会议《关于修改〈中华人民共和国道路交通安全法〉等八部法律的决定》第二次修正。

《食品安全法》指出：学校、托幼机构、养老机构、建筑工地等集中用餐单位的食堂应当严格遵守法律、法规和食品安全标准；从供餐单位订餐的，应当从取得食品生产经营许可的企业订购，并按照要求对订购的食品进行查验。供餐单位应当严格遵守法律、法规和食品安全标准，当餐加工，确保食品安全。

学校、托幼机构、养老机构、建筑工地等集中用餐单位的主管部门应当加强对集中用餐单位的食品安全教育和日常管理，降低食品安全风险，及时消除食品安全隐患。

任何组织或者个人有权举报食品生产经营中违反本法的行为，有权向有关部门了解食品安全信息，对食品安全监督管理工作提出意见和建议。

制定食品安全标准，应以保障公众身体健康为宗旨，做到科学管理，安全可靠。

违反《中华人民共和国食品安全法》规定，食品生产经营企业未按规定建立食品安全管理制度，或者未按规定配备或者培训、考核食品安全管理人员，由县级以上人民政府食品安全监督管理部门责令改正，给予警告；拒不改正的，处五千元以上五万元以下罚款；情节严重的，责令停产停业，直至吊销许可证。

10.《消费者权益保护法》

1993 年 10 月 31 日第八届全国人民代表大会常务委员会第四次会议通过。根据 2009 年 8 月 27 日第十一届全国人民代表大会常务委员会第十次会议《关于修改部分法律的决定》第一次修正，根据 2013 年 10 月 25 日第十二届全国人民代表大会常务委员会第五次会议《关于修改〈中华人民共和国消费者权益保护法〉的决定》第二次修正。

《消费者权益保护法》指出：为保护消费者的合法权益，维护社会经济秩序，促进社会主义市场经济健康发展，制定本法。消费者为生活消费需要购买、使用商品或者接受服务，其权益受本法保护；本法未做规定的，受其他有关法律、法规保护。

消费者在购买、使用商品和接受服务时享有人身、财产安全不受损害的权利；消费者有权要求经营者提供的商品和服务，符合保障人身、财产安全的要求；消费者享有知悉其购买、使用的商品或者接受的服务的真实情况的权利；消费者有权根据商品或者服务的不同情况，要求经营者提供商品的价格、产地、生产者、用途、性能、规格、等级、主要成分、生产日期、有效期限、检验合格证明、使用方法说明书、售后服务，或者服务的内容、规格、费用等有关情况；消费者享有自主选择商品或者服务的权利；消费者有权自主选择提供商品或者服务的经营者，自主选择商品品种或者服务方式，自主决定购买或者不购买任何一种商品、接受或者不接受任何一项服务；消费者在自主选择商品或者服务时，有权进行比较、鉴别和挑选；消费者享有公平交易的权利；消费者在购买商品或者接受服务时，有权获得质量保障、价格合理、计量正确等公平交易条件，有权拒绝经营者的强制交易行为；消费者因购买、使用商品或者接受服务受到人身、财产损害的，享有依法获得赔偿的权利；消费者享有依法成立维护自身合法权益的社会组织的权利；消费者享有获得有关消费和消费者权益保护方面的知识的权利；消费者应当努力掌握所需商品或者服务的知识和使用技能，正确使用商品，提高自我保护意识；消费者在购买、使用商品和接受服务时，享有人格尊严、民族风俗习惯得到尊重的权利，享有个人信息依法得到保护的权利；消费者享有对商品和服务以及保护消费者权益工作进行监督的权利。

11. 其他相关法律

大学生还要学习与法制、安全相关的其他法律法规。

（二）学校层面

1.《普通高等学校学生管理规定》

原《普通高等学校学生管理规定》（教育部令第21号）自2005年9月1日实施以来，对于维护高校正常教育教学秩序、保障高校学生权益发挥了重要作用。时隔近12年，教育部在大量调研和广泛征求意见基础上，进行重新修订，主要基于三方面考虑：一是贯彻落实党的十八大以来，以习近平同志为核心的党中央关于高等教育工作的新理念新思想新战略，突出立德树人根本任务。二是适应经济社会发展、高等教育改革的需要，体现促进创新创业、依法治校、提高质量等新要求。三是针对高校教育与管理的新变化，在总结实践经验、现实问题以及司法判例的基础上，修改、补充和完善相关制度，更有利于高校学生的管理和服务。

2017年2月4日，教育部颁布了新修订的《普通高等学校学生管理规定》（教育部令第41号，以下简称《规定》）。《规定》是指导和规范高校实施学生管理的重要规章，涉及学生的权利与义务、学籍管理、校园秩序与课外活动、奖励与处分、学生申诉等诸多方面，此次修订将对3 000多万在校大学生的学习和生活产生重要影响。

《规定》指出，学生在校期间依法享有下列权利：参加学校教育教学计划安排的各项活动，使用学校提供的教育教学资源；参加社会服务、勤工助学，在校内组织、参加学生团体及文娱体育等活动；申请奖学金、助学金及助学贷款；在思想品德、学业成绩等方面获得公正评价，完成学校规定学业后获得相应的学历证书、学位证书；对学校给予的处分或者处理有异议，向学校、教育行政部门提出申诉；对学校、教职员工侵犯其人身权、财产权等合法权益，提出申诉或者依法提起诉讼；法律、法规规定的其他权利。

《规定》指出，学生在校期间依法履行下列义务：遵守宪法、法律、法规；遵守学校管理制度；努力学习，完成规定学业；按规定缴纳学费及有关费用，履行获得贷学金及助学金的相应义务；遵守学生行为规范，尊敬师长，养成良好的思想品德和行为习惯；法律、法规规定的其他义务。

学生应当自觉遵守公民道德规范，自觉遵守学校管理制度，创造文明、整洁、优美、安全的学习和生活环境。学生不得有酗酒、打架斗殴、赌博、吸毒，传播、复制、贩卖非法书刊和音像制品等违反治安管理规定的行为；不得参与非法传销和进行邪教、封建迷信活动；不得从事或者参与有损大学生形象、有悖社会公序良俗的活动。学校提倡并支持学生及学生团体开展有益于身心健康的学术、科技、艺术、文娱、体育等活动；学生进行课外活动不得影响学校正常的教育教学秩序和生活秩序；学生参加勤工助学活动应当遵守法律、法规以及学校、用工单位的管理制度，履行勤工助学活动的有关协议。学生举行大型集会、游行、示威等活动，应当按法律程序和有关规定获得批准；对未获批准的，学校应当依法劝阻或者制止。学生应当遵循国家和学校关于网络使用的有关规定，不得登录非法网站和传播非法文字、文频、视频资料等，不得编造或者传播虚假、有害信息；不得攻击、侵入他人计算机和移动通信网络系统。任何组织和个人不得在学校进行宗教活动。学生在学校规定年限内，修完教育教学计划规定内容，未达到毕业要求，准予结业，由学校发给结业证书；结业后是否可以补考、重修或者补作毕业设计、论文、答辩，以及是否颁发毕业证书，由学校规定；对合格后颁发的毕业证书，毕业时间按发证日期填写。

2.《学生伤害事故处理办法》

《学生伤害事故处理办法》是为积极预防、妥善处理在校学生伤害事故，保护学生、学校的合法权益，根据《中华人民共和国教育法》《中华人民共和国未成年人保护法》和其他相关法律、行政法规及有关规定而制定的办法。

在学校实施的教育教学活动或者学校组织的校外活动中，以及在学校负有管理责任的校舍、场地、其他教育教学设施、生活设施内发生的，造成在校学生人身损害后果的事故的处理，适用本办法。

学生伤害事故应当遵循依法、客观公正、合理适当的原则，及时、妥善地处理。学校的举办者应当提供符合安全标准的校舍、场地、其他教育教学设施和生活设施。教育行政部门应当加强学校安全工作，指导学校落实预防学生伤害事故的措施，指导、协助学校妥善处理学生伤害事故，维护学校正常的教育教学秩序。学校应当对在校学生进行必要的安全教育和自护自救教育；应当按照规定，建立健全安全制度，采取相应的管理措施，预防和消除教育教学环境中存在的安全隐患；当发生伤害事故时，应当及时采取措施救助受伤害学生。学校对学生进行安全教育、管理和保护，应当针对学生年龄、认知能力和法律行为能力的不同，采用相应的内容和预防措施。

学生应当遵守学校的规章制度和纪律；在不同的受教育阶段，应当根据自身的年龄、认知能力和法律行为能力，避免和消除相应的危险。未成年学生的父母或者其他监护人（以下称为"监护人"）应当依法履行监护职责，配合学校对学生进行安全教育、管理和保护工作。学校对未成年学生不承担监护职责，但法律有规定的或者学校依法接受委托承担相应监护职责的情形除外。发生学生伤害事故，造成学生人身损害的，学校应当按照《中华人民共和国侵权责任法》及相关法律、法规的规定，承担相应的事故责任。

因下列情形之一造成的学生伤害事故，学校应当依法承担相应的责任：学校的校舍、场地、其他公共设施，以及学校提供给学生使用的学具、教育教学和生活设施、设备不符合国家规定的标准，或者有明显不安全因素的；学校的安全保卫、消防、设施设备管理等安全管理制度有明显疏漏，或者管理混乱，存在重大安全隐患，而未及时采取措施的；学校向学生提供的药品、食品、饮用水等不符合国家或者行业的有关标准、要求的；学校组织学生参加教育教学活动或者校外活动，未对学生进行相应的安全教育，并未在可预见的范围内采取必要的安全措施的；学校知道教师或者其他工作人员患有不适宜担任教育教学工作的疾病，但未采取必要措施的；学校违反有关规定，组织或者安排未成年学生从事不宜未成年人参加的劳动、体育运动或者其他活动的；学生有特异体质或者特定疾病，不宜参加某种教育教学活动，学校知道或者应当知道，但未予以必要的注意的；学生在校期间突发疾病或者受到伤害，学校发现，但未根据实际情况及时采取相应措施，导致不良后果加重的；学校教师或者其他工作人员体罚或者变相体罚学生，或者在履行职责过程中违反工作要求、操作规程、职业道德或者其他有关规定的；学校教师或者其他工作人员在负有组织、管理未成年学生的职责期间，发现学生行为具有危险性，但未进行必要的管理、告诫或者制止的；对未成年学生擅自离校等与学生人身安全直接相关的信息，学校发现或者知道，但未及时告知未成年学生的监护人，导致未成年学生因脱离监护人的保护而发生伤害的；学校有未依法履行职责的其他情形的。

因下列情形之一造成的学生伤害事故，学校已履行了相应职责，行为并无不当的，无法律责任：地震、雷击、台风、洪水等不可抗的自然因素造成的；来自学校外部的突发性、偶发性侵害造成的；学生有特异体质、特定疾病或者异常心理状态，学校不知道或者难于知道的；学生自杀、自伤的；在对抗性或者具有风险性的体育竞赛活动中发生意外伤害的；其他意外因素造成的。

1．如何加强大学生法律素质教育？
2．大学生如何熟悉相关法律法规？
3．大学生应当熟悉的法律知识都有哪些？
4．大学生加强法律学习的途径有哪些？

第三章

国家安全

【学习目标】

1. 理解中华民族命运与国家关系，践行总体国家安全观。
2. 要求大学生系统掌握总体国家安全观的内涵和精神实质。
3. 理解中国特色国家安全体系。
4. 要求大学生树立国家安全底线思维，将国家安全意识转化为自觉行动，强化责任担当。

第一节 国家安全 人人有责

国家安全教育是对公民进行国家安全知识、国家安全意识、国家安全观念和自觉维护国家安全的教育。国家安全不是遥远模糊的概念，而是明确具体的、细微的，它与每个人都息息相关。大学时期是一个人确立世界观、人生观和价值观的关键阶段。大学教育不仅包括专业学习，更应做好道德和精神培养，树立大学生对国家和社会的责任感。加强大学生国家安全教育是当前高等教育不可缺少的部分。

2020年9月28日，教育部印发《大中小学国家安全教育指导纲要》（以下简称《纲要》），目的是贯彻落实总体国家安全观，指导大中小学系统、规范、科学地开展国家安全教育；通过国家安全教育，使学生能够深入理解和准确把握总体国家安全观，牢固树立国家利益至上的观念，增强自觉维护国家安全意识，具备维护国家安全的能力。其中，大学阶段的主要目标是重点围绕理解中华民族命运与国家关系，践行总体国家安全观。要求系统掌握总体国家安全观的内涵和精神实质，理解中国特色国家安全体系，树立国家安全底线思维，将国家安全意识转化为自觉行动，强化责任担当。

一、我国正在经历深刻复杂的变化

面对错综复杂的国际环境和艰巨繁重的国内改革发展稳定任务，中国共产党带领全国各族人民顽强拼搏、开拓创新，奋力开创了党和国家事业发展的新局面。我国的经济实力、科技实力、国防实力、国际影响力又上了一个新台阶。在经济方面，经济结构优化，发展动能转换，发展方式转变；在科技方面，一批重大科技成果已达到世界先进水平；在国防方面，强军兴军成就显著；在外交方面，全方位外交取得重大进展，对外开放不断深入。

在国家安全形势发生新变化的条件下，为实现全面保障国家安全的目标，必须重视各种安全风险和挑战，充分评估我国外部环境中的不确定性，增强危机意识和忧患意识。同时更要看到，我国保持社会大局稳定、外部总体稳定的态势不会改变。面对国家安全新形势、新任务，必须进一步增强忧患意识、责任意识和使命意识。党的十八大以后，以习近平同志为核心的党中央提出了全新的国家安全观——总体国家安全观。国家安全和社会稳定是改革发展的前提。只有国家安全和社会稳定，改革发展才能不断推进。当前，我国面临对外维护国家主权、安全、发展利益，对内维护政治安全和社会稳定的双重压力，各种可以预见和难以预见的风险因素明显增多。而我们的安全工作体制机制还不能适应维护国家安全的需要，需要搭建一个强有力的平台统筹国家安全工作。设立国家安全委员会，加强对国家安全工作的统一领导，已是当务之急。

二、总体国家安全观的内涵

总体国家安全观是以习近平同志为核心的党中央对国家安全理论和实践的重大创新，体现了党和国家奋力开拓国家安全工作新局面的战略智慧和使命担当。

（一）总体国家安全观是集多领域于一体的国家安全体系

总体国家安全观是习近平新时代中国特色社会主义思想的重要组成部分。国家安全内涵十分丰富，涵盖领域广泛。总体国家安全观所涵盖的领域，既包括政治安全、国土安全、军事安全等传统安全领域，也包括经济安全、文化安全、社会安全、科技安全、网络安全、生态安全、资源安全、核安全、海外利益安全和新型领域安全等非传统安全领域。随着时代的进步，总体国家安全观的内涵不断丰富，外延不断拓展。

（二）各领域安全相互关联、相互支撑，构成有机整体

国家安全不是多个领域安全的简单叠加，而是各个领域安全相互关联、相互支撑，构成一个有机整体。任何一个领域安全出现问题，都会影响、波及整个国家安全。维护国家安全，不能一叶障目，条块分割，而是既要维护各个领域的安全，也要维护整体和系统的国家安全。

总体国家安全观是一个富有中国特色的安全概念，其内涵和外延可以归结为五大要素和五对关系。其中五大要素分别为：第一，以人民安全为宗旨。即坚持以民为本、以人为本，

坚持国家安全一切为了人民，一切依靠人民，真正夯实国家安全的群众基础。第二，以政治安全为根本。即坚持中国共产党的领导和中国特色社会主义制度不动摇，把制度安全和政权安全摆在首要位置，为国家安全提供根本政治保证。第三，以经济安全为基础。即确保国家经济发展不受干扰，促进经济持续稳定健康发展，增强国家经济实力，为国家安全提供坚实物质基础。第四，以军事、文化、社会安全为保障。即要高度关注这些领域面临的大量新情况、新问题，遵循不同领域的特点规律，建立健全强基固本、化险为夷的各项对策措施，为维护国家安全提供硬实力和软实力的保障。第五，以促进国际安全为依托。即要始终不渝走和平发展道路，在注重维护本国安全利益的同时，注重维护共同安全，推动建设持久和平、共同繁荣的和谐世界。这五大要素清晰反映了国家安全的内在逻辑关系。

五对关系分别为：第一，既重视外部安全，又重视内部安全，强调两者的彼此联系、相互影响；第二，既重视国土安全，又重视国民安全，强调两者的有机统一；第三，既重视传统安全，又重视非传统安全，强调两者间相互影响，并在一定条件下可能相互转化；第四，既重视发展问题，又重视安全问题，强调两者必须兼顾；第五，既重视自身安全，又重视共同安全，强调全球化和相互依赖，使中国与世界的安全密不可分。这五对关系准确反映了辩证、全面、系统的国家安全理念。

三、大学生国家安全教育的内容

（一）维护政治安全

政治安全，主要是指一个国家由政权、政治制度和意识形态为要素组成的政治体系，相对处于没有危险和不受威胁的状态，以及面对风险和挑战时能及时有效防范、应对，从而确保国家良好政治秩序的能力。政治安全是国家安全的根本。习近平同志在十九届中央国家安全委员会第一次会议上强调，"坚持人民安全、政治安全、国家利益至上的有机统一，人民安全是国家安全的宗旨，政治安全是国家安全的根本，国家利益至上是国家安全的准则，实现人民安居乐业、党的长期执政、国家长治久安"。习近平同志关于政治安全的系列重要论述，深刻阐明了维护国家政治安全的极端重要性，明确提出了中国特色社会主义进入新时代维护国家政治安全的新要求，具有鲜明的时代性、强烈的针对性、科学的指导性，是做好维护国家政治安全工作的根本原则。

（二）维护国土安全

完善国土安全法律法规体系，依法维护国土安全，是贯彻全面依法治国战略、加强国家治理体系建设的必然要求。要从法律上进一步明确维护国土安全的任务、原则、方式和手段，确保各项工作有法可依、有法必依、违法必究，如制定综合性海洋立法、加强管辖海域内的司法执法。事实证明，法律法规完全可以成为维护国土安全工作的有力武器。《反分裂国家法》的施行，对促进海峡两岸关系和平发展起到了重要作用。《国家安全法》的相关规定也为新时期推进维护国土安全工作提供了有力的法律依据。

特别是党的十八大以来，以习近平同志为核心的党中央把边疆治理摆在极为重要的战略地位，出台兴边富民行动"十三五"和"十四五"规划等一系列政策举措，进行强边固防等一系列重大部署，为新时代边疆治理指明了方向、提供了路径。在新的历史条件下，维护国土安全，应当继续推进兴边富民工程，推动边境地区经济加快发展、民生持续改善、民族团结和睦、社会和谐稳定和边疆巩固安宁。

（三）维护军事安全

当前，世界新军事革命加速发展，战争形态和作战样式发生新的变化，不仅对国际政治军事格局产生了重大影响，而且对我军建设发展提出了严峻挑战。战争形态向信息化战争演变，信息主导成为制胜关键，体系对抗成为基本形态，精准作战成为主要形式。军事战略、作战思想和军事力量建设也面临新的环境，有的国家发展新型航母、无人作战平台以及动能、定向能等新概念武器，打造新型作战力量，太空、网络、人工智能等新型安全领域的斗争日趋尖锐复杂。这些都为我国维护军事安全提出了新的挑战。党的十九大报告提出，要"适应世界新军事革命发展趋势"，对维护军事安全提出了新的要求。

（四）维护经济安全

维护经济安全，要树立经济安全的前瞻意识。经济安全与否，往往取决于对国家经济安全态势的评价，对国家经济利益得失的判断及对国内国际未来经济、政治形势的预测。因而，在制定经济安全战略时，必须周密思考、正确判断和进行前瞻性预测。准确判断新时期我国所处的经济安全环境和安全威胁，正确选择我国的经济安全战略和安全目标。要强化国家经济安全战略意识，强化科技兴国的意识，提高科技竞争力，努力掌握先进的科学技术。要强化对重要领域和部门的经济安全主动权意识，确定远景目标，掌握国内主要产业的控制权，特别要强化金融风险防范意识，强化竞争和保护意识，大力发展民族工业，保护民族经济，维护民族利益。

维护经济主权安全，必须牢牢把握对外开放的主动权。在国际合作中维护经济安全，应树立全球观战略，在与他国交往的过程中应以经济"双赢"或"共赢"为准则确立国家经济安全观，正视经济全球化和区域经济集团化的趋势，参与国际经济竞争与合作，确立国家经济安全的战略。我国参与多边合作的前提是保证国家领土完整、主权不受侵犯、经济运行和发展不受干扰，基础是国家经济利益不受侵害。因此，参与多边合作要以维护经济主权安全为前提，维护经济方针政策自主制定的权利，维护有效掌握自己重要资源的权利，维护有效掌握自己战略产业的权利，维护参与重要国际经济组织的权利，维护自由利用国际市场的权利。在经济全球化背景下，为使国家经济处于安全状态，必须采取相应的法律应对措施：一是构建一个高效、灵活而又稳定的国内法律保障体系；二是积极参与制定国际规则，形成完善的国际行为规范。

（五）维护文化安全

深入开展理想信念教育，坚持以马克思列宁主义、毛泽东思想、邓小平理论、"三个代表"重要思想、科学发展观和习近平新时代中国特色社会主义思想为指导，深入贯彻习近平同志系列重要讲话精神，用中国梦和社会主义核心价值观凝聚共识、汇聚力量，推进马克思主义理论研究和建设工程、中国特色社会主义理论体系研究中心、马克思主义学院、报刊网络理论宣传阵地四大平台建设。加强思想道德建设和社会诚信建设，增强国家意识、法治意识、社会责任意识，倡导科学精神，注重通过法律和政策向社会传导正确价值取向。

当然，文化既有共享的一面，又有斗争的一面。在全球化背景下，世界各国不同文化类型之间的相互交流、冲突、渗透及融合，构成了生机勃勃的国际文化发展图景，为我国社会主义文化的发展提供了良好条件。但也应当看到，一些西方发达国家凭借其在信息全球化中的先发优势，正对我国实施大规模的文化渗透和扩张。因而，必须牢固树立国家文化安全意识，保持高度的文化自觉和文化自信，对外来的文化挑战进行客观、辩证的分析与鉴别，更好地学习和吸收一切先进文明成果，创造中国特色社会主义先进文化。

（六）维护科技安全

《国家安全法》第二十四条规定："国家加强自主创新能力建设，加快发展自主可控的战略高新技术和重要领域核心关键技术，加强知识产权的运用、保护和科技保密能力建设，保障重大技术和工程的安全。"加强科技安全，一方面要加快提升自主创新能力，壮大科技实力，维护科技自身安全；另一方面，要充分应用科技实力，为保障国家主权、安全、发展利益提供强大的科技支撑。

要深化科技体制改革，破除制约科技创新的思想障碍和制度藩篱，最大限度地解放和激发科技作为第一生产力所蕴藏的巨大潜能。引导构建产业技术创新联盟，推动跨领域、跨行业协同创新，促进科技与经济深度融合。加强技术和知识产权交易平台建设，建立从实验研究、中试到生产的全过程科技创新融资模式，促进科技成果资本化、产业化。构建普惠性创新支持政策体系，加大金融支持和税收优惠力度。深化知识产权领域改革，加强知识产权保护。

（七）维护网络安全

国家网络安全是指从国家的角度出发，对本国网络安全采取的一系列保护措施的统称。信息化的发展，极大地提高了我国的综合国力，带来了实现现代化的机遇。同时网络安全问题也相伴而生，世界范围内侵害个人隐私、侵犯知识产权、网络犯罪等行为时有发生，网络监听、网络攻击、网络恐怖主义活动等成为全球公害。网络安全已经成为我国面临的最复杂、最现实、最严峻的非传统安全问题之一。

互联网治理体系的重心，应该放在全面推进网络空间的法治化上。通过法治的确认、引领、规范、调整、保护和罚禁等独特功能，营造网络空间创新发展、协调发展、绿色发展、开放发展、共享发展。要加快信息安全相关法律法规、制度规范建设，明确网络空间行为规范，实现依法治网、依法管网。要制定和完善对网络直播、自媒体、知识社区问答等新媒体业态和算法推荐、深度伪造等新技术应用的管理办法。

（八）维护生态安全

目前，我国生态方面的立法缺乏系统性和完整性，多头执法、选择性执法现象仍然存在。加强国家生态安全的法治保障，一是要加强立法工作，在现有各类法律法规基础上，立足国家生态安全需求，健全具有中国特色的国家生态安全法律支撑体系；二是要加强执法工作，对于事关国家生态安全的重大事件，要开展多部门联合执法，做到不越雷池一步；三是要完善民主监督制度，大力开展生态安全法治教育，培育广大群众的生态安全意识，积极主动地监督危害国家生态安全的行为，形成良好的社会法治环境。

落实并完善促进节能减排、保护生态环境的税收政策，加快推进环境保护费改税和资源税费改革。深化自然资源及其产品价格改革，探索建立全面反映市场供求和资源稀缺程度、体现生态价值和代际补偿的资源有偿使用制度，建立健全生态保护补偿机制。

【案例】

2018年，中国科技部公开处罚了多家企业，被处罚企业都是涉及违规采集、收集、买卖、出口、出境人类遗传资源。可以说，这些遗传资源生物样本，藏着中国人DNA秘密，若被别有用心的人加以研究利用，后果将不堪设想。

（资料来源：https://baijiahao.baidu.com/s？id=1715153125063994173&wfr=spider&for=pc）

【点评】

当下，全球生物安全形势严峻，世界面临多种生物威胁，突发烈性传染疾病、外来物种入侵、生化技术谬用，成为人类共同的挑战。2020年，新型冠状病毒肆虐全球，为我们敲响了生物安全的警钟。

（九）维护资源安全

习近平同志在党的十九大报告中强调，"要牢固树立社会主义生态文明观""推进资源全面节约和循环利用"。维护资源安全必须以提高资源开发利用水平为重要抓手，推进资源全面节约和循环利用。一是要降低能耗、物耗，提高资源利用效率。逐步提高水耗、能耗和物耗等标准，有助于不断强化企业等社会主体节约资源和提高资源利用效率的意识和动力，有助于激励企业通过加快技术创新提高资源利用能力，是促进资源节约和环境保护的有效手段。二是要实现生产系统和生活系统循环链接，大力发展循环经济。三是要倡导简约适度、绿色低碳的生活方式，把住资源消耗的最终关口。减少不必要的资源消耗，是实现资源节约进而保护生态环境的关键性、决定性措施。

同时，绿色技术创新正成为全球新一轮工业革命和科技竞争的重要新兴领域。伴随我国绿色低碳循环发展经济体系的建立健全，以市场为导向的绿色技术创新日益成为绿色发展的重要动力，成为打好污染防治攻坚战、推进生态文明建设、推动高质量发展的重要支撑。

（十）维护核安全

核安全首先要加强事故预防，应注重顶层规划，加强能力建设，不断提升核安全水平。完善核安全法规体系，加强核设施安全改造、技术升级和更新换代，强化核设施建设质量保证，强化核电站运行安全管理。加强核设施安全技术、先进反应堆技术、严重事故应对技术的研发。提高核设施防范和应对自然灾害的能力，提高安全隐患的预警能力。最后要进一步加强安全监管，特别是对重点工程和核电站的建设、运行等进行全方位监管，加强监管能力建设。

【案例】

据国家安全机关2020年11月披露，某市某企业技术人员刘某，曾在多家招聘网站上投放个人简历，最终被境外间谍以"兼职"名义拉拢策反。境外间谍除向刘某打听某新区建设情况、整体规划情况等，还要求刘某搜集指定的国内某家核电站的现场施工图片以及相关图纸，出价6万元。就在双方准备交易时，该市国家安全机关的办案人员将刘某抓捕归案，涉案的电脑、手机等工具也同时被扣押。

（资料来源：https：//baijiahao.baidu.com/s？id=1682109876033326706&wfr=spider&for=pc）

【点评】

所幸的是，国家安全机关的及时介入，阻止了我国家相关秘密的外泄，避免对重要能源基础设施安全造成重大损失。后经该市中级人民法院依法审判，刘某因犯为境外刺探、非法提供情报罪，受到法律的惩处。博士学历的刘某为自己的犯罪行为付出了沉痛的代价。他在接受惩罚的同时，也希望人们以他为戒，提高警惕。反奸防谍，从自身做起。

刘某坦言自己起初只是抱着兼职的目的，并没有意识到对方的复杂身份。随着深入交流，对方搜集我国内敏感信息的目标逐渐暴露，自己却很"傻"，仍和对方保持联系。分析原因，一方面是自己法律意识和国家安全意识淡薄，防范意识和保密意识不强；另一方面就是自己受金钱利益的诱惑和驱使，且抱有侥幸心理，才一步步走向犯罪的深渊。

（十一）维护海外利益安全

政局动荡是影响中国海外利益最具周期性的因素。维护海外利益安全工作常常是突发、复杂和内外联动的，涉及国内国外，空间跨度较大、处置头绪较多、涉及部门较多。对政府部门来讲，应该在工作中建立并不断完善海外利益保护机制，加强统筹协调，提高协作效率，形成工作合力，积极打造维护海外利益的体系，同时要充分吸收各领域社会力量和机构广泛深入参与，加强安全风险评估工作，加强境外安全风险预警，指导境外人员和机构有针对性地开展风险防范，强化安全保障措施。随着国内政府不断深化机构和行政体制改革，人民群众对政府在海外提供面向中国公民的公共服务要求也迅速增长，要求我们充分运用人工智能、大数据、互联网等现代科技手段，不断改进工作方式，及时获取、回应人民群众对海外公共服务的需求，不断提升服务效能。

（十二）维护新型领域安全

推进新型领域安全的顶层设计，确立新型领域安全的国家战略意志，并从政策法规、制度创新、资源配置等方面全面贯彻落实。建立健全维护和塑造新型领域安全法律法规体系，通过立法确立外层空间、国际海底区域、极地、生物优先发展的战略定位，将这些领域的安全发展纳入法治化轨道；要进一步加强新型领域集中统一管理，健全国家新型领域领导管理体制，为国家新型领域安全体系建设提供强有力的制度保障；依据建设海洋强国的战略要求，充分考虑海洋空间斗争的现实情况，制定和完善海洋战略，科学筹划海上、水下、近海、远海、远洋等不同海洋空间的军事斗争策略；依据和平利用外层空间、共同利用外层空间、自由利用外层空间的一贯主张，展望外层空间斗争的发展趋势，制定和完善外层空间战略，统一筹划我国领空、外层空间的军事斗争策略；制定外层空间、国际海底区域、极地、生物等新型领域发展规划。

同时，理念是行动的先导，道义是赢得主动的基础。"人类命运共同体"理念，是我国为应对当今世界面临的全球性挑战、解决人类面临的共性问题而贡献的中国智慧、中国方案。

第二节 大学生要认识到国家安全的重要性

当前，中华民族伟大复兴展现出光明前景，国家安全形势保持总体稳定、缓和、向好的基本态势，但同时也面临着前所未有的挑战，影响国家安全的因素日渐增多、日趋复杂。面对国家安全形势变化出现的新特点、新趋势，为构筑更为坚固的国家安全屏障，必须以全新的理念认识国家安全，以全局的视角定位国家安全，以整体的思路规划国家安全。

一、高校开展大学生国家安全教育是人才培养的需要

（一）立足国家安全的内涵及其现实性的解析

国家安全是指国家政权、主权统一和领土完整、人民福祉、经济社会可持续发展和国家其他重大利益相对处于没有危险和不受内外威胁的状态，以及保障持续安全状态的能力。

国家安全不仅关乎国家的兴亡，而且关乎每个公民的切身利益。维护好国家安全，既能保护国家利益，也能保护个体利益。一旦国家安全受损，每个人都可能付出巨大的代价。以往发生过一些人因故意或过失危害国家安全的事件，其后果严重、性质恶劣，这些教训非常深刻，要引以为戒。高校应加强国家安全教育，让维护国家安全成为每个大学生的自觉行为。

（二）以践行总体国家安全观为统领

在总体国家安全观中，国家安全与每个人息息相关，大学生也不例外。坚持以民为本、以人为本，坚持国家安全一切为了人民，一切依靠人民，真正夯实国家安全的群众基础。这里面包括两层含义：维护国家安全，是为了维护最广大人民的根本利益；维护国家安全，也需要发挥每位公民的力量。维护国家安全，每个人都应该参与其中，贡献一份力量。作为大学生，要坚持底线意识和责任意识，明辨权利边界，承担起公民义务。

（三）以影响国家安全的现实问题为切入点

通过对现实问题的阐释，激发大学生的兴趣，增强大学生对国家安全内涵及外延等内容的理解，培养大学生自觉维护国家安全的使命感和责任感。随着网络空间日渐渗入人类生产生活，网络安全威胁越来越多地来自有组织的行为。通过网络的破坏，可以直接扰乱社会秩序并威胁人们的生命财产安全。近年来，网络安全在实战中所展现出的突出地位逐渐显现，而这只是网络空间对于现代战争影响的冰山一角，其颠覆性的军事效应预示着网络作战将成为未来重要的作战方式。更为重要的是，信息时代防范网络政治颠覆行为的难度进一步加大，表现在难以控制的信息跨国流动。在不平衡的信息流动中，信息输出国更容易将本国价值观和意识形态传递给其他国家。

（四）加强大学生国家安全法治观念

在国家安全教育中，培养大学生国家安全法治观念是必要的，以此帮助大学生正确认识《国家安全法》的法律地位和法律性质。《国家安全法》是一部关于国家安全的基本法和专门法，它与我国的《宪法》《反分裂国家法》《反间谍法》等法律一起构成了我国国家安全方面的法律体系，体现了国家安全法律化的总体立法思路。《国家安全法》以习近平同志为核心的党中央的总体国家安全观为指导，以适应新时期国家安全形势发展变化为需要，以完善国家安全体制和机制、解决国家安全工作突出问题为任务，体现了鲜明的中国特色和时代特点，体现了高度的政治性、政策性和顶层设计，突出了依法统领国家安全的"法治国安"思路，明确了党领导下的集中统一、高效权威的国家安全领导体制，贯穿了法治思想和法治思路。正确理解和贯彻《国家安全法》具有重要意义。

二、加强大学生国家安全教育的现实意义

（一）加强大学生国家安全教育是学生成长成才的需要

德育教育是对学生进行思想、政治、道德、法律和心理健康等方面的教育，它是高校教育工作的重要组成部分。高校德育教育的核心是使学生热爱祖国，拥护党的领导和党的基本路线，坚定中国特色社会主义事业的理想信念，具有为人民服务、奉献社会的使命感和责任感。这是大学生树立正确的世界观、人生观、价值观的前提和基础。而这些教育内容是基于国家安全而存在的，没有国家安全，其他均无从谈起。因此，德育教育应围绕国家安全教育展开。维护国家安全是学生成长为全面发展的社会主义建设者和接班人的重要内容，加强大学生国家安全教育是学生成长成才的需要。

（二）加强大学生国家安全教育有利于培养大学生的法制观念

《国家安全法》第十四条规定："每年4月15日为全民国家安全教育日。"国家以法律的形式设立全民国家安全教育日，有利于提高社会公众维护国家安全的法律意识。《国家安全法》以总体国家安全观为指导思想，规定了一系列不同于传统国家安全观的国家安全制度，将国家安全的内涵扩展到政治、经济、文化和社会各领域，突出强调了维护国家安全不仅是专责机关的任务，而是所有国家机关、社会组织和公民的义务和职责。通过全民国家安全教育日等一系列活动，大学生能深刻地理解《国家安全法》提出的各项要求，从而强化大学生的责任意识，提高大学生维护国家安全的能力。

（三）加强大学生国家安全教育是学生适应社会发展的需要

众所周知，高等教育具有基础性、先导性、全局性的战略地位，高校的人才培养与社会的发展变革是密切联系、相互影响的。换言之，政治、经济、文化、科技等领域的变革往往直接反映到高校的人才培养中。学生经过大学的培养，终将走向社会，而具备良好的国家安全意识和维护国家安全的能力能够为大学生更好地适应社会发展提供基本的条件和保障。

【案例】

2019年5月19日,四川某大学生在互联网上发现一篇介绍某国防重点工程研制进度、近期研制规划和总装、试验情况,以及中央、军委领导亲临研制现场的有关情况的文章,立即将该文下载并报告成都市安全局。通过侦破,文章是航空工业总公司某研究所工作人员李某所为。该同学通过自己的行动维护了国家的利益。该案是我国目前破获的网上泄露国防重大机密案之一。

(资料来源:https://www.souti51.com/tiku/320848.html)

【点评】

(1)保密是公民的义务,每个大学生应该自觉贯彻遵守《国家安全法》,自觉履行保密义务,坚决同失泄密行为和窃密行径做斗争。

(2)发现泄露或可能泄露国家秘密的线索,应当及时向有关机关、单位或保密工作部门举报。

(3)《国家安全法》将网络与信息安全规定为维护国家安全的重点任务。

1. 大学生国家安全教育的内容有哪些?
2. 大学生国家安全教育的现实意义有哪些?
3. 大学生的哪些行为可能会为国家安全带来影响?

第四章

人身安全

【学习目标】

1. 了解校园人际关系紧张的原因。
2. 掌握校园人际关系交往的技巧。
3. 了解校园暴力的表现形式。
4. 掌握防范校园暴力的对策。
5. 了解常见的突发校园安全事故类型及防范。
6. 引导大学生树立正确的安全观,并学会运用合法手段维护自己的人身安全。

第一节 校园人际关系安全

一、校园人际关系安全隐患的主要表现形式

(一)同乡交往

中国人乡情意识浓厚,远在他乡遇到同乡会倍感亲切,聚在一起谈乡音叙乡情,或者遇到困难时互相帮助,其乐融融。但大学生中以乡情为纽带组成的小团体同乡会,有时也会因情绪的感染或从众心理而带来安全隐患,特别是在介入处理同学矛盾和纠纷时,容易造成群体性事件,甚至群殴伤害。

（二）涉外交往

随着高等教育的国际化，高校与国外的交流日益频繁。在对外交往中大学生的行为代表着国家的形象，如交往不当可能会使国家利益受到损害，同时也会给自己造成伤害。

（三）网络交往

在网上与他人交流已成为大学生交往的新方式，有的同学沉溺其中而荒废了学业，更有甚者贸然去会见网友，不光浪费了时间与金钱，还可能使自己的身心遭受巨大的创伤。

（四）异性交往

男女之间交往要分清爱情与友谊的界限，掌握好两者间的尺度，交往中双方要互相尊重，不影响对方与他人的交往，以免造成不必要的误解，使自己或对方受到伤害。

二、校园人际关系紧张的原因

（一）社会层面

随着教育规模和水平的不断提高，全国普通高校的毕业生人数逐年攀升，但社会工作岗位的数量相对固定，人员需求有限，这种供需的不平衡性加剧了社会竞争，给大学生带来了较大的就业和生活压力。加之评价标准相对单一，利己主义、功利化的价值取向等冲击着社会主流思想，对大学生的价值观产生了一定的影响。

（二）学校层面

当前的高校已开展丰富多彩、形式多样的教育教学活动，但在提升人际交往知识和能力、加强学生心理疏导和人文关怀方面还缺少相应的课程，相关教育和引导举措还有待加强。倡导因材施教，开展个性化的教育，使得部分学生过于崇尚个性和自由，缺少了大局意识和集体主义精神，往往更容易引发寝室人际关系问题。此外，部分高校对学生寝室采用粗放式管理模式，对于学生寝室人际关系问题的关注力度欠缺。

（三）家庭层面

家庭是孩子的第一所学校，父母是孩子的第一任老师。从呱呱坠地到长大成人，父母在孩子的一生中扮演了极其重要的角色，但由于时代背景、成长环境等诸多因素的影响，一些家长自身就缺乏必要的人际交往知识和技能，与家人朋友关系紧张，这种不和谐的氛围潜移默化地影响着孩子，影响着孩子的性格和为人处世的方式。还有些家长将子女视为掌中宝，从小到大过于宠溺，缺少正确的价值引导和必要的人际交往指导。

（四）个体层面

每个进入大学校门的学生都是独一无二的，他们在价值观念、思维模式、行为习惯等各个方面千差万别，所以在从陌生到熟悉的过程中需要不断磨合、调整，理解他人与自己的差异并予以包容。但由于这个年龄段的学生正处于"心理断乳期"，身心发展具有不平衡性，加之独生子女相对缺少独立自主的能力和人际交往的技巧，话不投机半句多的状态极易导致寝室人际关系问题。

三、校园人际关系交往技巧

（一）尊重他人

无论与你交往的同学性格、爱好、习惯等多么让你难以接受，如果你始终尊重他，待他如一个与你平等的人，就能获得他对你的尊重。这一点说起来容易，做起来很难。诚然我们不是圣人，不可能彻底摆脱世俗的影响。只是我们需要开始意识到自己的局限性，提醒自己逐渐以平等心待人，则会在人际交往中比较顺畅，少些挫折。

（二）倾听并恰当地给予反馈

在与同学交谈时，要专注、积极倾听他的谈话，不时地给予适当的反馈和提问。倾听表示尊重、理解和接纳，是连接心灵的桥梁。倾听还体现在不随意打断别人的谈话，在别人漫无目的地谈话时，礼貌地转换话题或结束话题。在表达自己的不同看法时，首先要认可当事人的想法，再礼貌地提出自己的看法，这样就会在表明观点的同时避免了冲突，不伤及彼此的关系。

（三）不吝啬自己肯定和赞扬的话语，学会真诚地赞美别人

看到其他同学身上的优点或者美丽的外在变化时，大胆地给予赞美或认可，会给对方带来欢乐。这种欢乐和谐的氛围会影响到周围的人，使人与人之间的关系变得轻松融洽。因为我们每一个人，都希望得到他人的赞美和赏识。赞扬能让人身心愉悦，精力充沛，还能激发自豪感，增强其自信，有助于更好地了解自己的优点和长处，认识自身的生存价值。但赞美要有的放矢，要真诚和有感而发；赞美绝不等同于恭维，既不是拍马屁，也不是阿谀奉承。赞美时切忌夸大其词、不着边际和虚伪做作，否则，赞美会失去其作用。另外，同学们不能人前一套，人后一套，当面说人好话，背后说人坏话，或传递其他人之间相互指责、诋毁的话，势必引发他人之间的矛盾。

（四）学会宽容和谅解

"人非圣贤，孰能无过"。看看我们自己，毛病与优点并存；其他同学又何尝不是如此？与人交往时，不要总是看到别人的短处，应该多想想他人的长处。这个世界上不存在一无是处的人，就像不存在完美无缺的人一样。对于别人的错误甚至无理取闹，不要揪着不放，得理不饶人，斤斤计较，针尖对麦芒。不宽容对方，以牙还牙或者坚决对立，那么隔阂就会越来越深，人际关系只会越来越紧张，对人对己没有任何益处，只会增加更多的麻烦。可见，苛求他人就是苛求自己，宽容他人就是宽容自己。学会原谅别人，能避免许多烦人的纠纷，路就会越走越宽阔。

（五）适当地替他人着想，切忌自我中心、损人利己

在人际交往中，大多数人都会站在自己的角度思考问题，首先维护自己的利益，但同时我们又会非常讨厌那些为了自己利益而不惜牺牲他人利益的人。因此，在争取自己利益的同时，也要不断兼顾到他人的利益，才能在人际交往中受人欢迎。切记不要做那些损人利己甚至损人不利己的事。"己所不欲，勿施于人"。学会换位思考，常想如果自己处在他人的位置上会怎样，就能理解他人的反应，也就不会出现强求别人做到连自己也做不到的事情。

（六）保持独立自主与谦虚的品质

与同学交往时要有自己的主见，不要人云亦云、趋炎附势，更不要骄傲自满、目空一切，不要总是与同学抬杠。无论是否有理，总要找出依据说明自己如何有理、对方如何无理，处处、事事、时时要显示自己高明、自己是胜利者。长此以往，则会很难让人容忍，埋下隔阂与不满。

【案例】

某高校辅导员接到2018级小卉同学的妈妈发来的微信，反映孩子所在寝室里有两名女生经常半夜12点还不睡，大声说话、打电话，严重影响了孩子的睡眠，导致孩子上课没有精神、头晕，几次沟通没有效果。辅导员找小卉所在寝室的小嘉和小然谈话，口头警告二人遵守寝室相关规定，注意言行，不要影响别人休息和学习。当天下午，该寝室的小卉、小玉、小悦、小艺一起来到辅导员的办公室，情绪激动，说小嘉和小然回到寝室后指桑骂槐，说话难听，她们四人与之发生争吵，但最后也没有争出什么结果，一气之下找到辅导员，强烈要求调换寝室。

（案例来源：搜狐新闻，2017年5月10日）

【点评】

紧张的宿舍关系会让学生处于压抑、烦躁和焦虑的情绪中。长期处在这样的情绪会使学生敏感、不易相信他人、难以集中精力，矛盾激烈时会导致冲突甚至产生心理疾病。案例中，引发宿舍冲突的看起来是一件普通的小事，但却反映出当前很多高校学生宿舍矛盾的普遍问题。一旦解决不好，就可能引发严重后果。案例中，小卉同寝的两名女生经常晚睡，说话声音大，还经常打电话，影响到小卉的睡眠。这对其他几名女生都是有影响的，另外，平时几人之间因寝室卫生、作息习惯等曾有过一些小摩擦，性格方面也存在差异，时间一长，寝室内逐渐形成了对立的两个圈子，矛盾就此产生。究其根源，一是生活习惯不同。小嘉和小然习惯晚睡，小玉、小悦睡觉打鼾，相互影响。二是不注意说话方式。小嘉和小然在和同寝其他四人沟通时，不是很注意说话方式，常常是无理辩三分，得理不饶人，而小悦等人有时也是口不择言，造成沟通不畅。三是性格爱好不同，小嘉和小然性格外向，好动，不爱学习，经常上网、打电话，小卉、小玉、小悦、小艺性格较为文静，一心想好好学习，但在寝室里背课文、背单词受到影响无法专心，和小嘉、小然产生隔阂。四是以自我为中心。该寝室六名女生都是独生女，在人际交往方面，总是从自身角度出发，与人沟通能力较差，而在处理诸如寝室卫生清扫、物品摆放等一些琐事时，不能换位思考，相互间不够包容。大学生宿舍矛盾是常发而又棘手的问题，大多是因琐碎小事而起，如果处理不好就会导致更大问题发生。大学生宿舍纠纷的化解可采取以下几项措施。

一是迂回调解，选派班干部进行劝说。该寝室六人中，小嘉、小卉、小悦、小艺是一个班，而小然和小玉是另一个班。辅导员给两个班的班长、团支书分派任务，让她们分别找本班同学谈心，其重点是使这几名学生明白，寝室是学习的后方保障，是生活的重要场所，平时相处要多注意言行，遵守寝室相关管理规定，尽量不影响他人休息。

二是分而化之，打破双方对立的局面。对于一个寝室内的两个小圈子，辅导员决定采取分化措施，从各自内部化解矛盾。首先找出在圈子中出主意、有话语权的学生，小嘉话相对少些，但很有主意，小然能说会道；另外四人中，多是小悦和小玉表达诉求，小卉和小艺性格内向，没什么主意，所以辅导员先分别和小玉、小悦谈话，打消她们调换寝室的想法，让她们试着包容、接纳小嘉和小然，辅导员再找小嘉，也表达了这个意思。这样，有了突破点，两个小圈子之间壁垒分明的对立明显缓和了。

三是座谈和解，引导学生主动化解矛盾。几天以后，辅导员把寝室六人叫到活动室，让她们围坐一起，桌上摆些水果、零食，还播放了群星演唱的《相亲相爱》歌曲。辅导员并没有参与座谈，而是让她们在自由、放松的环境下畅所欲言，把心里的想法都说出来，化解矛盾。

第二节　大学生如何防范校园暴力

一、校园暴力的表现形式

（一）校园欺凌

1. 校园欺凌行为的表现形式

（1）粗言秽语侮辱受害者。
（2）对受害者进行拳打脚踢、掌掴拍打、推撞绊倒、拉扯头发等。
（3）侵占受害者的个人财产，如教科书、学习用具、金钱、食物等。
（4）传播关于受害者的消极谣言和闲话，恶意公开受害者的隐私。
（5）恐吓、威迫受害者做他们不想做的事，威胁受害者听从命令。
（6）让受害者遭遇麻烦，或令受害者招致学校处分。
（7）中伤、讥讽、贬抑评论受害者的体貌、宗教信仰、种族、国籍、家人或其他。
（8）分派系、结朋党，孤立或排挤受害者。
（9）敲诈、强索受害者金钱或物品。
（10）用文字或者图画侮辱受害者。
（11）通过QQ、微博、微信、社交网站等网络平台发表对受害者具有人身攻击意味的言论。

2. 校园欺凌行为产生的原因

（1）性格不良所致。一般来说，性格中有强控制欲、急躁、以自我为中心等元素的孩子，更容易欺凌他人。

（2）价值观错误所致。有些孩子形成"唯我独尊，谁的拳头硬谁就是老大"的价值观，只要惹他不开心了，就要动手打人。

（3）情绪冲动所致。这类孩子主观上没有欺凌他人的意图，但不能控制自己的情绪，很容易在情绪引爆后产生欺凌行为。

（4）盲目模仿所致。有些孩子主观不坏，但受不良媒介影响，认为欺负他人很"酷"，盲目模仿而伤害他人。

（5）品德不良所致。少数孩子因受不良教育影响，形成了自私、冷酷、贪婪、好吃懒做等不良品行，从而产生欺凌他人的行为，比如敲诈、恐吓。

（6）心理不健康所致。有些孩子存在一些心理疾病，也会有意无意地欺凌他人甚至自残。这种情况非常隐蔽，需要老师用心觉察。

（7）不善于处理两性情感所致。进入青春期的孩子好奇并渴望爱情，但因心智发育滞后于生理发育，很容易因为表白失败或争风吃醋而欺凌他人。

（8）学校或者班级管理不到位所致。学校或班级没有明确的规章制度，或容易产生欺凌行为的隐秘空间无人管理，老师缺乏教育敏感等，都会引发临时性欺凌行为。

3. 防范校园欺凌行为的对策

（1）在威胁与暴力来临之际，首先告诉自己不要害怕，要相信邪不压正，同学、老师以及社会上一切正义的力量都是自己的坚强后盾，千万不要轻易向恶势力低头。而一旦内心笃定，就会散发出一种强大的威慑力，让欺凌者不敢贸然攻击。同学们不要因为害怕，就不做出反应，可以在能确保自身安全的前提下大声呼喊求救。如果一味纵容不法分子，最终只会导致自己频频受害，陷入可怕的梦魇之中。

（2）如果条件允许，要多学习拳击、跆拳道、散打等，努力提高自己的身体素质，当然，学习这个并不是去打架，而是学习一种保护自己的能力。很多欺凌者都是欺软怕硬的不良青年，如果周围没有人向被欺凌者伸出援手，也没有人出面制止，那么只有自保的能力才能减少自己受到的伤害。校园欺凌表象上的伤害大多来自肉体，锻炼身体以保证自己不会成为被欺辱的对象，是一种行之有效的方法。

（3）大胆、冷静地提醒对方，他们的所作所为是违法违纪的行为，会受到法律严厉的制裁，也将会为此付出应有的代价。同时，同学们尽量保持镇静，不要惊慌，学会运用自己的智慧与坏人进行周旋，采取迂回战术，尽可能拖延时间，有勇有谋地保护自己，达到既能保护自己、又能巧妙制服坏人的最佳效果。无论如何一定要记住施暴者的人数和体貌特征，以便事后及时报告老师或报警。

（二）打架斗殴

大学时期既是同学们生理成熟的重要阶段，又是同学们人生观、价值观形成的重要阶段，更是同学们心理成熟的关键期。虽然考取了大学，但个别同学性格孤僻、情绪急躁，进入大学后表现出种种不适应。他们由于缺少生活阅历和交往经验，自尊心又过强，在与老师和同学的交往中受到挫折后，便回避与人交往，以致陷入无端的自我封闭之中，形成多疑、自卑、敏感的性格。他们在处理人际关系时，往往感情用事，采取偏激、极端的暴力方式解决问题。

【案例一】

两名在校女学生王某和李某因男友的事发生矛盾,并约架。王某打电话告诉其哥哥,其哥哥带几个好朋友,拿棒球棒、管制刀具、镐把等凶器到学校。李某带着男朋友、男朋友的同学,也来到约定地点。结果其中一人被李某男友打成轻伤,其他人受轻微伤。所有参与人员被指控为聚众斗殴罪(持械),被判处刑罚。

(资料来源:中国吉林网,2021年3月26日)

【点评】

大学生入校后过的是集体生活,在长期的学习、生活中,由于个人成长环境、性格等多重因素影响,同学之间难免会产生纠纷和矛盾,如果没有妥善地处理好这些纠纷和矛盾,易发展为打架斗殴的事件。打架斗殴的危害极大,它既侵犯了他人的人身权利,又扰乱了正常的校园管理秩序,酿成刑事或治安事件,使参与者受到校规校纪和法律的惩处。因此,我们应该学会理性处理矛盾和纠纷,避免一失足而成千古恨。

法律链接

《中华人民共和国刑法》第二百九十三条规定:有下列寻衅滋事行为之一,破坏社会秩序的,处五年以下有期徒刑、拘役或者管制:①随意殴打他人,情节恶劣的;②追逐、拦截、辱骂、恐吓他人,情节恶劣的;③强拿硬要或者任意损毁、占用公私财物,情节严重的;④在公共场所起哄闹事,造成公共场所秩序严重混乱的。纠集他人多次实施前款行为,严重破坏社会秩序的,处五年以上十年以下有期徒刑,可以并处罚金。

【案例二】

2017年1月,彭某、陈某两同学因打篮球产生摩擦并发生口角,彭某先动手打了陈某,两人发生扭打,之后被在场同学制止。事隔不久,彭某又邀集数人到陈某宿舍寻衅,并且抄板凳动手殴打陈某,致使陈某面部多处受伤。根据《学生违纪处分实施细则》第二十九条第1款、第4款,第十一条第1款的规定,彭某的行为构成打架斗殴、持械伤害他人造成他人人身损害的情形,并且性质恶劣后果严重,学校决定给彭某予记过处分。

(案例来源:豆丁网,2017年1月7日)

【点评】

生命权和健康权是其他一切权利的基础。打架斗殴行为严重威胁他人生命与健康,轻者违反校规校纪,严重者构成犯罪,将被追究法律责任。案例中,引发学生打架斗殴的原因主要有以下几点:

(1)家庭教育失控引起的打架斗殴。分析几起打架斗殴事件后发现,参与打架斗殴的当事人家庭背景很复杂,有的家长长年外出打工,孩子缺乏家庭温暖和心理疏导;有的孩子从小娇生惯养,叛逆心理严重;有的家长素质低劣,向孩子灌输暴力思想;有的家长疏于管理,默许孩子同不良少年交往,放任孩子养成不良习气。

（2）个人行为霸道引起的打架斗殴。我们可以看到这样的现象：有的同学看见某某同学老实，开始动手欺负一下，结果这位同学接受了现实。这种行为和现象没有得到及时的纠正，后果是欺负这位同学的人渐渐增多，欺负别人以及被人欺负的心理逐渐膨胀、扭曲、变态，麻烦由此产生。

（3）不良嗜好、高消费、语言行为粗鄙引起的打架斗殴。有的学生不注意自己的言行，语言污秽，行为粗鲁，不以为耻反以为荣。

（4）讲"义气"引起的打架斗殴。有的同学为了所谓的"义气"，而参与打架斗殴。其实，从群体性事件看，所有参与者都是打架斗殴的受害者。

法律链接

如果打架斗殴的情节轻微，没有严重后果，适用《治安处罚法》予以治安处罚；如果情节严重，造成严重后果，则依据《刑法》规定，以聚众斗殴罪处罚。看情节轻重，如果造成轻伤以上，就构成故意伤害罪，要判处刑罚。我国《刑法》第二百三十四条规定："故意伤害他人身体的，处三年以下有期徒刑、拘役或者管制。犯前款罪，致人重伤的，处三年以上十年以下有期徒刑；致人死亡或者以特别残忍手段致人重伤造成严重残疾的，处十年以上有期徒刑、无期徒刑或者死刑。本法另有规定的，依照规定。"

二、校园暴力产生的原因

1. 大学生心理发展不成熟，承受能力较差

初入大学时，大部分学生初次远离父母独立生活，由于种种原因不能适应校园生活，抗挫折能力较弱，一旦遇到重大事件容易产生过激行为，将不满转嫁给他人。在这样的特殊时期，虽然个体的生理发育已经渐趋稳定，但心理发展尚未成熟。由于心理发展和生理发展的不同步，再加上在校大学生的生活阅历浅且社会经验不足，很容易受到社会上各种不良思潮的冲击，引发各种各样的心理问题。主观需要和客观现实性之间的矛盾更为错综复杂，人格发展的不健全使大学生普遍以自我为中心，产生错误的自我定位。不正确的自我意识，会导致一个人的自我本位，当现实生活中的需要得不到满足时，就会产生紧张感、挫败感，这些紧张感和挫败感若得不到合理的宣泄，很容易转化为大学生暴力行为的动因。

2. 无法妥善处理人际关系

人际交往是人与人之间相互沟通交流思想、表达情感、协调行为的过程，在当代大学生的生活中占有非常重要的地位，良好的人际交往可以促进大学生的全面发展。大学生正处于成长时期，思想还很不成熟，在人际交往中有很大的盲目性。在这个阶段，父母的期望值不断升高，社会压力也在不断增大，使得一些大学生对生活中的各种矛盾无所适从。当今大学生大多是独生子女，娇生惯养，常常以自我为中心。在与他人的交往过程中，无法顾及他人的感受。大学生在与人交往的过程中，往往不能有效地了解彼此的态度、看法并正确地进行评价，也不能随机应变、恰当地调整和控制自己和他人的情绪，当人际隔阂

和冲突没有得到及时疏通的时候，大学生的人际交往就会出现问题。面对各种各样的矛盾和冲突、竞争和挑战，无法进行良好的自我调节，极易采取极端的方式解决问题。

3. 思想环境复杂，意志不坚定

一方面，大学生未形成正确的价值取向，受功利主义价值观念影响开始注重金钱的价值和物质的享受，丢失了吃苦耐劳、乐于奉献的传统，也未牢固树立正确的世界观、人生观和价值观；另一方面，大学生的个人主义思想浓厚，集体主义观念淡薄。部分大学生片面强调个人利益，不能正确处理集体利益和个人利益的关系，盲目追求主体地位。

4. 法律观念和意识淡薄

目前，部分大学生的法律素质不高，法治观念薄弱，只知道法律是为了打击犯罪，保护人们的合法权益，并没有意识到法律还具有规范人们行为的作用。此外，部分大学生的权利义务观念模糊，对权利义务观念的理解仅仅停留在表面，不能正确把握两者之间的微妙关系，更不能在实际生活中正确、合理地进行运用。

5. 个别家庭的教育理念、教育方式不当

在教育的过程中，家庭教育起着至关重要的作用。目前，有些家庭的教育理念不当，父母对子女的期望过高，片面重视智育发展，忽视了孩子良好习惯的养成和健康人格的培养，部分家庭的升学主义教育理念使孩子们无法经历完善的社会化过程，缺少必要的人际交往技能训练，造成了青少年没有足够的环境适应能力和人际交往能力。另外，有的家庭教育缺乏科学性，对孩子的教育方式有所偏颇。有的家长独断专行，很少主动关心孩子的思想变化和心理状态，这样的教育方式既扼杀了孩子的天赋，也可能为孩子未来的发展埋下暴力犯罪的隐患。而多数独生子女家庭又溺爱孩子，这种溺爱和过度保护，使独生子女养成了随心所欲、不守规矩的品行，影响其独立性的发展。据统计数据显示，处于溺爱型家庭、放任型家庭、失和型家庭以及单亲家庭的大学生较正常家庭的孩子更容易犯罪。

6. 家庭中暴力行为的影响

父母是孩子的第一任老师，他们在日常生活中的处世方式、待人态度对子女起着榜样和示范的作用，但是有些父母对子女却采取简单粗暴的教育方式，对孩子极端严厉且举止粗鲁，造成部分大学生的心理扭曲。家庭暴力也在潜移默化地诱导大学生在遇到矛盾和冲突时，采取暴力手段解决问题。

7. 社会发展的思想变化引起的原因

当前，市场经济飞速发展，经济多元化催生文化多元化，不同的道德标准和价值选择相互碰撞、相互融合，对大学生的思想观念、道德准则、人格特点带来了深远的影响。多种价值观念的冲击造成部分大学生的信仰迷惘与缺失。

三、校园暴力防范对策

（一）增强自身的法律意识和法制观念

施暴者法律意识淡薄是校园暴力产生的一个主要原因。一些同学考虑问题过于偏激，过于钻牛角尖，做事缺乏全盘考虑，做了以后才会发现问题的严重性，但往往这时候后悔已晚矣。所以，在平时的学习中，同学们要学法、懂法、守法、用法，认真学习《中华人民共和国治安管理处罚法》《中华人民共和国刑法》等相关法律知识，自觉遵守基本的行

为规范和法律，培养守法观念，坚定法律信仰，既要以法律来规范自己的行为，也要以法律来保护自身的合法权益，这样才能更好地保护我们自己。

（二）树立正确的安全道德观念，在关注自身安全的同时去关注他人的安全

第一，助人者自助，救人者自救。助人为快乐之本，社会需要弘扬正气。同情我们身边的人，珍爱自己和他人的生命，避免悲剧的发生，这是我们应该做的。如果同学们发现他人遭遇紧急情况，我们一定要在第一时间打电话向公安机关求助，采取最有效的救助措施；第二，学会与同学友好相处。有的同学遇到矛盾时，不愿意吃亏，认为忍让就是没了面子，失了尊严，最终只能使矛盾不断升级、不断激化。我们应该宽宏豁达，不应为一丁点儿小事僵持不下，斤斤计较，甚至拳脚相加，做出降低人格的事情。

（三）避免自己成为施暴者的目标

同学们平时不要随身携带太多的钱和手机等贵重物品，不要公开显露自己的财物。学校僻静的角落、厕所或楼道拐角等是校园暴力的多发地带，我们在这些地方活动时尤其要注意，最好结伴而行。同时，同学们还要牢记：应对暴力，临危不乱。如果我们无法避免危险的发生，那么，在危险发生的时候，同学们一定不要惊慌，保持冷静、清醒的头脑是制胜的关键，学会克服自己内心的恐惧，积极地去解决问题或者本能地保护自己。

（四）及时报告，以法维权

由于校园暴力的随机性，许多同学对其产生了恐惧和焦虑。一些同学不敢把事情告诉家长和老师，更不敢报警，甚至警方破案后也不敢出面作证，成为"沉默的羔羊"，忍气吞声往往会导致新的暴力事件的发生。所以，同学们一定要树立报告意识，一旦有情况发生，及时告诉我们的家长、老师和警察，他们是我们值得信任的人。

【案例】

某日，在某校的大门外 200 米拐角处，某班詹某伙同本班 5 名同学对某班李某进行群殴，致使李某门牙脱落两颗，身体多处受伤而住院。后经学校调查，两位同学的矛盾源于当天中午在学校餐厅打饭时李某插队，詹某上前制止，李某不听劝告，两人在食堂内发生了口角。詹某回到班上以后，将事情告诉同宿舍的其他几位男生，大家商议之后，决定好好教训李某一顿，导致詹某等人群殴李某的暴力事件。

（资料来源：百度文库，2018 年 6 月 26 日）

【点评】

1. 从学生自身角度来看校园暴力事件发生的原因

詹某、李某两位同学都厌学、不求上进，所以他们上课不听讲、不做作业，甚至打架、寻衅滋事，违纪现象时有发生。詹某、李某等学生属于经常违纪违规的学生。缺乏自我安全防范意识，法制观念淡薄，是导致此次校园暴力事件发生的主要原因。

2. 从家庭的角度来看校园暴力事件发生的原因

詹某父母离异，跟着父亲生活，父亲忙于生计，对孩子疏于管教，且在其家中长期存

在家庭暴力。詹某从小缺少父爱、母爱，其性格孤僻、偏执，难以承受挫折和打击，遇事好冲动、走极端，喜欢用暴力来解决问题。

李某则是家中的独生子，家庭经济条件优越，其父母过分溺爱孩子，使他从小娇生惯养。家长对他缺乏责任、义务和爱心等方面的教育，导致他以自我为中心，性格上自私、冷酷。

3. 从社会和谐程度来看校园暴力事件发生的原因

一些社会歪风邪气充斥着校园，暴力、色情文化催生了校园暴力。

法律链接

《刑法》第二百三十四条规定："故意伤害他人身体的，处三年以下有期徒刑、拘役或者管制。犯前款罪，致人重伤的，处三年以上十年以下有期徒刑；致人死亡或者以特别残忍手段致人重伤造成严重残疾的，处十年以上有期徒刑、无期徒刑或者死刑。"

第三节　应对突发的校园安全事故

雷电、洪水、地震、暴雨、泥石流、滑坡等，都有可能给我们的生活带来威胁和危害。对于这些威胁和危害，人类目前还没有能力去根除，但是，我们可以研究其内在规律，有效地预防和规避。

一、雷电

在美国科学家富兰克林发现雷电产生的原因之前，人们对雷电一直抱有恐惧心理。实际上，雷电是大气中的放电现象，多形成在积雨云中。积雨云随着温度和气流的变化不停地运动，运动中产生摩擦，就形成了带正电荷和带负电荷的云层。当异性带电中心之间的空气被其强大的电场击穿时，就形成"云间放电"（即闪电）。由于放电时温度高达200 ℃，空气受热急剧膨胀，随之发生爆炸，这就是雷鸣。一般山地雷电比平原多，沿海地区比内陆腹地多。

1. 在室外空旷地的注意事项

雷电发生时，如果你在室外空旷地，应注意以下几点：

（1）不能躺在地上。不要以为躺着能最大限度地降低高度，这样做会增加"跨步电压"。正确做法是两脚并拢，蹲在干燥的绝缘物上，双手合拢，抱膝低头。

（2）不要在洞穴、大石和悬崖下避雨。这些地方是雷电光顾的通道，但是深的洞穴则十分安全，应尽量走到洞穴深处。

（3）不要离开汽车。如果雷电来时，你恰好在汽车中，那么你是幸运的。车厢虽然是金属制造物，但是因为屏蔽作用反而十分安全，就算直接被闪电击中也不会伤人。

（4）离金属建筑物的距离要足够远。并非直接的电流才会致命，当闪电击中铁栅栏等金属物时，电能瞬间释放会产生强大的冲击波及雷声，如果离得不够远，可能会被声波震伤肺部，严重的可能致人死亡。

（5）喝水也是危险的。不要因为一时的情急，就忘记水壶也是金属制品。手机、登山杖、小刀等物品都要留心收好。帐篷里也不是安全之处，因为帐篷的支架多是金属制品，容易招雷电。如果帐篷搭建在空旷处，就更危险了。

雷电是一种神奇的自然现象，它是不可避免的，地球上任何时候都有雷电在活动。我们要积极防雷避雷，避免生命财产遭受损害。

2. 在室内或街上的注意事项

雷电发生时，如果你在街上或在家中，须注意以下几点：

（1）尽快进入有完好避雷装置的建筑物内，关闭门窗，切不可停留在楼顶上。

（2）不倚靠在建筑物的外墙、柱上，不靠近、不触摸金属水管或金属门窗和其他带电设备。

（3）在电源和电话、电视等室外引入的信号线未装避雷器的情况下，尽量不要看电视、打电话，也不要用其他电器，最好拔掉电源和信号插头。

（4）不要在家洗淋浴，特别是太阳能热水器装在屋顶，又处在直击雷保护范围之外的，更要注意。

二、洪涝灾害

自古以来，洪涝灾害一直是困扰人类社会发展的自然灾害。大禹治水就是劳动人民和洪水斗争的光辉事迹。时至今日，洪涝依然是对人类影响最大的灾害之一。洪涝灾害具有双重属性，既有自然属性，又有社会经济属性。它的形成必须具备两方面条件：第一，自然条件。洪水是形成洪涝灾害的直接原因。只有当洪水自然变异强度达到一定水平时，才可能出现灾害，主要影响因素有地理位置、气候条件和地形地势。第二，社会经济条件。只有当洪水发生在有人类活动的地方才能成灾。受洪水威胁最大的地区往往是江河中下游地区，而中下游地区因其水源丰富、土地平坦又常常是经济发达地区。

洪涝中的自救与逃生的策略有以下一些：

（1）不要惊慌，冷静观察水势和地势，然后迅速向附近的高地、楼房转移。如洪水来势很猛，就近无高地、楼房可避，可抓住有浮力的物品如木盆、木椅、木板等。必要时爬上高树也可暂避。

（2）切记不要爬到土坯房的屋顶，这些房屋浸水后容易倒塌。

（3）为防止洪水涌入室内，最好用装满沙子、泥土和碎石的沙袋堵住大门下面的所有空隙。如预料洪水还要上涨，窗台外也要堆上沙袋。

（4）如洪水持续上涨，应注意在自己暂时栖身的地方储备一些食物、饮用水、保暖衣物和烧水用具。

（5）如水灾严重，所在之处已不安全，应自制木筏逃生。床板、门板、箱子等都可用来制作木筏，要注意划桨必不可少。也可使用一些废弃轮胎的内胎制成简易救生圈。逃生前要多收集些食物、发信号用具（如哨子、手电筒、颜色鲜艳的旗帜或床单等）。

（6）如洪水没有漫过头顶，且周边树木比较密集，可考虑用绳子逃生。找一根比较结实且足够长的绳子（也可用床单、被单等撕开替代），先把绳子的一端拴在屋内较牢固的地方，然后牵着绳子走向最近的树，把绳子在树上绕若干圈后再走向下一棵树，如此重复，逐渐转移到地势较高的地方。

（7）离开房屋逃生前，多吃些高热量食物，如巧克力、糖、甜点等，并喝些热饮料，以增强体力。注意关掉煤气阀、电源总开关。如时间允许，可将贵重物品用毛毯卷好，藏在柜子里。出门时关好房门，以免贵重物品随水漂走。

洪涝灾害的防治工作包括两个方面：一方面减少洪涝灾害发生的可能性；另一方面尽可能使已发生的洪涝灾害的损失降到最低。加强堤防建设、河道整治及水库工程建设是避免洪涝灾害的直接措施，长期有效推行水土保持可以从根本上减少发生洪涝的机会。切实做好洪水天气的科学预报与滞洪区的合理规划，可以减轻洪涝灾害的损失。建立防汛抢险的应急体系，是减轻灾害损失的有效措施。

【案例】

6月6日下午2时许，由于连日降雨，南宁市通往某小学的小路被洪水淹没。在没有家长和老师随同的情况下，不少学生没有改变路线而是继续走原路，从相隔1米远的水沟桥墩处冒险跳过去，其中一名女学生不幸掉进滚滚洪水中，另一名女孩想拉落水的女孩，也不慎掉入水中，两人被洪水卷走不幸溺水身亡。

（资料来源：https://www.zqnf.com/daansousuo/568819.html）

【点评】

在没有大人随同或带队的情况下，学生冒险穿行被洪水淹没的道路，导致悲剧发生。遇到洪水围困，不了解水情不要涉险。暴雨来临时，应从以下几点加以防范：

（1）观察周围建筑与交通，避难所一般应选择在距家最近、地势较高、交通较为方便之处，并有供水设施，卫生条件较好。在城市中大多是高层建筑的平坦楼顶，地势较高或有牢固楼房的学校、医院等。

（2）储备必要的医疗用品，妥善安置贵重物品，准备必要的衣物、食品，做好援救和被援救的准备。

（3）扎制木排，并搜集木盆、木块等漂浮材料加工为救生设备以备急需；洪水到来时难以找到适合的饮用水，所以在洪水来之前可用木盆、水桶等盛水工具储备干净的饮用水。

（4）准备好医药、取火等物品；保存好各种尚能使用的通信设施，与外界保持沟通。

（5）在易受洪水淹没的地区，当天气预报发布连续暴雨或大暴雨预警时，应随时注意水位变化，及时了解洪水的情况，采取适当措施，避免或减轻洪水的危害。

（6）将衣被等御寒物放至高处保存，将不便携带的贵重物品做防水捆扎后埋入地下或置放于高处，将票款、首饰等物品缝在衣物中。

（7）如被洪水围困，可到屋顶、树上等高处避难，将木料或木质家具捆扎成救生木筏使用、施放求救信号，等待援救。如有条件，要积极援救周围的被困者。

三、冰雪灾害

雪灾亦称白灾,是因长时间大量降雪造成大范围积雪成灾的自然现象。它是中国牧区经常发生的一种畜牧气象灾害,依靠天然草场放牧的畜牧业地区,由于冬季降雪量过多和积雪过厚,雪层维持时间长,从而影响牧民正常放牧活动。对畜牧业的危害,主要是积雪掩盖草场,且超过一定深度,有的积雪虽不深,但密度较大,或者雪面覆冰形成冰壳,牲畜难以扒开雪层吃草,造成饥饿,有时冰壳还易划破羊和马的蹄腕,造成冻伤,致使牲畜瘦弱,造成牲畜流产,仔畜成活率低,死亡率增大。同时还严重影响甚至破坏交通、通信、输电线路等生命线工程,对牧民的生命安全和生活造成威胁。

(一)雪灾预警

雪灾预警信号分三级,分别以黄色、橙色、红色表示。

1. 黄色预警信号

雪灾黄色预警信号的含义:12小时内可能会出现对交通或牧业有影响的降雪。

防御指南:相关部门做好防雪准备;交通部门做好道路融雪准备;农牧区要备好粮草。

2. 橙色预警信号

雪灾橙色预警信号的含义:6小时内可能出现对交通或牧业有较大影响的降雪,或者已经出现对交通或牧业有较大影响的降雪并可能持续。

防御指南:相关部门做好道路清扫和积雪融化工作;驾驶人员要小心驾驶,保证安全;将野外牲畜赶到圈里喂养;其他同雪灾黄色预警信号。

3. 红色预警信号

雪灾红色预警信号的含义:2小时内可能出现对交通或牧业有很大影响的降雪,或者已经出现对交通或牧业有很大影响的降雪并可能持续。

防御指南:必要时关闭道路交通;相关应急处置部门随时准备启动应急方案;做好对牧区的救灾救济工作;其他同雪灾橙色预警信号。

(二)冰雪灾害的防范

(1)尽量待在室内,不要外出。

(2)如果在室外,要远离广告牌、临时搭建物和老树,避免砸伤。路过桥下、屋檐等处时,要小心观察或绕道通过,以免因冰块融化脱落而伤人。

(3)非机动车应给轮胎少量放气,以增加轮胎与路面的摩擦力。

(4)要听从交通民警指挥,服从交通疏导安排。

(5)注意收听天气预报和交通信息,避免因高速公路、机场、轮渡码头等封闭或停航而耽误出行。

(6)驾驶汽车时要慢速行驶并与前车保持距离;车辆拐弯要提前减速,避免踩急刹车;佩戴变色眼镜;最好给轮胎装上防滑链。

(7)出现交通事故后,应在现场后方设置明显标志,以防连环撞车事故发生。

(8)如果发生断电事故,要及时报告电力部门迅速处理。

雪灾的危害有:影响交通、通信、输电线路等生命线工程;大量积雪可压塌大棚,对蔬菜生产产生较大影响。大雪常伴随低温，造成道路冻雪或形成积冰，人们在出行时应注意防滑，车辆应加防滑链，必要时关闭结冰道路，以免造成人员伤亡。

四、台风

台风是发生在热带或副热带洋面上的一种低压涡旋。在海洋的某些区域里面，由于海水被太阳晒得很热，海面上的空气就向高空直升，这时它周围较冷的空气趁势补缺，一起朝中心流动，由于地球自转，空气反时针方向剧烈旋转。它一边旋转，一边朝西或者西北方向移动，越转越快，越转越大。台风中心就是这个旋转空气区域的最中心，范围大约为直径10千米的圆面积。台风造成的灾害以狂风和暴雨最为显著，有时会引起海潮，使海水倒灌。台风中心附近风力经常在10级以上，并伴有暴雨，在海洋上能掀起巨浪。

（一）台风预警信号

一旦台风来临，受台风影响地区的气象部门会及时发布台风预警信号，提醒有关单位和人员做好防范准备。台风预警信号从低至高共分为蓝、黄、橙、红4级。

1. 台风蓝色预警信号

台风蓝色预警信号的含义：24小时内可能受热带气旋影响，平均风力可达6级以上，或阵风7级以上；或者已经受热带气旋影响，平均风力为6~7级，或阵风7~8级并可能持续。

2. 台风黄色预警信号

台风黄色预警信号的含义：24小时内可能受热带气旋影响，平均风力可达8级以上，或阵风9级以上；或者已经受热带气旋影响，平均风力为8~9级，或阵风9~10级并可能持续。

3. 台风橙色预警信号

台风橙色预警信号的含义：12小时内可能受热带气旋影响，平均风力可达10级以上，或阵风11级以上；或者已经受热带气旋影响，平均风力为10~11级，或阵风11~12级并可能持续。

4. 台风红色预警信号

台风红色预警信号的含义：6小时内可能或者已经受热带气旋影响，平均风力可达12级以上，或者阵风达14级以上并可能持续。

（二）台风的防范与应急

（1）气象台根据台风可能产生的影响，在预报时采用"消息""警报"和"紧急警报"三种形式向社会发布；同时，按台风可能造成的影响程度，从轻到重向社会发布蓝、黄、橙、红4色台风预警信号。公众应密切关注媒体有关台风的报道，及时采取预防措施。

（2）台风来临前，应准备好手电筒、收音机、食物、饮用水及常用药品等，以备急需。

（3）关好门窗，检查门窗是否坚固；取下悬挂的东西；检查电路、炉火、煤气等设施是否安全。

（4）将养在室外的动植物及其他物品移至室内，特别是要将楼顶的杂物搬进来；室外易被吹动的东西要加固。

（5）不要去台风经过的地区旅游，更不要在台风影响期间到海滩游泳或驾船出海。

（6）住在低洼地区和危房中的人员要及时转移到安全住所。

（7）及时清理排水管道，保持排水畅通。

（8）有关部门要做好户外广告牌的加固；建筑工地要做好临时用房的加固，并整理、堆放好建筑器材和工具；园林部门要加固城区的街道树。

（9）遇到危险时，请拨打防灾电话求救。

【案例一】

5月5日下午，某市出现暴风雨天气，市区上空雷电交加，狂风大作，大雨如注。大量降雨虽然给某市"降了温"，但突如其来的暴风雨给市民带来了诸多不便。由于风力较大，市区内许多绿化树被吹断，一些停放在路边的汽车被压坏。宣传架和路灯杆被吹倒，一辆路过的面包车被吹落的物件击中挡风玻璃，幸未造成人员伤亡。

（资料来源：https://www.zqnf.com/daansousuo/568819.html）

【案例二】

5月23日，继武鸣、宾阳两地遭到强对流空气的袭击后，狂风、暴雨、冰雹把目标移向了大化、上林，不但毁坏房屋、农作物，吹断55米的大烟囱，还让一家村民的房屋完全倒了下来。大风袭击共造成2人死亡，1人受伤。

（资料来源：https://www.zqnf.com/daansousuo/568819.html）

【点评】

在遇大风时，仍躲在危险建筑物里，对危害估计不足，是导致两人死亡的直接原因。

（1）当天气预报暴风将要来临时，应将门窗紧紧关好，有可能的用纸或胶带贴在玻璃窗上，以防止玻璃破碎，四处飞溅。把容易被风卷走的东西搬进房子里或在原地固定住，如花盆、晾衣架等，以免掉下去砸伤路人。

（2）准备好蜡烛、火柴和手电筒，如果大风造成停电可随手拿到。如果有煤油灯等用具，也拿出来准备应急。狂风大作时常常伴有雷电交加，此时应尽量拔下电器插头（包括落地灯和台灯插头）。另外，电视天线引入线最好也要从电视机背后或录影机上拔下。如果沾湿衣服、手脚，切勿碰触电器开关。

（3）用竹木、镀锌铁皮等材料搭建的房屋，一旦被大风掀了顶就可能整间塌毁，因此，狂风暴雨来临之前最好及时躲避。屋顶瓦片被大风掀起时，暂时先不要到室外查看，以免被坠落的瓦片砸伤。

（4）路上遇到大风，步行感到困难时，要弯腰将身体紧缩，一步一步慢慢行走。同时，把衣服用带子扎紧。顺风时千万不要跑，否则自己无法控制，可能摔倒或撞到坚硬的物体上。

（5）大风可能会将建筑物上的物体如砖头、瓦块、招牌等吹落，要注意躲避；经过街角拐弯处时，由于风速和风向突然改变，可能有杂物迎面袭来，要保持警惕；如果眼睛和鼻孔中进了沙子，应将它们清除后再走；如果在河边行走，要尽快走到远离水面的地方，或原地卧倒，以免被吹到水中。

（6）驾车遇到强风时，应低速行驶或暂时停开。停车应远离楼房、广告牌、枯树。

五、沙尘暴

（一）沙尘暴的危害

沙尘暴经常造成4种危害：一是大风摧毁建筑物、公路桥梁和树木，诱发火灾，引起人畜伤亡；沙尘暴还能造成各种交通事故和飞机（火车）停飞（停运）。二是风沙掩埋农田、灌渠、村舍、铁路、草场等。三是严重污染环境。据分析，沙尘暴所经过的城市空气质量会恶化2~5倍，瞬间可达到数十倍。浑浊的空气对人体健康构成严重威胁，可诱发过敏性疾病、流行病及传染病。四是风蚀危害。风刮走农田表层沃土和农作物，加剧土壤风蚀和沙漠化，覆盖在植物叶面上厚厚的沙尘还影响正常的光合作用，造成农作物减产。一次强沙尘暴天气造成的经济损失和人员伤亡，往往不亚于甚至超过一次大暴雨或者一次台风登陆的危害。因此有人将沙尘暴称为"陆地台风"。

（二）沙尘暴的防范

（1）学校、幼儿园等单位要立即让学生进入室内，关闭门窗。

（2）户外活动人员要尽量弯腰行走，迅速远离水渠、河岸、高压线、水井、吊车和大型广告牌等危险地段，到安全的地方躲避。如果来不及躲避，要保持镇静，千万不要惊慌，采取顺着风向趴地，双手抓住坚固物体，将头部放于双臂中间等自我保护措施，减少沙尘对眼睛、呼吸道等造成损伤。

（3）电力、通信部门要注意安全保护，汽车、火车应当减速行驶或者停运，飞机停飞。

（4）停止露天建筑等高空作业，对晾晒的物品进行覆盖保护。

（5）千方百计做好抢险救灾和灾后重建等工作，将沙尘暴造成的损失降到最低。

六、泥石流

泥石流是一种灾害性的地质现象。在适当的地形条件下，大量的水体浸透山坡或沟床中的固体堆积物质，使其稳定性降低，饱含水分的固体堆积物质在自身重力作用下发生运动，形成泥石流。典型的泥石流由悬浮着粗大固体碎屑物并富含粉砂及黏土的黏稠泥浆组成。泥石流通常突然暴发，来势凶猛，可携带巨大的石块，并高速前进，具有强大的能量，因而破坏性极强。

（一）减轻泥石流灾害应以防护和避让为主

1. 保护环境

有计划地整治江河与山沟，封山育林，退耕还林，保持水土，使泥石流不具备产生的条件。在泥石流发育分布区，工矿、村镇、铁路公路、桥梁水库的选址、旅游开发等一定要在查明泥石流沟谷及其危害状况的情况下进行，尽量避开可能造成直接危害的地区与地段。

2. 保持警惕，及时转移

前往山区沟谷时，一定要事先了解当地的近期天气和未来数日的天气预报及地质灾害气象预报。应尽量避免大雨天或连续阴雨天前往这些地区。如恰逢恶劣天气，宁可蒙受经济损失、调整外出路线，也不可贸然前往。

3. 正确判断泥石流的发生时间，及时防范

坡度较陡或坡体成孤立山嘴或为凹形陡坡，坡体上有明显的裂缝，坡体前都存在临空空间，或有崩塌物，说明此处曾经发生过滑坡或崩塌，今后还可能再次发生。河流突然断流或水势突然加大，并夹有较多柴草、树木；沟谷传来类似火车的轰鸣或闷雷般的声音；沟谷深处突然变得昏暗，还有轻微震动感，这些迹象都表明沟谷上游已发生泥石流。

4. 采取正确的逃生方法

泥石流发生时，选择最短、最安全的路径向沟谷两侧山坡或高地跑，切忌顺着泥石流前进方向奔跑；不要停留在坡度大、土层厚的凹处；不要上树躲避，因泥石流可横扫沿途一切植物；不要躲在陡峻的山体下，防止坡面泥石流或崩塌的发生；长时间降雨或暴雨渐小之后或雨刚停，不能马上返回危险区，泥石流常滞后于降雨暴发；白天降雨较多后，晚上或夜间密切注意雨情，最好提前转移、撤离；人们在山区沟谷中游玩时，切忌在沟道处或沟内的低平处搭建宿营棚，切忌在危岩附近停留，不能在凹形陡坡危岩突出的地方避雨、休息和穿行，不能攀登危岩。

（二）泥石流的主要危害

泥石流的主要危害是冲毁城镇、企事业单位、工厂、矿山、乡村，造成人畜伤亡，破坏房屋及其他工程设施，破坏农作物、林木及耕地。此外，泥石流有时也会淤塞河道，不但阻断航运，还可能引起水灾。影响泥石流强度的因素较多，如泥石流容量、流速、流量等，其中泥石流流量对泥石流成灾程度的影响最为主要。此外，多种人为活动也加剧了上述因素的作用，导致了泥石流的形成。

七、地震

地震是地壳构造运动时，地壳受力破裂所产生的振动。由于地壳各部分的不均匀性，地壳构造运动使一些较为脆弱的地方储蓄起大量弹性应变能量，经过相当长的时间，应力超过岩石固有弹性极限强度时，便发生破裂。当造成大面积破裂或错动时，原来所储蓄的弹性应变能量会迅速释放出来，引起地表强烈震动，造成地震。

人的感官能直接觉察到的地震前兆称为地震的宏观前兆。比较常见的地震前兆有：井水陡涨陡落、变色变味，翻花冒泡，泉水流量突然变化，温泉水温突然变化，动物习性异常，临震前的地声和地光等。

破坏性地震从人感觉震动到建筑物被破坏平均只有12秒钟，在这短短的时间内应根据所处环境迅速做出保障安全的决策。如果住的是平房，那么可以迅速跑到门外。如果住的是楼房，千万不要跳楼，应立即切断电闸，关掉煤气，暂避到洗手间等跨度小的地方。如果在学校、商店、影剧院等人群聚集的场所遇到地震，不要躲在桌子、座椅下面，

而要以比桌、椅高度更低的姿势，躲在桌子、床铺的旁边，从而使得掉落物不致直接撞击人身，形成一块"生存空间"，增加存活机会，待地震过后再有序撤离。

如在街道上遇到地震，应用手护住头部，迅速远离楼房，到街心一带。如在郊外遇到地震，要注意远离山崖、陡坡、河岸及高压线等。正在行驶的汽车和火车要立即停车和停运。

如果不幸被废墟埋压，要尽量保持冷静，设法自救。无法脱险时，要保存体力，尽力寻找水和食物，创造生存条件，耐心等待救援。注意将手机和充足电的电池放在身边备用，并适时发出求救信号。

世界上的地震主要集中分布在三大地震带上：环太平洋地震带、欧亚地震带和海岭地震带。中国位于世界两大地震带——环太平洋地震带与欧亚地震带之间。中国的地震活动主要分布在五个地区的 23 条地震带上。这五个地区是：第一，台湾地区及其附近海域；第二，西南地区，主要是西藏、四川西部和云南中西部；第三，西北地区，主要在甘肃河西走廊、青海、宁夏、天山南北麓；第四，华北地区，主要在太行山两侧、汾渭河谷、阴山—燕山一带、山东中部和渤海湾；第五，东南沿海的广东、福建等地。中国的台湾地区位于环太平洋地震带上，西藏、新疆、云南、四川、青海等省区位于地中海—喜马拉雅地震带上。地震带的分布是制定地震重点监视防御区的重要依据。

【案例】

2021 年 9 月 16 日凌晨发生于中国四川省泸州市泸县的 6.0 级地震，震源深度 10 千米，最大烈度为 8 度。截至 2021 年 9 月 21 日，地震造成了泸州等地 12.1 万人受灾，3 人死亡，146 人受伤；同时导致 1 400 余间房屋倒塌，6 400 余间严重损坏，约 2.9 万间一般损坏。在这场地震中，震中所处的泸县震感最为强烈。此外，震中距约 197 千米的成都市市区也有较为明显的震感。

（资料来源：宇宙探秘网 www.yuzhoutanmi.cn）

【点评】

地震属于天灾，不可完全避免，但当灾难来临时，我们应该掌握一些基本的自救方法，学会自救救人的措施会大大降低灾难带来的损伤。

第四节　防范大学生性侵害

现代大学开放式管理模式的兴起，给了女大学生更多的交往空间。但受社会层面经验尚浅、有效防范性侵害理论基础知识薄弱等限制，往往成为犯罪分子的危害对象。

一、性侵害、性骚扰

（一）性侵害

1. 性侵害的概念及类型

性侵害包括强奸、强制猥亵、侮辱妇女和性骚扰，指以肢体行为、语言、文字、图片、电子信息或者其他形式对妇女实施性侵害的行为。常见的性侵害类型包括以下六种。

（1）诱惑型性侵害。诱惑型性侵害是指利用受害人追求享乐、贪图钱财的心理，诱惑受害人而使其受到的性侵害。

（2）暴力型性侵害。暴力型性侵害，是指犯罪分子使用暴力和野蛮的手段，如携带凶器威胁、劫持女同学，或以暴力威胁加之言语恐吓，从而对女同学实施强奸、轮奸或猥亵等。

（3）胁迫型性侵害。胁迫型性侵害，是指利用自己的权势、地位、职务，对有求于自己的受害人加以利诱或威胁，从而强迫受害人与其发生非暴力型的性行为。其特点如下：其一，利用职务之便或乘人之危而迫使受害人就范；其二，设置圈套，引诱受害人上钩；其三，利用过错或隐私要挟受害人。

（4）社交型性侵害。社交型性侵害，是指在自己的生活圈子里发生的性侵害，与受害人约会的大多是熟人、同学、同乡，甚至是男朋友。社交型性侵害又被称"熟人强奸""社交性强奸""沉默强奸""酒后强奸"等。受害人身心受到伤害以后，往往出于各种考虑而不敢加以揭发。

（5）滋扰型性侵害。滋扰型性侵害的主要形式：一是利用靠近女生的机会，有意识地接触女生的胸部，摸捏其躯体和大腿等处，在公共汽车、商店等公共场所有意识地挤碰女生等；二是暴露生殖器等变态式性滋扰；三是向女生寻衅滋事，无理纠缠，用污言秽语进行挑逗，或者做出下流举动对女生进行调戏、侮辱，甚至可能发展成集体轮奸。

2. 女大学生为避免遭受性侵害可采取的措施

（1）在思想上树立防范性侵害意识。在社会中，女性作为性侵害的特殊群体容易遭受侵害。因此女大学生在校内校外的各种活动场合，要随时注意遭受性侵害的可能性，提高自我保护的警觉性，只有树立防范意识，才能对一些预警性的性侵害信息及时采取防卫措施，有效保护自己。如对于社会交往中肮脏下流的笑话、淫秽暧昧的语言、挑逗暗示的动作采取强烈的排斥态度，就能及时打消他们的侵害念头，从而防止被害。

（2）在生活上注意仪表，言行得体。性感的时装、大面积的身体暴露会给他人感官刺激，加速他们的犯罪欲望。因此女大学生在校期间的穿着打扮要符合自己的身份，大方得体，以朴实无华为好，不要盲目追赶潮流。在言行举止方面，女大学生要懂得自尊自爱，不要与男性过分随便、亲昵，使加害人误解，从而将自己置于一种潜在的危险环境中。

（3）在防范上关注所处周围环境。性侵害作为一种特殊的犯罪行为，犯罪分子往往注重作案环境的选择，所以女大学生对自己的生活、居住环境要加倍关注。晚上尽量不要外出，有事外出也要尽早回来，夜晚外出或在校内行走最好结伴而行，行走时要选择行人较多、路灯较亮的明亮道路，经过树林、建筑工地等处时要特别小心。

（4）在观察中谨慎结交新朋友。大多数的性侵害发生在熟人中间。因此，女大学生在与同学、老乡及朋友（网友）的交往过程中要注意对方交往的目的，留意对方日常言行中表现出来的人品、道德修养。如发现对方时常有过分亲昵、挑逗等预兆性言行时，要及时果断地终止来往。在与朋友交往中时刻应注意观察和提醒自己，不要轻信好话，不要单独跟新朋友去陌生的地方；控制感情，不要在交往中表现轻浮；控制约会环境，不要到偏僻人少的地方；不要过量饮酒，不接受超过一般的馈赠；对过分的言行持反对态度等。

（二）性骚扰

性骚扰是指公共权力的拥有者利用职权在其权力行使范围内对他人实施性侵害，企业的管理者利用管理与被管理关系对下属实施性侵害行为。发生在高校学生之间及师生之间的性骚扰都属于高校性骚扰的范畴，其中，由教师实施的性骚扰是一个非常重要的类型，包括：交换条件性骚扰、威胁性条件交换的性骚扰，如学校教师等工作人员以开除、不及格、重修等不利于学生的条件威胁学生；特殊待遇交换的性骚扰，如学校教师等工作人员以给予学生特殊待遇，如奖学金、变更分数、加分或其他优遇等诱惑学生。容易遭受性骚扰、性侵害的时间和场所如下：

（1）夏天：女生衣着比较单薄，对异性的刺激增多。

（2）上下学：尤其是夜间光线暗，犯罪分子作案时不容易被人发现。

（3）公共场所和僻静处所：公共场所如教室、车站、影院、宿舍、实验室等场所人多拥挤时，不法分子常乘机骚扰女生；僻静之处如公园假山、树林深处、夹道小巷、楼顶晒台、没有路灯的街道楼边、尚未交付使用的新建筑物内、下班后的电梯内、无人居住的小屋、陋室、茅棚等，若女生单独逗留，很容易遭受到流氓袭击。

【案例】

2018年的第一天，华裔女学者罗某实名举报了12年前她的博士生副导师、现北京某大学博士生导师、长江学者陈某。罗某称陈某曾对她以及另外6名女性学生进行过性骚扰，随后事件持续升温。2018年1月11日深夜，"靴子"终于落地。该大学通过官方微博通报处理结果称，现已查明，陈某存在对学生的性骚扰行为，经研究决定，撤销其研究生院常务副院长职务，取消其研究生导师资格，撤销其职务，取消其教师资格。

（案例来源：宁夏某大学大学生性教育健康网，2020年08月14日）

【点评】

近年来女大学生在校园内外遭性受骚扰的事件时有发生，并有增多趋势。女大学生在面对性骚扰时应当采取坚决有效的防范措施。这里所指的防范措施，包括要防止成为性骚扰的对象和陷入性骚扰的环境之中。面对性骚扰时首先要确定自己的感觉，不论对方是善意、无意还是恶意的骚扰，只要你让对方知道你觉得不舒服，对方就应该尊重你的感受。当然，你可以判断状况，视情况选择，要勇敢地大声说"不"，或是明确告知对方；要直接做出反抗，或是请求旁人协助。为了保护女大学生的性权利，减少性侵害，女大学生必须加强自我保护和防范意识。在遭受性骚扰时，可取采取以下措施：

第一，明确态度，告知对方。为了避免一而再、再而三的性骚扰，并防止事态的恶性，女性在第一次受到性骚扰时，就应当向对方表明态度。有些女生反复遭受性骚扰，原因之一就是态度暧昧，客观上滋生了对方性骚扰的心理。

第二，疏远关系，减少接触。当女大学生发现有人不怀好意，有性骚扰动机时应主动回避，减少与其接触和交往，这样做既可表明自己的态度，又能减少和防止不必要的麻烦。如果因为师生关系、上下级关系、同学关系等确有必要继续来往，也应该在公开场合，这样即使遇到性骚扰也可以予以抵制和反抗。

第三，依靠组织，求助他人。在较封闭的场合，在有着从属关系的人员中，单个女大学生是较难应付男性的性骚扰的。因此，被骚扰的女大学生应该及时向组织反映，依靠组织的力量来教育、惩戒对方，及时制止性骚扰，监督对方，保护自己。

二、大学生性骚扰与性侵害防范对策

（一）筑牢思想防线，提高识别能力

大学生要学会正确处理与异性交往的尺度，应培养坚强的意志品质，消除贪图小便宜的心理，不吃喝陌生人的食品、饮品。对一般异性的馈赠和邀请应婉言拒绝，对过分的举动要明确表明自己的反对态度，以免因大失小。一旦发现异性对自己不怀好意，甚至动手动脚或有越轨行为，一定要严厉拒绝、大胆反抗，并及时向老师、领导等报告，以便及时加以制止。

（二）行为端正，态度明朗

如果自己行为端正，坏人便无机可乘。如果自己态度明朗，对方则会打消念头、不再有任何企图。若自己态度暧昧、模棱两可，对方就会增加幻想、继续纠缠。在拒绝对方的要求时，要讲明道理、耐心说服，一般不宜嘲笑挖苦。中止恋爱关系后，若对方仍然是同学，不能结怨或成为仇人，在节制不必要往来的同时仍可保持一般正常往来关系。女生参加社交活动与男性单独交往时，要理智、有节制地把握好自己，尤其应注意不能过量饮酒。

（三）学点防身术，提高自我防范的有效性

一般女性的体力均弱于男性，防身时要把握时机、出奇制胜，快、狠、准地出击其要害部位，即使不能制服对方，也可以制造逃离险境的机会。人的身体各部位都可用来进行自卫反击，头的前部和后部可用来顶撞，拳头、手指可进行攻击，肘朝背部猛击是最强有力的反抗，用膝盖对脸和腹股沟猛击相当有效果，用脚前掌飞快踢对方胫骨、膝盖非常有效。同时，要注意设法在案犯身上留下印记或痕迹，以备追查、辨认案犯时做证据。

（四）学会用法律保护自己

女大学生在遭到性侵害后往往觉得那是奇耻大辱，不敢揭发也不敢对外透露，自己默默承受，久而久之极易出现精神抑郁、自闭症等，甚至更严重的后果，同时还放纵了违法犯罪分子，其危害不言而喻。因此，对于那些失去理智、纠缠不清的无赖或违法犯罪分子，女大学生千万不要惧怕他们的要挟和讹诈，也不要害怕他们打击报复。我们应注意秘密收集证据材料，保护好现场并及时报案，大胆揭发其阴谋或罪行，积极配合警方的调查，协助查找更多有价值的证据材料，使违法犯罪行为得到应有的惩罚，切忌知情不报、姑息纵容或者妥协让步。

1．大学生如何提高人际关系交往技巧？
2．常见的校园暴力形式有哪些？如果防范校园暴力？
3．大学生如何应对突发校园安全事故？
4．如何预防大学生性侵害的发生？

第五章

财产安全

【学习目标】

1. 了解校园盗窃案的特征及手法。
2. 掌握防范校园盗窃和校外抢劫的策略。
3. 掌握电信网络诈骗的常见类型及防范措施。
4. 引导学生树立"君子爱财、取之有道"的财产观,不贪图不义之财,谨防财产损失。

第一节 防范校园偷盗

一、校园偷盗案的特征

盗窃是指以非法占有为目的,秘密窃取数额较大公私财物或者多次盗窃公私财物的行为。近年来,以大学生为目标的侵财犯罪案件不断上升。大学生应该在提高安全防范意识的同时,学习一些安全防范知识、了解基本的犯罪作案手法,练就辨别真伪的本领,以达到保护自身财物的目的。

(一)盗窃物品种类繁多

同学们容易被盗的物品繁多,首先是现金;其次是贵重财物,主要包括手提电脑、手机、金银首饰等。此外,自行车、衣物、学习用品、自习教室的书籍等也常被盗。

（二）发案场所纷繁复杂

在高校校园里，不论是学生宿舍，还是教室、图书馆、体育场和食堂等公共场所，各类盗窃案件都有发生。

（三）作案时机见缝插针

盗窃者不断窥探学生在财物保管方面的薄弱环节，寻找时机作案，让大学生防不胜防。有些同学因为被盗过，加强了相应的防范，还是不能避免。

（四）内盗案件时有发生

盗窃案按作案主体可分为外盗、内盗和内外结伙盗窃3种类型。内盗案件是高校中发案率比较高的一类案件，发生在学生宿舍、图书馆、体育场、食堂等盗窃案件中，有的同学不顾家庭和自身经济承受能力，花钱大手大脚，从而导致没有钱花就去偷窃同学的财物；有的同学是一时糊涂，对同学随便乱放、疏于保管的财物起了贪念；有的同学是出于羡慕或妒忌，泄愤报复；有的同学是由于从小就有偷摸的劣习，无法改掉。

【案例】

2019年12月3日，郑州某高校学生林某报案称他在当天下午去银行取钱时，发现银行卡里少了2 300元，经向银行查询发现钱是在11月20日分3次被取走的。该校保卫处接到报案后随即向银行调取录像资料，并进行了调查取证，最后查实盗取林某银行卡的是其同寝室同学陈某，在事实面前，陈某交代了其盗取同学林某银行卡并到自动柜员机取款2 300元的经过。11月20日失主林某将抽屉上锁后钥匙放在桌上，离开了寝室，当时寝室内只有陈某一人，当他看到林某的抽屉钥匙放在桌上时，就用钥匙将抽屉打开，发现里面有一钱包，有银行卡和身份证，这时他想用身份证上的号码作为密码去试试能不能取钱，于是去了银行自动柜员机处用身份证号码的后6位数作为密码先试试取100元，结果真的能取，于是又取了2 000元和200元，共2 300元。取钱后，陈某又将银行卡和身份证放回原处，将抽屉锁上，钥匙仍然放在桌上。本以为做得天衣无缝，却不知聪明反被聪明误，银行的监控录像早已将其取钱的全过程拍了下来。陈某的行为已构成了盗窃罪，鉴于陈某在事发后认错态度较好，能主动交代情况，学校本着以教育为主的目的给予其留校察看的处理。

（资料来源：央视网，2019年12月3日）

【点评】

该案例给了我们很多思考和警示。第一，失主林某没有做好安全防范工作，抽屉上锁后不应将钥匙放在桌上，银行卡和身份证不应该放在一起，银行卡密码不应设置得太简单；第二，盗窃者陈某法律意识淡薄，虚荣心和侥幸心理占了上风，从而导致了该案的发生。

二、校园容易发生盗窃案的时间

一般来说，高校校园盗窃案件多发生在以下时间：
（1）刚开学时，宿舍较乱，新同学缺乏经验，宿舍容易发生盗窃案件。

（2）放假前夕，串门的人多，宿舍容易发生盗窃案件。

（3）放假期间，学生离校后，宿舍易发生撬门扭锁盗窃。

（4）上课时间，特别是上体育课时，同学们习惯将钱包和手表放在宿舍内，容易发生盗窃案件。

（5）上晚自习时，相邻的几个宿舍无人，宿舍易发生被盗案件。

（6）夏秋季节，同学们开窗睡觉，宿舍易发生"钓鱼"盗窃。

（7）夏季宿舍经常敞开，易发生乘虚而入的盗窃案件。

（8）学校举办大型文体活动时，学校外来人员增加，校内发生盗窃的可能性增加。

三、校园偷盗的常见作案手法

（1）"插片入室"法。大多数学生宿舍门、锁质量不好，又没有安装防插装置，即使有些宿舍安装了保险锁，但由于学生防盗意识不强，又为了图方便，没有用钥匙上保险的习惯，在出门时往往是将门一带就离开了。这样窃贼可利用硬塑料片、薄金属片等工具撬门，门轻而易举就被打开。

（2）"巧取钥匙"法。有些学生钥匙随便放，丢了也不加强警觉，有些学生为方便进出，干脆将钥匙插在门上而不拔下。犯罪分子利用学生的这些弱点找到钥匙或事先配好多把，寻找时机开门入室作案。

（3）"顺手牵羊"法。犯罪分子以找同学、找老乡、发传单或推销商品等为借口，在宿舍周围徘徊，若发现寝室门开着又没有人，就迅速进入室内，将学生放在桌上、抽屉里或包里的贵重物品偷走。此类案件在高校学生宿舍最常见。

（4）"抽签"法。抽签是指小偷有意识地抽取部分钱财，如抽取钱包里的部分现金。这种作案手法有较大的隐蔽性，有时失主少了钱物还被蒙在鼓里。"抽签"法以内部人员作案居多。

（5）溜门盗窃。此盗窃手段主要出现在学生宿舍盗窃案件中。作案分子利用门未锁的机会而溜进室内进行盗窃。室内有人时，作案者如果是陌生人，则会以找人等借口来掩盖自己的真实目的；作案者如果是熟人，则会以找同学或"串门"为由，攀谈后离开。

四、校园偷盗案的防范

（一）学生宿舍的防盗措施

宿舍是同学们在校居住、生活的主要场所，个人的钱、物都放在宿舍里。因此，做好宿舍的防盗工作是同学们在校学习生活期间预防个人财物被盗的重点。学生宿舍被盗在时间上具有一定的规律性。为此，同学们可以从以下几个方面做好宿舍防盗工作：

（1）对于笔记本电脑、手机、金银饰品、随身听等贵重物品，较长时间不用的应该带回家中。除留少量零用钱外，应将现金及时存入银行，贵重物品随身携带或放置在上锁的安全地方。暂不使用时，最好锁在宿舍抽屉或箱（柜）子里。千万不要随意放置在桌上、床上等显眼的位置。对于易被盗的笔记本电脑，可使用电脑锁将其固定在桌子上。

（2）在价值较高的贵重物品、衣服上，最好有意地做上一些特殊记号。一旦被盗，报案时好说明，认领时也有依据。

（3）养成随手关窗锁门的习惯。离开宿舍时，最后离开寝室的学生，哪怕是离开一会儿，一定要关好窗户、锁好门，防止犯罪分子溜门盗窃。

（4）对形迹可疑的陌生人应提高警惕。见到形迹可疑的人在宿舍楼四处走动或窥探张望，同学们要多问问，即便不能当场抓住，也使盗窃分子感到无机可乘，不敢贸然动手，客观上起到预防作用。

（5）不要随意透露或公开自己的个人信息，保管好各班和各类组织编制的写有家庭地址和电话的通信录，或是网上求职的各类信息，防止不法分子利用此类信息进行违法犯罪活动。

（6）注意保管好自己的钥匙，不能随便借给他人或乱丢乱放，以防盗窃嫌疑人复制或伺机作案。

（7）不要留宿外来人员。随意留宿不知底细的人，等于引狼入室。

（8）对于进入宿舍的推销人员要坚决予以拒绝，并及时报告宿舍管理人员或学校保卫处。

【案例一】

2019年5月10日16时，河南某高校学生的应某、陈某报案称他们所在的相邻两个寝室发生盗窃案，被盗物品有笔记本电脑3台、手机2部、现金1 250元。当天下午13:30他们寝室的同学都去参加期末考试，离开寝室时已将门关上，回来后发现寝室门开着，室内贵重物品及现金被盗。经公安部门现场勘察，窃贼是通过"插片入室"的方法进入寝室盗窃，而和其相邻的另一个寝室与该寝室共用一个阳台，当时该两个寝室的阳台门均没有上锁，所以相邻寝室的物品也被盗。

（资料来源：印象网，2019年5月10日）

【点评】

从该案例可以看出，虽然出门时已将寝室门锁上，但由于不了解门锁的特性，只是将门关上而没有将其用钥匙保险，没有考虑到窃贼会利用"插片"的方法入室盗窃，同时两个寝室共用阳台的阳台门又没有锁上，使相邻寝室也遭殃。由此看来，要预防此类案件的发生，首先必须了解窃贼所惯用的伎俩，只有了解了窃贼常用的偷盗方法，才能做到心中有数，有备无患。

【案例二】

刘某是某高校的一名大三学生。一天，一位曾和他一起在外打工的葛姓朋友从外地来找他玩，刘某碍于朋友面子接待了他。葛某也很是大方，又是请客，又是叙旧，于是顺理成章，晚上刘某就把葛某留在了自己的寝室住。这一住就是十多天，白天刘某和他的同学去上课，葛某要么睡觉、要么上网，加上人也还热情，和寝室其他同学关系处得不错。可第十二天，葛某突然不见了，一起不见的还有周某和何某的两台笔记本电脑。刘某这才大呼上当，一查，自己的存折也不见了，存折内的6 000多元现金也不见踪影。报案后，当问起葛某的具体情况时，刘某也是一知半解，甚至连是否用的是假名也不得而知。

（案例来源：大学生安全教育，唐娣芬等主编，电子科技大学出版社2020年5月版）

【点评】

作为在校大学生，正常的社会交往是必不可少的，但要学会有选择地交往，不要盲目交友。案例中的刘某就是因缺乏必要的辨识能力和安全防范意识，给自己及宿舍其他人员造成财产损失。

法律链接

《高等学校校园秩序管理若干规定》第九条规定："学生一般不得在学生宿舍留宿校外人员，遇有特殊情况留宿校外人员，应当报请学校有关机构许可，并且进行留宿登记，留宿人离校应注销登记。不得在学生宿舍内留宿异性。违反前款规定的，学校保卫机构可以责令留宿人离开学生宿舍。"

（二）校园公共场所的防盗

校园公共场所主要是指学校的图书馆、自习室、食堂餐厅、运动场等，这些公共场所是失窃高发场所。犯罪嫌疑人往往趁没人或人少之机下手，甚至重复在这些场合多次实施盗窃。他们的作案手段一般是先寻找"猎物"，然后守株待兔，最后顺手牵羊，一般不使用暴力或破坏性手段。这种作案手段隐蔽性强，作案时不易被发现，现场不留痕迹，侦破难度较大。

为防范自身财产损失，大学生可从以下几点做起：

（1）到食堂就餐时，不要用书包占座位；不要将手机、钱包等贵重物品放在外套的口袋内；排队时将自己的包背在胸前，不给小偷可乘之机。

（2）在教室或图书馆自习室里自修、学习的同学，要妥善保管好自己的书包等物品，不要让它离开自己的视线。确需离开时，应委托同学或熟人代为保管；如教室里无其他人员时，将自己的物品随身携带。

（3）尽量不要将贵重物品带进运动场所，自己的书包内除了必要的书籍和学习用品外，不要存放现金、银行存折、信用卡、手机等贵重物品以及身份证、学生证，不要使书包成了"金库"。如确需带入运动场所，切勿将贵重物品随意放置，需要暂时离开、书包要脱离你的视线范围时，一定要请熟悉的同学代为看管，若没有人看管，务必将书包随身带走，即使是离开一两分钟时间，也马虎不得，防止被盗。

（4）到图书馆存包，务必自带锁具，上好锁。在存放的包内不要放置现金、手机等贵重物品，以免造成损失。

（5）发现失窃、被盗应及时向保卫部门报案，以便保卫人员及时采取措施，追查犯罪嫌疑人。

（6）在运动场上参加体育锻炼等活动必须脱外衣时，应注意事先将衣服内现金、存折、信用卡、手机等贵重物品，存放在寝室的箱柜里，不要带到运动场上去。

（7）到超市或小店购物或乘坐公交车时，不要把手机、现金等贵重物品放在双肩包内，也不要放在衣服的敞口口袋内，最好是放在贴身或有拉链的衣袋内，以防失窃。

总之，不管是到哪一处公共场所，当你离开时一定要注意自己随身携带的物品，不要将其遗忘在公共场所。

【案例】

某高校机械专业学生李某和程某下课后来到学校食堂,将两个书包放到餐桌上去买饭,回来后发现书包不见了,书包里有两部手机、一个 MP3、钱包、书本等。后来小偷在校外销赃时被公安人员抓获。经审查,该小偷系吸毒人员,20岁,无业,经常装扮成学生,混进附近高校食堂餐厅、运动场、自习室等场所,伺机拎包或偷盗自行车,屡屡得手。

(案例来源:大学生安全教育,李晓林主编,第2版)

【点评】

上述案例中,犯罪嫌疑人是在公共场所趁同学不注意时实施盗窃的。大学校园里,如教学楼、图书馆、运动场、食堂等众多公共场所,人多且复杂,学生稍有不慎,极易发生被盗事件。如有些学生在食堂就餐时,为了抢占座位,把自己的物品(提包、书、雨伞等)放在座位上,然后去排队买饭,等回来时,物品已不见踪影。犯罪嫌疑人之所以能够屡屡得手,不是学校没有防范措施,更不是作案手段多么高明,而是当事人缺乏应有的警惕。

(三)自行车的防盗

自行车是多数同学在校期间的主要交通工具,如果不小心丢失了,会给自己的学习生活带来不便。同学们预防自行车被盗,最好的办法是从自己做起,加强对自行车的安全防范。

(1)购买自行车时要索取发票,没有发票或手续不全的车不买。

(2)自行车要停放在有人看管的地方,如地下车库、停车场等。

(3)自行车停放后,一定要上锁。随停随锁,这是防范自行车被盗首先应该做到的。虽然并非上锁就能完全防止被盗,但至少能让盗车贼盗窃时难度增加,作案时间延长,使被发现的可能性增加。

(4)购买车锁时,要到正式的摊位,要用正式厂家生产的车锁,以提高车锁的安全系数,也可以在原有车锁的基础上加装质量好的锁。

(5)骑车去校外公共场所时,最好花点钱将车放到存车处。放假期间,最好将车推入寝室或交同学保管。

(6)自行车一旦丢失,应立即到学校保卫部门或公安机关报案,并提供有效证件及其他有关情况,以便及时查找。

五、盗窃案发生后的应对处置措施

(1)发现宿舍门被撬,柜子、抽屉、箱子的锁被撬或被翻动,应立即告知辅导员或学院有关领导,并向学校宿舍管理部门和保卫部门报告。

(2)当发现嫌疑人时,应立即组织同学进行堵截,在确保安全的情况下力争捉拿窃贼。

(3)如果案件发生在教室、图书馆、宿舍楼,可在门前(包括窗外)派人看守,阻止同学们围观,不让他人进入,更不能翻动室内的任何物品,封闭室内现场。

(4)对盗窃分子可能留下痕迹的门柄、锁头、窗户、门框等不要触摸,以免把无关人员的指纹留在上面,给勘查现场、认定犯罪分子带来不必要的麻烦。

(5)如果发现存折、银行卡被盗,应立即致电银行办理挂失手续。

(6)积极向前来勘验和调查的警察、学校保卫人员提供情况,反映线索,协助破案。

（7）如没有确切证据则不能随便冤枉好人，乱怀疑同学容易引发同学之间的矛盾，不但案子破不了，还会造成同学之间的相互猜疑，产生一些治安隐患。

（8）对有证据和线索的内盗案件，要采取适当的形式，以防止这些犯了错误的同学走向另一个极端，比如自暴、自弃、自残等。

第二节　防范校外抢劫

抢劫是当今社会诸多犯罪形式中危害严重、公共影响恶劣的一种暴力犯罪。它不仅给被害人带来了极大的身心伤害和财产损失，而且容易转化为伤害、强奸、凶杀等恶性案件，严重侵犯同学们的财产及人身权利，威胁同学们的生命安全，比盗窃犯罪具有更大的危害性。更可怕的是，抢劫不是单单针对某个人，而是针对整个社会，是对公共秩序的公然挑衅和蔑视，容易催生不安定心理，造成恐慌情绪，引发整个社会的不稳定。同学们必须引起注意，采取措施，积极防范。

一、校外抢劫的预防措施

相对而言，校园外遭遇抢劫（抢夺），可防、可控的程度较低。因此，了解和掌握一些必要的防抢技巧，对于保护大学生的人身、财产安全具有更现实的意义。为此，同学们可以从以下几点加以防范：

（1）外出时不要携带过多的现金和贵重物品，不要一直看手机成为"低头族"。
（2）如果因需要必须携带大量现金或较多的贵重物品，应请同学随行，最好坐车。
（3）不要炫耀或显露现金或贵重物品。
（4）现金或贵重物品最好贴身携带，不要置于手提包或拎包内。
（5）避免夜间到银行自助终端办理存取款业务。
（6）尽量避免在夜深人静或人少的时候单独外出。如果确需外出，尽量结伴而行。
（7）在人行道上骑车或行走时要走人行道里侧，尽量不要靠近机动车道。不要将装有现金和贵重物品的包挂在车头或车架上，以防骑摩托车抢夺的歹徒下手。
（8）在等电梯或者在准备开门的时候，一定要回头观望一下，看看是否有人跟随。
（9）若发现有人尾随，不要紧张，可以大胆回头多盯对方几眼，或哼首歌曲，或大叫同学、教师的名字，并改变原定路线，朝有人、有灯的地方走。

【案例】

某高校学生彭某从网吧回学校时，在学校南门外被4名男子拦住去路。他们称："我们老大是不是被你打了？走，跟我们回去说清楚。"彭某辩称根本不知道对方老大是谁，但被4人强行拖上停在路边的一辆面包车，劫持至一河边。4名男子要彭某交出随身携带的手机、银行卡等物，并逼迫其说出银行卡密码。随后，以核对密码为由，取走卡内现金4 000余元。为防止彭某报警，劫匪还逼其脱光衣服，将彭某丢在河边扬长而去。此案很快被公安机关侦破。原来4名犯罪分子均喜好上网并吸毒，在网吧就盯上了彭某。

（案例来源：大学生安全教育，李晓林主编，第2版）

【点评】

上述案例中，犯罪嫌疑人利用开学前大学生携学费款返校之机作案，先在网吧盯上彭某，然后随口编造一个谎言，将其带入偏僻地段实施抢劫。大学生出门在外，一定要保持高度的警惕，要妥善保管自己的随身物品，留意是否有可疑人员跟踪；若到偏僻场所，最好结伴而行，切不可随陌生人进入偏僻地段。可从以下几点加以防范：第一，不要把手机挂在胸前，夜间行走不要边走边打电话，背着包时最好在与车行相反方向的人行道上走路；骑自行车时不要把贵重物品放在车篓里，防止不法分子用铁丝缠住后轮，待你回头看时，趁机抢走物品；第二，外出时不要轻易和陌生人交谈，不能随便饮用陌生人提供的饮料、抽陌生人递过来的香烟、吃陌生人的食物；第三，到银行存取款时，要注意观察周围有无可疑人员尾随；提取大额现金最好约请同学做伴；遇有紧急情况应向警察、路人求救或拨打110求救。

二、抢夺抢劫案发生时的应对处置措施

同学们在校外或校内遭遇个人财物被抢劫时，应当保持镇定，根据所处的环境，对比双方的力量，针对不同的情况采取不同的对策。

（一）沉着冷静不恐慌

在作案人单人作案且没有持械的情况下，如果同学们对比抢劫人身体条件或人数处于明显优势，可借故拖延，环视周围没有同伙时，用语言分散其注意力，乘其不备将其制服，将其扭送学校保卫部门、公安机关。

（二）力量悬殊不蛮干

面对抢劫作案人，没有十足的把握，最好别进行反抗。有的作案人一旦受到刺激，就会不顾后果，很可能会伤到同学们的性命。在这种情况下，可借助有利地形，利用身边的砖头、木棒等武器与作案人僵持，使作案人短时间内无法近身，以引来援助者。或看准时机，向有人、有灯光的地方或宿舍区奔跑。

（三）快速撤离不犹豫

俗话说："三十六计，走为上计。"同学们如遇到抢劫，对比双方力量，感到无法抗衡时，可看准时机向有灯光或人员集中的地方快速奔跑。犯罪分子由于心虚，一般不会穷追不舍。

（四）巧妙周旋不畏缩

当已处于作案人的控制之下，无法反抗时，可按作案人的要求交出部分财物，切不可

一味求饶；也可采用语言反抗法，理直气壮地对作案人进行说服教育，晓以利害，造成作案人心理上的恐惧。

（五）留下印记不放过

同学们一旦遭遇抢劫（抢夺），要注意观察作案人，尽量准确地记下其特征，如身高、年龄、发型、体态、衣着、胡须、特殊疤痕、语言及行为等，还可趁其不注意在作案人身上留下暗记，如在衣服上擦上血迹等，便于向公安机关提供线索。

法律链接

《中华人民共和国刑法》第二百六十三条规定："以暴力、胁迫或者其他方法抢劫财物的，处三年以上十年以下有期徒刑，并处罚金；有下列情形之一的，处十年以上有期徒刑、无期徒刑或者死刑，并处罚金或者没收财产：（一）入户抢劫的；（二）在公共交通工具上抢劫的；（三）抢劫银行或者其他金融机构的；（四）多次抢劫或者抢劫数额巨大的；（五）抢劫致人重伤、死亡的；（六）冒充军警人员抢劫的；（七）持枪抢劫的；（八）抢劫军用物资或者抢险、救灾、救济物资的。"

《中华人民共和国治安管理处罚法》第四十九条规定："盗窃、诈骗、哄抢、抢夺、敲诈勒索或者故意损毁公私财物的，处五日以上十日以下拘留，可以并处五百元以下罚款；情节较重的，处十日以上十五日以下拘留，可以并处一千元以下罚款。"

第三节　防范电信网络诈骗

一、电信网络诈骗的概念

电信网络诈骗指以非法占有为目的，借助网络，利用数字化工具，使用虚构事实或者隐瞒真相的方法，骗取数额较大的公私财物的行为。电信网络诈骗具有高技术性、跨国性、多样性和隐蔽性等特征。

电信网络诈骗通常利用媒介针对不定或特定人群传播虚假事实，精准抓住被害人心理，诱使被害人上当受骗，达到骗取他人钱财的目的。电信网络诈骗的打击处理往往需要耗费大量时间和精力，且侦破周期长，公安机关在办理案件的过程中面临诸多难题，导致电信网络诈骗侦破率不高。在电信网络诈骗高发的态势下，侦破电信网络诈骗犯罪已成各级公安机关工作的重点。2016年12月20日，最高人民法院、最高人民检察院、公安部联合发布了《关于办理电信网络诈骗等刑事案件适用法律若干问题的意见》（以下简称

《意见》)。《意见》明确规定了有关电信网络诈骗治理的总体要求、依法严惩电信网络诈骗犯罪、全面惩处关联犯罪、准确认定共同犯罪与主观故意、依法确定案件管辖、证据的收集和审查判断、涉案财物的处理等内容。

二、电信网络诈骗的类型

当前，电信网络诈骗犯罪形势严峻，已成为发案最多、上升最快、涉及面最广、人民群众反映最强烈的犯罪类型，其中最常见的电信网络诈骗类型有虚假投资理财、虚假网络贷款、冒充客服、冒充公检法、微信诈骗、QQ 盗号、"网络钓鱼"诈骗、网络中奖诈骗、网络购物诈骗、网购退款诈骗及网络购票诈骗。

（一）虚假投资理财类诈骗

虚假投资理财类诈骗的受害人多为具有一定收入、资产的单身群体或热衷投资、理财、炒股的人群。诈骗分子主要犯罪手法有以下几个步骤：

（1）诈骗分子通过多种渠道锁定受害人并骗取其信任。锁定受害人的方式包括通过社交软件寻找受害人并建立联系、发布股票外汇等投资理财信息网罗目标人群、通过婚恋交友平台确定婚恋关系骗取信任等。

（2）在获得受害人信任后，诈骗分子采用冒充投资导师、金融理财顾问，或谎称有特殊资源可获得高额理财回报等方式，引诱受害人加入"投资"群聊、听取"投资专家"直播课、接受"股票大神"投资指导。

（3）诈骗分子诱导受害人在其提供的虚假网站或 App 上投资，前期小额投资试水可获得返利，一旦受害人加大资金投入后，就会发现无法提现或全部亏损，并被诈骗分子拉黑，且虚假网站、App 无法登录。

【案例】

2022 年 4 月，北京于某在某直播平台上观看炒股知识直播时，与一个自称该主播的账号私聊后添加为微信好友。对方自称"甄军"，在微信上让于某扫码进入炒股交流群。随后，该群管理员向于某发送 App 安装包，让其下载安装并注册账号。一周时间里，于某按照"甄军"和群管理员要求，先后向对方账户分 10 笔转账 347 万元，其间按照对方的"投资指导"，在 App 内进行买入、卖出股票操作，并成功提现 37.3 万元。于某感觉这样炒股获利丰厚，便继续在 App 内加大资金投入。直至 4 月底，于某发现 App 内 307 万元余额已无法提现。在其询问下，"甄军"及该群管理员称平台出问题被突击检查，要求于某缴纳 120 余万元罚款后才能使其账户内余额提现。于某不愿交纳罚款，继续向对方索要投资本金后被对方拉黑，同时发现 App 无法登录，这才发现被骗。

（资料来源：https://cj.sina.com.cn/articles/view/1966478617/7536151901901134f）

【点评】

遇到推荐理财产品、股票、虚拟币等，说稳赚不赔的，百分之百是诈骗。因此，同学们投资理财需谨慎，警惕虚假投资理财网站、App。此类骗局利用被骗者急于赚大钱的心理，以超高收益为诱饵，诱人上钩。所以，在此提醒同学们不要轻信陌生人发布在微信群、QQ 群等社交软件里的盈利信息或图片，不要向陌生个人账号汇款转账，一旦发现被骗，要保存好汇款或转账时的凭证并立即报案。

（二）虚假网络贷款类诈骗

诈骗分子通过网络媒体、电话、短信、社交软件等发布办理贷款、信用卡、提额套现等广告信息，打着"无抵押""免征信""无息""快速放款""免费提额套现"等幌子，以事先收取手续费、保证金、验资、交税等为由，或以检验还贷能力、调整利率、降息、提高征信等为借口，诱骗具有贷款需求或曾办理贷款业务的受害人转账汇款，甚至骗取受害人银行账户和密码等信息直接转账、消费，实施诈骗。

【案例】

2022 年 5 月，广东樊某接到陌生来电，对方自称是某平台客服，询问樊某是否有贷款需求。樊某因近期生意不景气，需要资金周转，便称想要贷款。在添加对方企业微信账号后，樊某按照对方要求下载了某贷款 App，并按照提示在 App 上申请贷款。随后，对方以交会员费、解冻金、证明还款能力等为由要求转账，樊某通过手机银行进行了 4 笔转账共 13.7 万元，但对方仍称贷款条件不满足不能放贷。樊某此时已萌生放弃贷款的想法，向对方索要之前转账的资金。对方告知其需等贷款审核通过才能返还资金，随后便失去联系，App 无法登录。

（资料来源：https://cj.sina.com.cn/articles/view/1966478617/7536151901901134f）

【点评】

骗子会以"无抵押、无担保、秒到账、不查征信"等幌子，吸引受害人下载虚假贷款 App 或登录虚假贷款网站。以"手续费、保证金、解冻费"等名义让受害人交纳各种费用。因此，同学们需要注意，任何声称"无抵押、无资质要求、低利率、放款快"的网贷平台都有极大风险。任何网络贷款，凡是在放款之前先收款的都是诈骗。

（三）冒充客服类诈骗

冒充客服类诈骗的受害人群通常为网购用户，诈骗分子事先大肆非法窃取、收购买家网购信息及快递面单信息，以退款、理赔等为由对买家或平台商家实施精准诈骗。诈骗分子主要犯罪手法分为以下 3 种：

（1）冒充电商平台或者物流快递企业客服，谎称受害人网购商品出现问题，以退款、理赔、退税等为由，诱导受害人提供银行卡和手机验证码等信息，对受害人实施诈骗。

（2）声称误将受害人升级为 VIP 会员、授权为代理、办理商品分期业务等，以不取消上述业务将产生额外扣费为由，诱导受害人支付手续费，从而实施诈骗。

（3）以受害人电商平台会员积分、支付宝芝麻信用积分不足为由，让受害人申请贷款从而提高会员积分，并诱骗受害人将贷款汇入其指定账户，从而实施诈骗。

【案例】

2022 年 4 月，福建张某接到电话，对方自称是某购物平台客服。对方告知张某购买的商品快递包裹丢失，现在可以进行理赔，并说出具体订单编号、订单时间及商品物流单号。张某信以为真，在其指导下添加为好友，并下载某云会议App进行语音联系。张某按对方提示操作，在自己支付宝内透支了备用金所有额度，后将透支的钱款转入对方提供的银行账户。对方承诺后期会将备用金和理赔金一起返还，并让张某继续下载网贷App透支额度转账。张某不愿配合，随后发现对方已无法联系，这才发现被骗，共损失金额2.5万元。

（资料来源：https://cj.sina.com.cn/articles/view/1966478617/7536151901901134f）

【点评】

骗子冒充购物网站客服工作人员为受害人进行退款赔偿，诱导受害人在虚假的退款理赔网页填入自己的银行卡号、手机号、验证码等信息，从而将受害人银行卡内的钱款转走。因此，同学们在接到商家或物流客服来电时务必提高警惕，务必到官方平台核实，所有的退款应直接退回到原支付账户，牢记正规网络商家退货退款无须事前支付费用，请登录官方购物网站办理退货退款，切勿轻信他人提供的网址、链接。

（四）冒充公检法类诈骗

冒充公检法类诈骗紧跟社会热点、不断迭代升级，造成的损失金额往往较大，广大群众深恶痛绝。此类诈骗让受害人深信不疑的重要原因之一，就是诈骗分子事先通过非法获取的公民个人信息，在诈骗过程中能准确说出受害人姓名、工作单位、住址、身份证号等，具有极强的迷惑性。诈骗分子主要犯罪手法为：冒充公检法等机关工作人员，谎称受害人名下银行账户、电话卡、社保卡、医保卡等被冒用，或者身份信息被泄露，或者涉嫌洗钱、非法出入境、快递包裹藏毒等违法犯罪，以此要求受害人将资金转入"安全账户"配合调查或接受监管，进而实施诈骗。为增加可信度，一些诈骗分子会向受害人展示虚假公检法网站上发布的假通缉令等法律文书。为远程获取受害人手机上的个人信息，诈骗分子常常要求受害人下载具有屏幕共享功能的App。为使受害人处于完全被操控状态，诈骗分子还会诱骗受害人到酒店等封闭空间，阻断所有短信、来电等外界联系。公安机关工作中发现，一些诈骗分子还会冒充不同部门的政府机关工作人员，以领取补助补贴、奖学金，医保卡、证券、金融账户被冻结，出入境证件异常、失效等为由实施诈骗。

【案例一】

2022年4月，广东刘某某接到自称是某市防疫中心的电话，对方称要带其去强制隔离，因刘某某一个电话号码曾在3月16日扫描了长沙市某医院的场所码。刘某某表示自己没有去过长沙，对方又称其身份信息可能被盗用，将帮其将电话转接到"长沙市公安局"。接通"长沙市公安局"电话后，一名自称"陈警官"的男子对刘某某进行询问，并告知刘某某账户涉嫌洗黑钱，让刘某某添加其QQ号码。随后，"陈警官"发给刘某某一个账号让其登录后，提交了银行卡号、密码等相关信息，并录制了人脸操作视频。随后，刘某某银行账户被分4次转走6万余元。发现银行账户资金被转走后，刘某某意识到自己被骗。

（资料来源：https://cj.sina.com.cn/articles/view/1966478617/7536151901901134f）

【点评】

骗子冒充公检法工作人员给受害人打电话，编造当事人涉嫌洗钱、拐卖儿童犯罪等理由，同步发送伪造的公检法官网、通缉令、财产冻结书等，对当事人进行威逼、恐吓，要求当事人将名下账户所有钱款转账至所谓的"安全账户"，从而达到诈骗目的。公检法机关不会通过电话、网络等直接办案，部门之间不会进行直接转接，更没有所谓的"安全账户"。因此，自称公检法等国家机关工作人员并要求把钱款转到"安全账户"的一定是诈骗。

【案例二】

黄某接到一名自称某公安局警察的电话，称给黄某做"录音笔录"。这个"民警"称，有人以黄某的名义在银行开了个账户，里面有58万元存款，涉嫌洗黑钱，要把情况上报法院。之后，一名自称省里某法院工作人员的人给黄某打来电话，称为保证资金安全，黄某要把钱转到法院一审判长的账户上。听说要把钱转到一个陌生账户，黄某立即打114查询，结果发现刚才来电显示的号码的确和省里某法院的总机电话号码一样。这下，他不再迟疑，按要求立即把90万元存款转入"审判长"的账户，并按对方要求到省里某法院门口等工作人员接待做笔录。等了几个小时没见到人的黄某，才醒悟过来被骗了。通过了解，该法院总机只能接电话，不能外拨，但受害人不知道这个情况，骗子利用改号软件冒充有关单位的总机号码进行诈骗，这种诈骗的一个特点是，即使被骗者回拨正确的总机号码查询，也会因为不知道具体要找哪个部门，而无法核实到详细信息，让骗子有了可乘之机。

（案例来源：大学生安全教育，李晓林主编，第2版）

【点评】

此起诈骗案件就是犯罪分子利用被害人对公检法的畏惧心理，来一步一步实施诈骗。犯罪分子通过谎称被害人有欠费，或者涉及重大经济诈骗或者犯罪，进而恐吓被害人，使被害人心理畏惧，从而完成诈骗。为此，我们应该从以下几点做起：

（1）如果当事人真的涉及经济犯罪，只能通过当地公安对其进行刑侦逮捕审查，不可能只通过电话来办案。

（2）接到自称是警察或者法院工作人员的电话不要畏惧，如有疑问要及时拨打110核实。

（3）接到要求转账的电话和短信一定要谨慎，不要贸然转账或者点击相关网址。

（4）及时关注社会新闻，加强防骗知识的学习。

（五）微信诈骗

以"朋友圈"为对象设计的各种诈骗手法先后出现，越来越多的犯罪分子通过微信骗财骗色。当前微信诈骗类型有代购诈骗、二维码诈骗、盗号诈骗、伪装诈骗、点赞诈骗和假公众账号诈骗等。

【案例】

从2017年2月份开始，公安机关陆续接到几起微信诈骗报警，受害者均称自己遭遇了手机微信转账的骗局。经调查，民警发现这些警情有很大的相似之处，受害者均为四五十岁的店铺经营业主，且都是通过手机微信转账的方式将资金转给诈骗嫌疑人。根据受害店主反映，骗子先是假装顾客到自己店内谈买卖，商量好价钱后骗子称自己身上没有带够现金，要求手机微信转账支付。

按照通常做法，支付是用手机扫描店主提供的微信二维码完成。由于这一系列案件中的受害店主年龄都偏大，对手机微信支付的具体操作并不熟悉，骗子正是利用这一点，在行骗过程中首先对自己的手机微信进行操作，使手机微信生成收款二维码的界面，然后让店主用手机扫描自己的微信二维码，并由店主输入自己的密码，实际上这是店主向骗子转账付款。有些店主在完成支付后仍然不知道自己被骗，等反应过来，骗子早已逃离现场。

办案民警对受害店主和目击证人进行了走访调查，并对这一系列案件一一查证，锁定了犯罪嫌疑人李某，并将其成功抓获。经审讯，犯罪嫌疑人李某承认从2月份开始先后实施了7次微信诈骗，每次少则三四百元，多则一两千元，共诈骗近万元。此后，公安机关依法对犯罪嫌疑人李某实施刑事拘留，进一步审理案件。

（案例来源：大学生安全教育，李晓林主编，第2版）

【点评】

随着通信工具和支付手段的发展进步，诈骗的手段也在不断更新。微信、支付宝等网络支付手段给我们的生活带来便利的同时，也给犯罪分子提供了可乘之机。上述案例就是犯罪分子利用大家在网络转账时不仔细查看的习惯实施的诈骗。同学们在利用微信进行转账的时候一定要仔细核对，同时警惕其他形式的微信诈骗。大学生在使用微信支付时，应注意以下几点内容：

（1）使用微信转账的时候一定要看清楚是付款还是收款。

（2）及时查看钱包明细。

（3）若发现上当受骗要及时向公安机关报案，并提供骗子的账号和联系电话等详细情况，以便公安机关及时开展侦查破案。

（六）QQ 盗号诈骗

犯罪分子通过QQ随机选定目标，提出视频聊天要求，并拍摄聊天视频。然后，以传送自己的照片等文件为名，借机向目标发送木马病毒。通过木马病毒盗取目标的QQ密码和聊天记录，掌握其好友资料。接着，冒充目标与其QQ好友视频聊天，并播放提前录制好的聊天视频，称因网络或耳麦存在问题，所以没有声音。最后，以各种理由向目标的QQ好友借钱。有的犯罪分子使用"强制视频"的木马软件，窃取受害者的QQ资料，并远程启动其电脑视频摄像头进行拍摄。由于有亲友的视频，受害者更容易上当受骗。还有的犯罪分子先给受害者的QQ邮箱发送植入木马的"钓鱼"邮件，当受害者打开被植入了木马病毒的邮件附件后，他们会随时跟踪受害者的邮件往来和QQ聊天信息，摸清受害者的关系网，伺机发出诈骗信息。2013年11月20日，国内知名安全漏洞监测平台"乌云网"公布报告称，腾讯QQ群关系数据被泄露，涉及7 000多万个QQ群、12亿个QQ号。根据这些数据，通过QQ号可以查询到备注姓名、年龄、社交关系网等大量个人信息。犯罪分子掌握了同学们的社交关系后，可以完整了解同学们的个人情况，利用同学们社交圈的信任关系进行诈骗。

【案例】

2018年1月9日上午，济南市张女士与在外地上大学的儿子微信聊天，儿子对张女士说他想参加学校一个教授的培训班，让张女士加了"校务部李主任"的QQ进行聊天。想着孩子报培训班是件好事，张女士就没有怀疑。在此期间，张女士一会与"儿子"交流，一会又与QQ里自称"校务部李主任"的进行交流，相信了对方所说，按照对方的要求把5万多元培训费转给对方。事后，张女士发现自己受骗了。

（案例来源：http://news.ifeng.com/a/20180112/550679720.shtml）

【点评】

近年来，全国各地陆续发生多起冒充孩子诈骗大学生家长的案件。此类诈骗为精准诈骗，诈骗分子利用木马盗取同学们的QQ账号和密码，或非法购买同学们的个人信息，冒充孩子以手机坏了使用同学手机的名义，或利用盗取的学生QQ号、微信号给家长发短信、信息，声称学校邀请到名牌大学进行培训或被选上出国交换生等，需要交纳培训费、学费，并提供所谓负责收取费用的老师电话或微信，再以老师的身份取得学生家长的信任，利用家长在孩子教育上不惜投入巨资这一心理，让家长向其汇款。

（七）"网络钓鱼"诈骗

"网络钓鱼"是通过垃圾邮件、即时聊天工具、手机短信或网页虚假广告等，发送声称来自银行或其他知名机构的欺骗性信息，意图引诱用户给出用户名、口令、账号ID、银行卡密码或信用卡详细信息等敏感信息的一种网络诈骗方式。最典型的"网络钓鱼"是将用户引诱到一个精心设计的、与目标组织的网站非常相似的"钓鱼网站"上，并获取用户在此网站上输入的个人敏感信息，通常这个过程不会让受害者警觉。近年来，随着网络购物的快速发展，"网络钓鱼"逐渐成为最常见的网络安全问题。"网络钓鱼"诈骗的作案手段通常有：伪造金融机构网站，伪造电子商务网站，网络中奖钓鱼，植入木马钓鱼等。

【案例】

2016年1月5日，济南市大学科技园某高校大二学生刘某通过手机在一网站上预订了一张寒假回家的机票，售价560元。接着，刘某收到一条短信"您的订单已成功下单，航班号为CZ4394"。随后，刘某拨通了短信显示的客服电话，对方提供了一个银行账号，要求刘某通过银行ATM机转账。在此期间，对方一直与刘某保持通话状态。刘某按照机票金额转汇560元后，对方称转账失败，要求刘某输入"018899"并按确认键。刘某看到页面显示转账成功后，对方再称转账失败，并要求刘某输入手机号码。刘某发现银行卡内存款少了3 000余元，质问对方时，对方又让刘某再换一张银行卡核对。刘某赶忙查询转账明细，对方的电话此时已打不通，刘某才知道上当受骗了。

（资料来源http://n/ews.163.com/16/0926/18/C1TKPBN600014SEH.html）

【点评】

此类案件中，骗子通过假冒的"钓鱼网站"和客服电话，以低价诱骗当事人，同时保持电话接通状态，避免当事人收到提醒，步步紧逼。在骗子强烈的语言暗示下，当事人按照提示操作，造成了个人财产的损失。因此，同学们在上网过程中，要加强对"网络钓鱼"的防范，防止上当受骗。

（八）网络中奖诈骗

"××卫视通知，恭喜您！您的手机号已被××卫视××××栏目组抽选为场外幸运观众，将获得梦想创业基金 128 000 元与苹果笔记本电脑一台，请登录××××.bpbxdiwncn 领奖。"当同学们打开 QQ 或者登录邮箱时，是否经常会收到一些来历不明的中奖信息？这些信息逼真诱人，此时，同学们要提高警惕，这很有可能是网络中奖诈骗。网络中奖诈骗是指犯罪分子利用群发软件，向 QQ 用户、邮箱用户、网络游戏用户、校内网用户等发布中奖提示信息，当同学们按照指定的"电话"成"网页"进行咨询查证时，犯罪分子会以先支付手续费、税款等理由让事主一次次汇款。"天上不会掉馅饼"，面对唾手可得的暴利，同学们要保持理智。

【案例】

2017 年 9 月 2 日，泰安市某高校大一新生李某收到一条短信，说他获得了《奔跑吧兄弟》栏目二等奖，奖品是 180 000 元 + 笔记本电脑 1 台。李某半信半疑地点击了短信上的链接，并填入了个人信息，随后，"栏目组"工作人员多次拨打李某的电话，要求李某按流程领取奖品。"开始通电话时，对方还很客气，称要将 18 万元打到我的银行账户上。但后来准备转账时，对方就要求我先支付 5 000 元定金。"正当李某犹豫不决时，对方感叹说："不交定金就是违约，我们会转交公安和法院处理……"随后，李某又接到另一个号码的电话，对方以公安和法院工作人员的名义通知他说："如果违约，就要马上执行拘留、罚款，甚至会影响上大学！"不知所措的李某想到了报警求助。正当李某向民警讲述事件时，对方又打来电话，民警接过电话当即见招拆招，骗子马上挂断了电话。

（资料来源：大学生安全教育，王焕斌主编，2018 年第 1 版）

【点评】

在本案中，骗子借助短信平台发送虚假中奖信息，继而以收取定金为由骗取钱财，属于典型的网络中奖诈骗。这就提醒我们，切勿轻信"中大奖""免费送"等噱头，牢记天上不会掉馅饼，保持较高的安全防范意识，不轻易透露个人身份信息、银行账户及密码等重要信息，与陌生人进行现金交易时务必要再三核实。一旦发现上当受骗，及时报警，寻求警方的帮助。

（九）网络购物诈骗

网络购物诈骗是随着网络购物的兴起而出现的一种新型诈骗形式。在同学们网络购物的过程中，利用同学们社会经验不足的特点实施诈骗。其主要行骗伎俩是：骗子先在各购物网站上发布虚假商品消息，开具极有诱惑力的价格，让你感到有利可图。如在"快乐购物商城"网站上，一款市场价万余元的电脑，标价仅为 499 元。一旦受此诱惑，与骗子留下的QQ、电话号码取得联系，他们就会热情地介绍商品，抛出种种承诺和优惠，并提供银行账号，要求先汇少部分货款。几日后，再伪装成送货者与你联系，表示货品已送到本地，可马上拿货，诱惑买主汇齐余额。待买主汇齐余额后，骗子又以需再汇缴税金、保证金等款项为由，推迟交货，继续哄骗。待买家发现可疑，打电话询问或要求退款时，送货者和网购商家要么继续搪塞，要么干脆不再接听电话。

网络购物诈骗的形式还有：骗子低价引诱买家不使用安全的支付工具；收取订金、保证金等，实施连环诈骗；以假充真、以次充好、以不合格商品冒充合格商品、以水货冒充正品等；通过信息发送"钓鱼网站"链接的方式，骗取买家登录钓鱼网站，通过网银转账远程实施诈骗。

【案例】

2017年12月12日，烟台市某高校大二学生李某在一家名为"××数码配件店"的网购店铺里相中了一部苹果手机。"卖家说手机来源于某种渠道，可以在微信上直接付钱购买，给我说一部苹果X手机价格是1980元。"李某说。如此"优惠"的价格，李某动了心。为谨慎起见，李某选择货到付款方式。卖家称要先付500元定金，李某通过微信给卖家转账500元。12月16日，李某收到网购的手机，拆开一看却傻了眼，根本就是一部假手机。随后，李某退回了快递，联系卖家欲退回支付的定金，可对方不接他电话，微信也把他删了。

（资料来源：大学生安全教育，王焕斌主编，2018年第1版）

【点评】

此案中，骗子通过在购物网站上发布虚假商品消息，开出极有诱惑力的价格，让李某感到有利可图，进而进行诱骗。大学生因网购被骗的案例屡见不鲜，因此有必要掌握一些防范网购诈骗的方法。

（1）要对所购物品有一定的了解，在网上购物也要做到"货比三家"，不光要比价格，也要对比物品的质量等。对于出价过低的物品，消费者需谨慎选购，查看一下同类物品在其他网站或网上商铺内的售价。

（2）仔细甄别网络卖家留下的联系方式及相关信息。假如该卖家的联系方式只有QQ、E-mail、手机，而没有具体的固定地址和固定电话，或者卖家拒绝使用具有防"钓鱼"功能的即时通信工具，消费者就要提高警惕。

（3）利用网上搜索引擎，查询供货者的信息中留下的联系电话、联系人、公司名称以及银行账号等关键信息是否一致。如果发现上述信息有不一致的，消费者就应该提高警惕。

（4）尽量去大型的、知名的、有信用制度和安全保障的购物网站购买所需的物品，比如淘宝、京东等，这些网站大多采用安全性较高的支付工具作为第三方交易中介，或是实行先到货后付款等保护消费者的购物方式。

（5）不要轻易将自己的网络账号、信用卡账户和密码泄露给陌生人，尽量不要使用公用的电脑进行购物、支付等。

法律链接

《中华人民共和国刑法》第一百九十二条 以非法占有为目的,使用诈骗方法非法集资,数额较大的,处三年以上七年以下有期徒刑,并处罚金;数额巨大或者有其他严重情节的,处七年以上有期徒刑或者无期徒刑,并处罚金或者没收财产。

第二百六十六条 诈骗公私财物,数额较大的,处三年以下有期徒刑、拘役或者管制,并处或者单处罚金;数额巨大或者有其他严重情节的,处三年以上十年以下有期徒刑,并处罚金;数额特别巨大或者有其他特别严重情节的,处十年以上有期徒刑或者无期徒刑,并处罚金或者没收财产。

(十)网购退款诈骗

网购退款诈骗针对性较强,主要形式是诈骗分子冒充电商客服,通过电话或短信的方式与刚刚完成网购的消费者进行联系,谎称其购买的商品出现交易异常,并在其"指导"下进行交易异常处理,一步一步诱骗消费者进入一个由对方设计好的"钓鱼网站",在网页上输入账户、密码,骗子则借机进行资金的盗刷。由于骗子准确知道消费者姓名、购物时间、购物内容,因此在接到诈骗电话时不少消费者会放松警惕。诈骗分子退款诈骗能够成功在于不仅知道受害者的电话号码或聊天账号,还能准确地说出购买的商品和购买时间。这主要是由诈骗分子通过木马程序进入购物网站,截取消费者和卖家的交易信息,盗取消费者和卖家的账号,导致消费数据泄露造成的。

【案例】

2018年8月29日,杭州市某高校女生郭某接到一个自称是淘宝商城售后的电话,说是之前操作失误,给她办了铂金会员卡,要从她的卡里扣6 000元费用,如果取消该业务需要她的配合。郭某开始不相信,但对方很自然地说出了郭某之前在淘宝商城买过一罐面膜以及她的相关信息,于是郭某相信了对方说的话。郭某表示不需要会员,对方称如果解除要去银行解除,或者帮她转接到银行。郭某不方便去银行,于是就让对方转接。所谓的银行工作人员让郭某转账与卡里相同的数额,账号才能冻结,当时,郭某的银行卡里有3万元左右,这是她9月开学的学费。郭某第一次转过去1元钱,钱马上就退回来了。第二次转了19 900元,没退回来。对方让她第三次转账,郭某急忙找朋友借了1万转过去,还是迟迟没有退回。40分钟后,骗子再次打电话给她,说她被骗了,然后挂了电话。

(资料来源:大学生安全教育,王焕斌主编,2018年第1版)

【点评】

这类骗局中,骗子通常以不法手段窃取网购信息,自称电商客服与受害人联系,主动提出退款进而实施诈骗。因此,同学们在网上购物时要提高防范意识,一旦接到"客服人员"的退款电话,要保持镇定,及时通过电商平台与卖家进行沟通。不要轻易相信对方发来的任何链接,更不要随意提供个人信息。同时,手机短信验证码相当于"一次性密码",只要是陌生人来电索要短信验证码的,都是骗子,切勿相信。对于那些经常网购的人,在电商平台绑定银行卡时应专卡专用,不要在里面放太多的钱,万一发生类似情况亦可减少损失。

(十一)网络购票诈骗

网上订火车票、飞机票以折扣低、方式便捷等成为现在同学们首选的购票方式。网上订票虽快捷便宜,却要提防虚假购票网站暗藏的消费陷阱。嫌疑人往往通过在互联网上开设"××航空公司网上订票网站""高仿真A货的12306网站",以出售"特价机票、车票"为诱饵吸引受害人,要求受害人向指定账户汇款,但实际并未出票。该虚假网站、网页的用户界面以及域名都与真的网站、网页极其相似,联系电话貌似正规,接待人员业务熟练、专业,具有较强的欺骗性。网上抢票软件鱼龙混杂,还有些是"钓鱼网站",说是能够代旅客抢票,实际上则是木马病毒,同学们千万不要使用。网络"黄牛"会通过高速网络和抢票软件抢票,然后倒卖;有些"黄牛"在交易时会以保障交易为借口,骗取用户的订金、保障金或是预付款;有些"黄牛"印制假的火车票以牟利,同学们要警惕卖假车票的"黄牛党"。与网购退款诈骗一样,网购了火车票、飞机票后也可能遭遇退款诈骗。诈骗分子通过非法渠道窃取购票人信息后,假冒官方客服来电通知购票不成功,需要在其提供的网站上输入银行卡信息办理退票。此时,同学们切勿透露手机收到的验证码,不然你的银行卡内余额将被清空。

【案例】

2018年7月24日,南昌市某高校准研究生张某预订机票后收到一条"【××航空】尊敬的旅客您好!您9:35起飞11:35到达,南昌—西安航班因起落架故障已取消。请联系客服0861-×××,改签不收取任何费用"的短信,该短信的发件人是8开头的11位号码。实为香港地区手机号码,但张某因慌乱并未留意。另外,短信中详细说明了他的航班起降时间及地点,也增加了信息的可信度。张某随即拨打了短信提供的电话号码。客服人员称,因延误要退回200元,需要张某提供银行卡及验证码,就在他与客服通话时,客服询问了他收到的两条验证码。对方掌握了他的银行卡号及验证码后,他的9 998元分两次被转走了,收款人是上海某有限公司。张某意识到上当受骗,于是向警方报警。

(资料来源:大学生安全教育,王焕斌主编,2018年第1版)

【点评】

此案中,嫌疑人通过短信谎称可以为事主退票,向事主要验证码,进而骗取张某钱财,这是网络购票诈骗常用的伎俩。这就提醒大学生一定要通过官方网站购票。

法律链接

2022年9月2日第十三届全国人民代表大会常务委员会第三十六次会议通过的《中华人民共和国反电信网络诈骗法》对电信网络诈骗的定义有明确规定：本法所称电信网络诈骗，是指以非法占有为目的，利用电信网络技术手段，通过远程、非接触等方式，诈骗公私财物的行为。

最高人民法院、最高人民检察院《关于办理诈骗刑事案件具体应用法律若干问题的解释》第二条规定，对通过发送短信、拨打电话或者利用互联网、广播电视、报刊等发布虚假信息，对不特定多数人实施诈骗的，诈骗公私财物达到第一条规定的数额，可以依照《中华人民共和国刑法》第二百六十六条的规定酌情从严惩处。

三、提高大学生防范电信网络诈骗的有效途径

大学生安全教育是高校学生工作的重要组成部分，是构成和谐校园和谐社会的重要内容，为了避免自身财产损失，同学们需要从自身做起，不贪小便宜，主动防范，在日常生活中注意做好以下几个方面，才能有效防范电信网络骗局。

（一）不要轻易相信陌生人的电话和短信

同学们接到疑似诈骗电话或短信时，要保持冷静，注意核实对方身份，第一时间与老师、同学、家人或朋友商量解决，或向派出所、学校保卫部门、银行网点等工作人员当面或电话咨询。

（二）不要轻易相信来电显示号码

当同学们接到来自亲友号码、公安机关电话号码以及"110"等要求汇款的电话或短信时，要提高警惕，及时予以核实确认。因为所谓的"固定电话"很可能是捆绑了不法分子手机的虚拟电话。

（三）不要随便接听不显示号码的电话

目前，除极少数军政方面人士还拥有"无显示号码"的电话外，任何政府、企业、银行、运营商等机构均没有"无显示号码"的电话，所以，同学们见到"无显示号码"的来电，直接挂断就好。

（四）不要使用电话回拨核实有关信息

为了防止遇上诈骗分子模拟银行等客服号码行骗，同学们遇上不明来电选择挂断后，可主动拨打该电话核实有关信息。但不要使用电话回拨功能，以保证号码的准确性。

（五）不要点击短信中的任何链接

虽然手机短信中有银行等机构发来的安全链接，但同学们难以对短信号码、短信内容、链接形式等辨别真伪。所以，同学们尽量不要点击短信中自带的任何链接，特别是安卓手机用户，更要防止中木马病毒。

（六）不要向任何人和机构透露收到的"短信验证码"

银行、支付宝等发来的"短信验证码"是极其隐秘的隐私信息，且通常几分钟之后即自动过期。所以，同学们不得向任何人和机构透露该信息。

（七）不在任何对话中谈及银行卡号和密码

无论在电话、短信、QQ聊天、微信对话中，都绝不提及个人的银行卡号、密码、身份证号码、医保卡号码等信息，以免被诈骗分子利用。

（八）不要轻易尝试使用自己不熟悉的银行业务

同学们如果对ATM机转账成网上银行功能不熟悉，尽量不要在ATM机或手机上操作。如果确实需要转账汇款，尽量到银行柜台直接办理。如果心中有疑惑，可以向银行柜台工作人员咨询。

（九）不要轻易在电话中泄露个人隐私

不管对方是谁，只要问及个人隐私，请务必留神，公安机关侦办案件时，不会通过电话询问个人存款账户、密码等隐私，公安民警不会打电话指导你如何转账，公安部门也不可能提供所谓的"安全账户"。

（十）不要轻易相信陌生的证据

由于目前个人隐私泄露泛滥，诈骗分子常常会掌握同学们的一些信息，骗取同学们的信任。同学们切记要多长心眼，绝不轻易相信陌生人。如果仅仅是在网络上，就算是家人、朋友，也不要轻易相信。

（十一）不要轻易信任"钓鱼网站"

同学们不要轻易信任那些看上去与官方网站长得一模一样的"钓鱼网站"，否则不仅自己的电脑或手机容易中病毒，而且还可能被直接骗走钱财，在登录银行等重要网站时，养成核实网站域名、网址的习惯。

（十二）不要轻易把新鲜事当真

诈骗分子常常利用最新的时事热点设计骗局，如果同学们接到的不明电话或短信中提及一些你从未接触过的新鲜事，切莫轻易当真。当同学们遇到拿不准的事时，拨打"110"无疑是最可靠的咨询手段。

思考题

1. 如何防范校园盗窃案的发生？
2. 防范校园偷盗和校外抢劫的途径有哪些？
3. 常见的电信网络诈骗类型有哪些？如何防范？

第六章 消防安全

【学习目标】

1. 通过对火灾事件的了解，提高学生防火意识。
2. 深入了解消防逃生知识，切实树立起消防安全意识。
3. 掌握好消防安全常识，提高学生安全防范与自救能力，营造安全、和谐的校园环境。
4. 承担社会责任，主动消除社会中的消防隐患，珍爱生命、敬畏生命。

第一节 火灾的预防与扑救

近年来国内各类火灾事故频繁发生，造成重大人员伤害和财产损失，特别是高层建筑和各类人员密集场所的重大火灾时有发生。触目惊心的案例告诉我们，安全无小事，生命最宝贵，警钟要长鸣。我们要吸取经验教训，做好办公场所以及住宿地的安全消防工作，尤其是在人员密集场所发生火灾等意外时，要能够通过应急消防疏散通道及时撤离，确保自身安全。只要每个人都能以高度的消防安全责任感、科学的消防态度做好火灾的预防，许多火灾都可避免。

高校因人员密集，火灾隐患较多，加大了火灾和各种事故预防的难度。任何一场火灾都可能造成重大后果，带来无可挽回的财产损失和人身伤害。以下是近几年国内外各地发生的一些校园火灾案例。

【案例一】

2019年2月27日0时42分，江苏省某高校实验室发生火灾，现场火势十分猛烈，不断向上蔓延。消防人员接到报警后迅速赶到现场进行处置，1时15分后火灾被控制，1时30分火灾被扑灭。火灾烧毁3楼热处理实验室内办公物品，并通过外延通风管道引燃5楼楼顶风机及杂物，无人员伤亡。

（资料来源：江苏消防，2019年2月27日）

【案例二】

2020年10月16日18时30分，广州某大学生活区一楼房发生火警，广州市消防救援支队接到报警，调派辖区6个消防站、13台消防救援车辆、62名指战员赶赴现场处置，迅速将现场火势控制，19时01分扑灭火灾。燃烧面积约8平方米，无人员伤亡。

（资料来源：广州消防，2020年10月16日）

【案例三】

美国当地时间4月20日，美国某大学一栋宿舍楼发生火灾，造成包括3名学生在内的至少4人受伤。美国全国广播公司报道称，该校位于休斯敦西北约70千米处，20日早晨6点前，该校一栋宿舍楼的3楼走廊起火。一名学生从该楼层跳窗逃生时腿部受伤，两名学生以及一名进入宿舍楼帮助学生疏散的警察均因吸入浓烟被送医治疗。校方表示，发生火灾的宿舍楼已被疏散，住在其中的所有人员已清点完毕。学校的学生事务团队正协助受影响的学生重新安置。目前，起火原因仍在调查中。据哥伦比亚广播公司报道，当地消防官员认为，大火可能是从空调系统开始的。

（资料来源：海外网，2022年4月21日）

【点评】

通过以上案例，同学们应深刻地认识到，校园虽是我们的象牙塔，但校园火灾应警钟长鸣，我们应对校园火灾有深刻的认知，切实提高自身防火意识，预防火灾发生，并掌握科学的防火减灾知识和技能。

一、校园火灾类型

（一）生活火灾

生活用火一般是指人们的炊事用火、取暖用火、照明用火、吸烟、燃放烟花爆竹等，由生活用火造成的火灾称为生活火灾。学生生活用火造成火灾的现象屡见不鲜，原因也多种多样，主要有：在宿舍内违章乱设燃气、燃油、电器火源；火源位置接近可燃物；乱拉电源线路，电线穿梭于可燃物中间；违反规定存放易燃易爆物品；使用大功率照明设备，用纸张、可燃布料做灯罩；躺在床上吸烟、乱扔烟头；在室内燃放烟花爆竹；玩火；等等。

【案例】

2020年9月13日凌晨3点左右，上海某大学一宿舍楼西侧露天临时堆放的分类垃圾桶发生火灾，整栋楼浓烟飘散，学生们穿着睡衣有序下楼避难，所幸消防救援人员及时赶到将火扑灭，无人员受伤。

（资料来源：澎湃新闻，2020年9月13日）

【点评】

同学们应深刻地认识到校园生活火灾为校园火灾的高发类型，应在生活中养成良好习惯，提高火灾防范意识，减少火灾发生。

（二）操作电器不当引起火灾

据统计，在全国的火灾事故中，电器引发的火灾约占总数的1/3，占比最高。从近几年高校火灾统计数据来看，因电器设备、线路出现故障或使用不当而引起的电器火灾占较大的比例。发生电器火灾，除少数是设备上的原因外，大多数是人为因素造成的，有的同学在宿舍内使用大功率电器，如电饭锅、电热杯、"热得快"等，使供电线路过载发热，加速线路老化，容易引起火灾；有的同学在宿舍给手机、电动剃须刀充电时，用充电器长时间充电，或被衣被覆盖，散热不良，也可能引起燃烧；有的同学使用电吹风时，宿舍突然停电，电源插头未拔，就离开宿舍，来电时宿舍无人，电吹风长时间工作，极易引起火灾；有的同学使用电暖风或电热毯取暖，使用电熨斗烫衣物等，极易引发火灾；有的同学安装电器不当，使用操作不当，或者所使用的电器产品质量不合格，容易引发火灾；有的同学给电瓶车充电时，因充电时间过长、电池过于老化或电池内部管理系统失灵，引起电池起火。

【案例】

2020年12月21日上午，湖南某大学一学生宿舍突然着火，现场浓烟已经蔓延到楼层阳台，所幸学生安全疏散撤离，消防员到场后火势很快被控制，未造成人员伤亡。消防部门对火灾现场进行勘验，发现宿舍10张床全被烧毁。通过现场调查和询问得知，当天晚上学生使用大功率电器，结果电闸跳闸断电。次日学生到宿管处请求恢复用电后，便离开宿舍去上体育课，忘记关闭放在棉被上的吹风机及电插板开关，导致火灾。

（资料来源：澎湃新闻，2020年12月24日）

【点评】

高校宿舍内人员众多，是消防安全管理的重点单位。然而，部分学生消防安全意识淡薄，致使宿舍火灾频发。同学们应深刻地认识到，生活中电器的使用要合乎规范，避免使用大功率电器，使用电器应养成良好习惯，随插随拔，谨防火灾发生。

（三）实验操作不当引起火灾

同学们在实验中用火、用电、用危险物品时，要严格遵守各项安全管理规定、操作规程和有关制度。如果不按操作规程实验，极易发生火灾事故。如实验室内贮有有一定量的易燃易爆化学危险品，使用、保管不当，极易引发火灾；在实验进程中，常用明火进行加热、蒸馏等实验操作，以及使用电热仪器时用电量过大等，都可能出现危险；有电感的实验设备在使用时，如果用物品覆盖在散热孔上，设备过分聚热，极易导致设备自燃；实验用火时，周围的可燃物未及时清理，火星飞到可燃物上，容易引起燃烧；在做化学实验时，将相互抵触的化学试剂混在一起，试验温度过高或操作不当，也能引起火灾事故；实验室内的电器设备没有定期保养维修，电器部件老化，容易引起火灾；普通教室课堂上进行的实验和演示，需用火、用电或化学危险品，稍有不注意，也极易引发火灾。

（四）人为纵火引发火灾

纵火是指故意用放火焚烧公私财物的方法危害公共安全的犯罪行为。纵火侵犯的是公共安全，即不特定的多人的人身安全和重大公私财物的安全。人为纵火都带有一定的目的性，多发生在夜深人静的时候，对高校校园安全有较大的危害性。有企图毁灭证据、逃避罪责或破坏校园安全等多种形式的刑事犯罪分子纵火，也有抱有目的地烧毁他人财物或危害他人生命的私仇纵火等，这类纵火都是国家严厉打击的犯罪行为。另外，还有精神疾病人员纵火，这类纵火是由于精神疾病人员对自己的行为无法控制而发生的。

【案例】

张某利于2018年5月7日15时许，在北京市某渠钓鱼时因乱扔烟头将地面沉积的杨絮引燃，并形成森林火灾。经鉴定，过火面积为157亩，其中有林地面积141.7亩，过火林木1 325株。经讯问，张某利对犯罪事实供认不讳。2019年5月8日，张某利因失火罪，被判处有期徒刑一年，缓刑二年。

（资料来源：林草北京，2020年4月4日）

【点评】

"十年树木皆辛苦，一朝失火前功弃。"踏青出游、野外祭扫要严格遵守相关规定，进入森林不携带易燃物品、不乱丢烟蒂，不擅自在山中、林中用火，不故意纵火。

（五）自然现象火灾

自然现象火灾不常见，这类火灾基本有两种，一是雷电，二是某些物质的自燃。雷电是常见的自然现象，它是大气层运动产生高压静电再行放电，放电电压有时达到几万伏，释放的能量巨大。当作用于地球表面时，具有相当大的破坏性。

雷电产生的电弧可成为引起火灾的直接火源，摧毁建筑物或窜入其他设备可引起多种火灾，预防雷电火灾就必须合理安排避雷设施。自燃是物质自行燃烧的现象，如黄磷、锌粉、铝粉等燃点低的物质在自然环境下就可燃烧；钾、钠等碱金属遇水即剧烈燃烧；不干燥的柴草、煤泥、沾油的化纤、棉纱等大量堆积，经生物作用或氧化作用积聚大量热量，使物质达到自燃点可自行燃烧。所以对自燃物品一定要以科学的态度和手段加强日常管理。

二、校园火灾的特点

（一）具有火灾事故突发、起火原因复杂的特点

学校内部单位点多面广，设备、物资存储较为分散，生产、生活火源多，用电量大，可燃物特别是易燃物种类繁多，加之工作人员的管理水平不一，有人为的原因，也有自然的作用，任何环节的疏忽，都有可能造成火灾。从时间上看，火灾大都发生在节假日、课余时间和晚间；从发生的地点上看，多发生在实验室、仓库、图书馆、学生宿舍及其他人员往来频繁的公共场所等，且这些地方发生的灾害往往具有突发性。

（二）高层建筑增多，给火灾预防和扑救工作带来巨大困难

受扩招、各类成人高等教育等教育产业化的驱动，各个学校的建设规模都在不同程度上迅速扩大，校园的发展较快，校内高层建筑增多，形成了火灾难防、难救、人员难于疏散的特点，有的高层建筑还存在消防设备落后、消防投资不足等弊端，这些都给学校的消防安全管理工作增加了难度。

（三）火灾容易造成巨大的财产损失

学校教学、科研、实验仪器设备多，动植物标本、中外文图书资料多，一旦发生火灾，损失惨重。精密、贵重的仪器设备，往往是国家筹集资金购置的，发生火灾损失后，很难立即补充，既有较大的有形资产损失，直接影响教学、科研与实验的正常进行，更有无形资产损失。珍贵的标本、图书资料是一个学校深厚文化积淀的重要标志，须经过几十年、上百年的积累和保存，因火灾造成损失，则不可复得。因而，这类火灾损失极为惨重，影响极大。

（四）人员集中，疏散困难，火灾往往造成人员伤亡，社会影响极大

学校人口密度大，集中居住的宿舍公寓多，宿舍公寓内可能存在违章生活用电、用火，因用电、用火不慎而发生火灾后，火势得不到控制会很快蔓延，在人员密度大、不利于疏散逃生的情况下，难免会造成人身伤亡。学校是各类信息的集散地，一旦发生火灾，会迅速传遍社会，特别是火灾中出现人身伤亡，会造成严重的社会影响。

三、校园火灾事故预防措施

在我们生活的校园里，每一个不安全行为不仅会伤害到自己，而且可能会危及他人的生命财产安全，关注安全，关爱生命，应做到不伤害自己，不伤害别人，不被别人伤害，从身边点滴的安全小事做起。

（一）认真学习消防法律法规和消防安全常识

防止发生火灾的关键，是做好火灾的预防。《中华人民共和国消防法》和各级政府、各级公安消防部门制定的消防条例和规定，以及学校的各项安全管理制度，是同学们必须遵守的准则。这些法律、法规和安全管理制度，都是火灾事故教训的总结，要预防火灾，就必须认真学习掌握、严格执行、自觉遵守。据消防部门介绍，目前八成火灾是由于消防安全意识淡薄，消防安全常识缺乏等人为因素引发的。造成火灾人员伤亡的主要原因是缺

乏逃生自救互救知识和技能，不能及时有效地从火场逃生，被浓烟熏呛窒息死亡。

其实，很多火灾如果发现及时、方法得当的话，在初起阶段用一个灭火器或一盆水就能扑灭。因此，同学们要充分认识校园消防安全工作的重要性，不断提高消防安全意识和责任意识。认真学习《中华人民共和国消防法》《高等学校消防安全管理规定》等消防法律法规，切实增强消防法制观念。自觉遵守消防法律法规和学校消防安全管理制度，无论是在宿舍、实验室或者是在其他活动场所，都要按照防火要求规范自己的行为。积极参加学校组织的消防安全培训，认真学习消防安全知识，学会火灾报警方法，掌握灭火技能和火灾中的逃生自救、互救技能。当遇到初起火灾时，能够利用掌握的消防知识和灭火技能灭火。当遇到大火时，能够安全逃生，进行自救和互救。对教学楼、图书馆、实验楼、食堂和所住的学生宿舍楼的安全通道，灭火器和消防栓所在位置要了解和熟悉，一旦发生火灾，可以利用现场的灭火器材灭火，或利用熟悉的安全通道撤离火灾现场。

（二）宿舍火灾预防措施

在大学校园里，学生宿舍就是同学们的家。宿舍内有大量的学习生活所需的衣物、被褥、书籍等物品，这些物品燃点低，量又大，一旦遇有明火，很容易快速燃烧。同时，宿舍还有学习生活所需的电器和灯具，如电脑、电风扇、台灯等，如果使用操作不当，也会增加消防隐患。由于学生宿舍人员集中，一旦发生火灾，往往会对同学们的生命财产安全造成极大威胁。在宿舍，应自觉遵守宿舍安全管理规定。高校防火，宿舍是关键；宿舍防火，自觉是关键。

首先，做好学生宿舍火灾的预防工作，要求每名同学牢固树立防火意识，充分认清火灾危害，自觉遵守学生宿舍消防安全管理制度，严格执行以下规定：

（1）不躺在床上吸烟和乱扔烟头。
（2）不将易燃易爆物品带进宿舍。
（3）不在宿舍内使用明火。
（4）不在宿舍内焚烧物品。
（5）不损坏消防设施和灭火器材。
（6）不滥用铜丝、铁丝代替熔断器的熔丝。
（7）不乱拉乱接电线和接入过多或功率过大的电器设备。
（8）不使用"热得快"、电热杯、电饭煲等电热设备。
（9）不将正在使用的台灯、床头灯靠近枕头、被褥和蚊帐等。
（10）不长时间使用电器，电器使用后要关闭电源，因为长时间待机会影响电器的使用寿命，还会增加火灾发生的概率。
（11）不用桌腿、凳腿、电扇座等重物挤压，也不用衣物、被褥等可燃物遮盖插座线或插座；
（12）不在插座附近放置发胶、衣被、打火机、纸张等易燃物品。
（13）不将导线直接插入插座孔。
（14）不使用插口处已出现烧焦现象或内部金属元件已外露的插座。如插座损坏，应及时更换。
（15）不用一个插座带太多电器。因为插头插座接触部位电流过大，会引起发热。如接触不良，温度过高，容易引起火灾。
（16）不只使用宿舍里固定的几个插座。应将用电负荷均匀一下，这样可以有效避免某几个插座快速老化、失效现象的发生。

同学们的日常学习生活与公共场所密切相关。校内有大礼堂、体育馆、食堂等大型文体生活公共场所。目前，我国公共场所的消防安全问题日益突出，人员密集场所发生的火灾在所有火灾中占有一定比例，群死群伤的火灾事故屡见不鲜。

（三）公共场所火灾预防措施

随着高校建设发展，教室、餐厅、歌厅、舞厅、放映厅、网吧、图书馆、健身房等人员往来频繁、密度大。公共场所室内装修使用较多可燃物质、有毒材料，用电量高，高热量照明设备多，空间大，吸烟者多，乱扔烟头、火种现象严重等诸多因素，都是严重的火灾隐患，极易造成人员伤亡，特别是群死群伤。

在教室、实验室、研究室等地方学习和工作时，要严格遵照各项安全管理规定、操作规程和有关制度。使用仪器设备前，应认真检查电源、管线、火源、辅助仪器设备等情况，如放置是否妥当，对操作过程是否清楚等，做好准备工作以后再进行操作。使用完毕应认真进行清理，关闭电源、火源、气源、水源等，还应清除杂物和垃圾。涉及使用易燃易爆危险品时，一定要注意防火安全规定，按照规定一丝不苟地进行操作。

同学们在公共场所滞留时，还应掌握如下防火知识和方法：

（1）清醒认识公共场所的火灾危险性，时刻提防。

（2）严格遵守公共场所的防火规定，摒弃一切不利于防火的行为。

（3）进入公共场所，首先要了解所处场所的情况，熟悉防火通道。

（4）及时发现初起火灾，做出准确判断，能及时扑救的要及时扑救，已形成蔓延时要立即疏散逃生。

（5）要有见义勇为的精神，及时帮助遭受伤害的人员迅速撤离、脱险。

【案例一】

5月5日6时许，广西一村庄自建出租民房发生火灾，造成5人死亡、6人重伤、32人轻微伤的重大事故。截至7日15时，38名伤者仍在医院接受治疗，5名遇难者为广西某高校学生，上述伤者中有24人也是该校学生。

（资料来源：中国新闻网，2019年5月9日）

【案例二】

2018年12月26日上午9时33分，北京某高校实验室发生火情，实验室内学生进行垃圾渗滤液污水处理实验时发生爆炸，导致镁粉桶起火，过火面积60平方米。事故导致3名参与实验的学生死亡。

（资料来源：搜狐网，2018年12月29日）

【点评】

通过以上案例可知，火灾造成的后果极其严重。同学们要掌握一定的公共场所消防知识，以便在危险时刻保证自己的人身安全。

1. 公共场所，注意观察

（1）每到一处人员较多的场所，要注意观察周围环境和自己所处位置，记住安全出口、应急疏散通道、应急指示灯和报警按钮的位置，判明紧急情况下就近、安全的疏散路线。

（2）在人流较为密集的公共场所，不吸烟，不乱扔烟头，不携带易燃易爆物品，不随便接触公共场所的电器设备。

（3）在公共场所遇到火灾，要注意收听火灾广播，听从场所工作人员的组织引导。

2. 火已及身，学会自救

（1）人身着火的自救。因外界因素发生人身着火时，一般应采取就地打滚的方法，用身体将着火部分压灭。此时，受害人应保持清醒头脑，切不可跑动，否则风助火势，会造成更严重的后果。衣服局部着火，可采取脱衣、局部裹压的方法灭火。明火扑灭后，应更近一步采取措施清理棉毛织品的暗火，防止死灰复燃。

（2）化纤织品比棉布织品有更大的火灾危险性，这类织品燃烧速度快，容易粘在皮肤上。扑救化纤织品人身火灾，应注意扑救中或扑救后，不能轻易撕扯受害人的烧残衣物，以免造成皮肤大面积创伤，使裸露的创伤表面加重感染。

（3）易燃可燃液体大面积泄露引起人身着火，这种情况一般发生得较突然，燃烧面积大，受害人不能进行自救。此时，在场人员应迅速采取措施灭火。如将受害人拖离现场，用湿衣服、毛毯等物品压盖灭火；或使用灭火器压制火势，转移受害人后，再采取人身灭火方法。使用灭火器扑灭人身火灾，应特别注意不能将干粉、二氧化碳等灭火剂直接对受害人面部喷射，防止造成窒息或其他伤害。

（4）火灾扑灭后，应特别注意烧伤患者的保护，对烧伤部位应用绷带或干净的床单进行简单的包扎，尽快送医院治疗。

（四）发现火灾隐患的方法

火灾隐患是指可能导致发生火灾或使火灾危害增大的各类不安全因素。同学们及时发现并消除火灾隐患，可有效防止火灾事故的发生。一般情况下，有些火灾隐患可通过听声音和看冒出的火苗来发现；而有的隐患在最初阶段尚未产生声音和火苗，尤其是在燃烧物被遮挡或不在视线范围之内的，都难以及时发现。此时，同学们可通过对异味的辨别，及时发现火灾隐患。

（1）燃气泄漏。燃气泄漏的时候通常会有一股臭鸡蛋或干白菜叶的味道。同学们闻到类似气味的时候，一定要警惕。

（2）电器短路。电器短路时，一般会散发出一种烧胶皮、烧塑料的难闻气味。

（3）物体燃烧。物体燃烧时，通常都会发出相应的气味，有时会很刺鼻：纸制品、衣服和被褥燃烧的时候有微微有种辛辣的感觉，非常呛鼻；毛绒制品以及其他含蛋白质的物品燃烧时，会产生一种烧焦的羽毛气味；食用油燃烧的时候，会有一种浓郁的焦味。

（五）防止故意或过失引起火灾触犯法律

放火罪是我国一项足以判处死刑的罪名，是指故意放火焚烧公私财物，危害公共安全的行为。失火罪是指由于行为人的过失引起火灾，危害公共安全，造成严重后果的行为。

个别同学与老师或者其他同学之间存在矛盾，为了打击报复对方，采取极端的方法，故意放火烧毁他人财物或危害他人生命安全，导致他人死亡或受伤、公共财产损失达到一定标准，就涉嫌放火罪；喜欢抽烟的同学躺在宿舍床上吸烟时，如果不慎引燃了床单或蚊帐，导致他人死亡或受伤、公共财产损失达到一定标准，就涉嫌失火罪；有的同学在宿舍里用"热得快"，如果突然停电或临时有事离开，未及时将"热得快"取出，也没有拔掉电源，结果"热得快"将水烧干后引燃了宿舍内物品，导致他人死亡或受伤、公共财产损失达到一定标准，也涉嫌失火罪。因此，同学们一定要牢固树立法制意识，自觉遵守消防安全规定，防止因故意或过失引起火灾，导致他人死亡或受伤、公共财产重大损失，而受到法律的制裁。

法律链接

《中华人民共和国刑法》第一百一十四条规定："放火、决水、爆炸以及投放毒害性、放射性、传染病病原体等物质或者以其他危险方法危害公共安全，尚未造成严重后果的，处三年以上十年以下有期徒刑。"

四、火灾的扑救方法

（一）火灾初期的扑救方法

大学校园里被学生发现的火灾一般均在初起阶段，因此当同学们发现起火时不要惊慌失措，要以最快速、最有效的办法加以扑灭。任何一起火灾都有一个从小到大的发展过程，通常分为初期、发展、猛烈燃烧、温度下降、熄灭五个阶段。初期阶段为灭火的重点，因为该阶段燃烧面积小，火焰不高，热辐射不强，烟和气体流动缓慢，燃烧速度不快，一般只是某一部位失火。扑救时，人员容易接近火点，容易准确扑救，只需几盆水或几个灭火器便可将火扑灭。同学们扑救初起火灾时，需要把握以下几个方面：

（1）火灾初起，如果现场只有一名同学或少数同学，不能见火就跑。在确保安全的前提下，利用周围的消防器材和可利用的灭火工具、物品等，积极进行扑救。

（2）在自己无力扑灭火灾、火势增大的情况下，应赶快离开起火房间，关闭门窗，阻止火势和烟雾向相邻的房间蔓延、扩散。

（3）立即向学校保卫部门报告并拨打"119"火警电话报警，组织人员撤离。此时，逃生第一，不要浪费时间去取贵重物品等。

（4）在可能的条件下，要迅速转移火场和火场附近的易燃、易爆物品及高压容器、贵重物品和资料等。

（5）当撤到安全区域后，如发现还有人没撤出来，不能贸然返回，要让公安消防专业人员营救。

（6）当第一消防出口被火势封住后，应从第二消防出口采取有效方法撤离。一般教室、宿舍等都有两个以上的消防出口。

（二）扑灭火灾的基本技术

灭火的基本技术就是根据物质燃烧的原理，破坏燃烧必须具备的基本条件和燃烧反应过程所采取的一些措施。同学们如果能够熟练运用灭火技术，就可以及时有效地控制火灾，减少不必要的损失，同时为营救争取更多的时间。常见的灭火基本技术主要包括以下几种：

1. 冷却灭火法

冷却灭火法就是根据可燃物质发生燃烧时必须达到一定温度的条件，将灭火剂直接喷洒在燃烧的物件上，使可燃物的温度降低到燃点以下而停止燃烧。常用的方法有用水或用二氧化碳进行冷却灭火。

2. 隔离灭火法

隔离灭火法就是根据发生燃烧必须具备可燃物质的条件，将燃烧物体与附近的可燃物隔离或疏散开而使燃烧停止。

3. 窒息灭火法

窒息灭火法就是根据燃烧需要足够空气的条件，采取适当措施，防止空气中的氧气流入燃烧区，或者用惰性气体稀释空气中氧气的含量，使燃烧物质因缺乏氧气而熄灭。

4. 抑制灭火法

抑制灭火法就是使灭火剂参与燃烧的连锁反应，使燃烧过程中产生的游离基消失，形成稳定分子或低活性的游离基而使燃烧反应停止。常用的方法有干粉灭火器灭火。

（三）常见火灾的扑灭技巧

1. 电器及线路着火

此时，不可盲目接近，以防发生触电事故，首先关闭电源开关，然后用干粉或气体灭火器、湿毛毯等将火扑灭，切不可直接用水扑救。电视机、电脑显示器着火时，应从侧后方扑救，以防显像管爆裂伤人。

2. 身上衣服着火

一旦身上衣服着火，千万不能奔跑。只要有可能，设法迅速脱掉衣帽。如果来不及脱掉衣物，则可就地打滚压灭身上火苗，或迅速到室外、卫生间等处用水浇灭，切记不要在室内乱扑乱打，以免引燃其他可燃物。

3. 学习、办公家具着火

此时，可以利用身边的灭火器材或消火栓进行扑救，同时迅速移开家具旁的可燃物。如火势得不到控制，则迅速拨打 119 火警电话报警。

4. 汽油、酒精等易燃物着火

此时，切勿用水浇，只能用灭火器、细沙、湿毛毯等扑救。如果是酒精火灾，则不能用泡沫灭火器扑救。

5. 密闭房间内着火

扑救房间内火灾时，不要急于开启门窗，以防新鲜空气进入后加大火势。一旦室内无法坚持，可迅速躲到阳台上，或利用阳台转移到相邻房间、楼层或相邻楼房。

第二节　火灾中的自救与逃生

常言道："只有绝望的人，没有绝望的处境。"身处火灾现场，只要你冷静机智并具备消防逃生知识，就能最大限度地拯救自己。"知术者生，乏术者亡"，火灾发生后能否安全自救，固然与起火时间、火势大小、建筑物结构、建筑物内有无报警、排烟、灭火设施等因素有关，但还要看被大火围困的人员有没有选择正确的自救逃生方法。

一、火场逃生方法

（一）火场逃生的主要原则

（1）熟悉环境，临危不乱。同学们平时要了解自己学习或居住所在的建筑物结构及逃生路径。当身处陌生环境，如到商场购物、进入娱乐场所时，务必留心疏散通道、安全出口、楼梯方位以及灭火器位置等，以便在关键时候能尽快逃离火场。

（2）明辨方向，迅速撤离。同学们突遇火灾时，不要盲目地随从人流、相互拥挤、乱冲乱撞。撤离时，要靠着自己的右侧墙壁进行逃生，尽快跑到外面空旷的地方。若通道已被烟火封阻，则应背向烟火方向离开，通过阳台、窗台等通往室外的出口逃生。

（3）不入险地，不贪财物。在火场中，人的生命最重要，不要因害羞或顾及贵重物品，把宝贵的逃生时间浪费在穿衣服或寻找、搬运贵重物品上。已逃离火场的同学，千万不要重返险地。

（4）简易防护，掩鼻匍匐。同学们在火场逃生时，经过充满烟雾的路线，可采用毛巾、口罩蒙住口鼻，匍匐撤离，以防止烟雾中毒，预防窒息。也可以向头部、身上浇冷水或用湿毛巾、湿棉被、湿毯子等将头、身裹好后，再冲出去。

（5）善用通道，莫入电梯。发生火灾时，同学们要根据情况选择进入相对安全的楼梯、通道，还可利用建筑物的阳台、窗台、屋顶等攀到周围的安全地带，沿着下水管、避雷线等建筑上的凸出物，也可滑下楼脱险。同学们千万记住，如果遇到高层楼着火，一定不要乘坐电梯逃生。

（6）避难场所，固守待援。假如用手摸房门把手，已感到烫手，一旦开门，火焰与浓烟势必迎面扑来。此时，首先应关紧迎火的门窗，打开背火的门窗，用湿毛巾、湿布等塞住门缝，或用水浸湿棉被，蒙上门窗。然后，不停用水淋湿房间内的可燃物，防止烟火渗入，等待救援人员到达。切记千万不可钻到床底下、衣橱内、阁楼上，躲避火焰或烟雾。因为，这些地方都是火灾现场最危险的地方，而且不易被消防人员发觉，难以及时获得营救。

（7）传送信号，寻求援助。当同学们被烟火围困时，尽量待在阳台、窗口等易于被人发现和能避免烟火近身的地方。在白天，可向窗外晃动鲜艳的衣物等；在晚上，可用手电筒不停地在窗口闪动或敲击东西，及时发出有效求救信号。在被烟气窒息失去自救能力时，应努力滚到墙边或门边，既便于消防人员寻找、营救，也可防止房屋塌落时砸伤自己。

（8）火已及身，切勿惊跑。火场上如果同学们发现身上着了火，惊跑和用手拍打只会形成风势，加速氧气补充，促旺火势。正确的做法是赶紧设法脱掉衣服或就地打滚，压灭火苗。能及时跳进水中或让人向身上浇水，则更有效。

（9）缓降逃生，滑绳自救。高层、多层建筑发生火灾后，同学们可迅速利用身边的绳索或床单、窗帘、衣服等自制简易救生绳，并用水打湿后，从窗台或阳台沿绳滑到下面的楼层或地面逃生，即使跳楼，也要跳在消防队员准备好的救生气垫上，且四层楼以下才可考虑采取跳楼的方式，还要注意选择有水池、软雨篷、草地等地方跳，如有可能，要尽量抱些棉被、沙发垫等松软物品或打开大雨伞跳下。

【案例】

2016年5月1日凌晨1时许，济南市某大学中心校区12号女生宿舍楼外堆放的废品起火。事发后，该宿舍楼学生骨干赶紧拨打校园110电话和119火警电话，并与宿舍楼管理人员一起迅速组织学生撤离到宿舍楼外安全地带，学校公安处工作人员第一时间赶到现场进行灭火。在消防车到来之前，该宿舍楼和其他宿舍楼的消防志愿者与学校公安处工作人员一起灭火，及时控制了火势，事故未造成人员伤亡。

（资料来源：大众网，2016年5月2日）

【点评】

在火灾发生时切勿慌乱，有效地组织撤离与有效的自救办法可以减少伤亡、减轻损失。

（二）楼房火灾的逃生方法

1. 立即爬到门边试热

选择爬行，是因为烟和热气比空气轻，都向上运动，而靠近地面的空气相对比较纯净，可以呼吸。如果站立起来，屋子里充满了烟气，呼吸几次一氧化碳就让人窒息。试一试门是否热，如果门热，说明外面的烟火已将门封住。如果打开，烟火会立即涌进房间，让人很可能顷刻丧命。这时，应退到烟火还未到达的房间，把门关好。一个标准的木门可给你带来15分钟的安全期，足以让你沿第二条路线逃生。金属门可以给你带来更长的安全期。如果门凉，说明火灾还处于初期阶段，这时应迅速拉开门，沿平时的出口逃生。

2. 学会用毛巾保护自己

在楼房逃离火区，多数要穿过烟雾弥漫的走廊。实践证明，使用湿毛巾滤烟是有效的。方法是将毛巾折叠，折叠的层数要依毛巾的质地而定，一般折叠8层为宜。毛巾较薄，厚度不够时，可将毛巾弄湿。如果厚度折叠后可达8层以上，可不必弄湿，以便减少通气阻力，使呼吸不受影响。一定要捂住口和鼻，使滤烟面积尽量增大。一时找不到毛巾的，可用衣服（棉质的）或其他棉制品浸湿代替。在没有水的情况下，尿液也可应急。

3. 学会自制救生绳索

利用自然条件作为救生滑道。可撕开床单、窗帘，结绳系在室内的床架、管道等固定物上，沿落水管道滑至下一层。万不得已跳楼时，跳楼前尽量抱一些棉被之类的软物品，或者尽量选择有盖的车棚、水池、草地等地点。

4. 正确选择疏散楼梯

火灾一旦发生，同学们切记不要簇拥至经常使用的楼梯出口，争相夺路将楼梯出口堵塞，贻误最佳逃生时机。应注意观察，沿疏散指示标志指示的方向迅速逃出。高层建筑物内的楼梯按其防火安全性，一般都设计有敞开楼梯、封闭楼梯、防烟楼梯以及室外疏散楼梯。逃生时应迅速选择敞开和室外疏散楼梯，并注意找对楼梯的方向，把一层楼看成是一个平行四方形，对角线的一端着火了，就要找到对角线另一端的消防楼梯逃离。沿敞开和室外疏散楼梯逃生时，要抓住扶手，谨防摔倒。

5. 正确选择避难房间

避难房间是指建筑物内专门设计的安全区。火灾发生后，同学们万一不能及时撤离疏散，可选择避难房间暂时躲避，等消防人员到来，选择避难房间时，要选择临街或道路的房间，便于和救援人员联系。尽量选择有阳台的避难房间，便于通风，能降低烟的浓度，也便于和救援者联系。

6. 大胆应对房间被困

同学们如果已被外面大火困在房间内，要迅速关紧迎火面的门（窗），打开背火面的门（窗）。如果背火面的门（窗）也进烟了，就不能打开，设法把房间全部弄湿，将毛巾、衣物弄湿后塞住门缝。房间内有排风扇的，打开排风扇，将窗帘等易燃的物品撕下移开，设法坚持到救护人员到来。一旦室内无法坚持，可迅速躲到阳台，倚在一角暂避烟火熏烤，也可利用阳台转移到相邻房间、楼层或相邻的楼房。

二、火场自救方法

（一）根据火场情况冷静做好应对措施

在室内发现外部起火时，可通过轻触门板或把手来判明火势大小，若非常烫手且烟气已从门缝中窜入，表明门外的火势已较大，不得贸然开门，应寻找其他逃生路线；若发现不热，要缓缓开启，并在一侧利用门扇做掩护，防止被烟气熏到或热浪灼烧。

当火势不大、逃生通道畅通的情况下，冷静地判明建筑内安装的疏散指示标志的指向，与被困的其他人员有序撤离，千万不要认错方向，更不能前推后挤。办公场所至少有两条逃生通道，投入使用前都已经经过消防部门的安全验收，但是每条通道所能承载的疏散人数是有额定限制的，火灾疏散时我们切不可盲目地往同一条逃生通道拥挤，应合理分流疏散人群，避免堵塞生命通道。撤离时利用湿毛巾捂住口鼻，通过高危区域时憋气，防止有毒烟雾进入呼吸道（要领：靠墙行走，弯腰前行，捂住口鼻，不要惊慌）；当火势已不可控、逃生通道都被封闭时，我们应在有限的场地寻找合理的避难场所，如厕所、阳台等，撤离至避难场所后应立即关闭房门并尽可能堵塞间隙，在有水源的情况下迅速浇湿门窗及一切可燃物，可延缓火势蔓延，赢得更多的救援时间，并将身体探出窗外尽可能呼吸新鲜空气，用显眼的标志发出求救信号等待救援。

（二）防止吸入浓烟

火场上，稠密的烟雾常含有各种有毒气体，人若过量吸入，往往会窒息死亡。那么当你处在烟火中时该怎么办呢？当烟不太浓时，应弯腰疾走；若烟较浓，则可俯卧爬行，因为贴近地板2寸高的空气层通常是清洁的。

（三）逃出火场危险区域后留在安全地带

此时火场里的情况已不可控制，一定不能重新进入火场，以免发生危险，若有情况应及时向在场专业消防人员反映。

三、火灾的疏散方法

（一）稳定情绪，维护现场秩序

火灾时，人员有被烟气窒息以及被热辐射、热气流烧伤的危险。因此，发生火灾后，首先要了解火场有无被困人员及被困地点和抢救通道，以便进行安全疏散。这时有人未受到火的直接威胁，但处于惊慌失措的紧张状态，有造成伤亡事故的危险，因此宜喊话传递稳定情绪，同时尽快组织疏散，撤离火灾现场。

（二）能见度差，鱼贯地撤离

疏散时，如人员较多或能见度很差，应在熟悉疏散通道的人员带领下，鱼贯地撤离起火点。带领人可用绳子牵领，用"跟着我"的喊话或前后扯着衣襟的方法将人员撤至室外或安全地点。

（三）保护疏散人员的安全，防止再入"火口"

火场上脱离险情的人员，如果因为自己的亲人被困、怕珍贵的财物被烧等想再入"火口"，会使他们重新陷入危险境地，且给扑救工作带来困难。所以，火场指挥人员应组织人安排好这些脱险人员，做好安慰工作，以保证他们的安全。

四、火灾逃生自救中的几个误区

（一）从进来的原路逃生

从进来的原路逃生是人们最常见的火灾逃生行为模式。因为，大多数建筑物内部的平面布置、道路出口，一般不为人们所熟悉。一旦发生火灾，人们总是习惯沿着进来的出入口和楼道逃生，当发现此路被封死时，才被迫去找其他的出入口。殊不知，此时已失去最佳逃生时间。因此，同学们进入一个新的楼房时，一定要对周围的环境和出入口进行必要的了解。

（二）向着光亮之处逃生

人们总是向着有光、明亮的方向逃生，这是在紧急危险情况下，人的本能所决定的。光亮就意味着生存的希望，它能为逃生者指明方向，避免瞎摸乱撞而更易逃生。但实际上，在火场中，90%的可能是电源已被切断或已造成短路、跳闸等，光亮之地正是火魔逞威之处。

（三）盲目追随别人逃生

当人的生命突然面临危险状态时，极易因惊慌而失去正常的判断思维能力。当听到或看到有什么人在前面跑动时，第一反应就是盲目地紧随其后。常见的盲目追随行为模式有跳窗、跳楼、逃（躲）进厕所、浴室等。只要前面有人带头，追随者就会毫不犹豫地紧随其后。克服盲目追随的方法是在平时就要多掌握一定的消防自救与逃生知识，避免事到临头没有主见而随波逐流。

（四）从高处往低处逃生

俗话说：人往高处走，火焰向上飘。当高层楼房发生火灾时，人们总是习惯性地认为，火是从下面往上着的，越高越危险，越下越安全。只有尽快逃到一层，跑出室外，才有生的希望。底层发生火灾后，如果上层的人都往下跑反而会给救援增加困难，正确的做法是更上一层楼。随着消防装备的现代化，在发生火灾时，有条件的可登上房顶，或在房间内采取有效的防烟、防火措施等待救援。

（五）盲目冒险跳楼逃生

人们在开始发现火灾时，会立即做出第一反应，这时的反应大多还是比较理智的分析与判断。但是，当选择的路线逃生失败后，人们发现判断失误，而逃生之路又被大火封死。当火势越来越大、烟雾越来越浓时，人们就很容易失去理智。此时，同学们万万不可盲目采取冒险行为，不要跳楼、跳窗等。据有关调查，人从 10 米以上高处跳下，生还的希望极小。因此，当同学们遇上火灾时，切勿轻易跳楼。

（六）盲目乘坐电梯逃生

在许多电梯的安全警示中，有一条是告知大家在发生火灾时，不能乘坐电梯逃生。这是因为：第一，除专用消防电梯外，普通电梯不具备防高温性能。在火灾情况下，电梯受热后，其轿厢会失控甚至变形卡住，人在其中很危险。第二，当发生火灾时，普通电梯的供电系统会随时断电，或因电器线路被烧毁而停电，不利于电梯内人员的逃生和外面抢险人员的营救。第三，电梯竖井贯穿各楼层，若打开电梯门，电梯竖井就会产生烟囱效应，使其成为助火的垂直通道。第四，用于灭火时喷洒的水也容易流到电梯内，容易造成电梯内人员触电的危险。第五，电梯通常一次只能载十多个人。在火灾情况下，挤在电梯门口的人员会因坐不上电梯而情绪失控。一旦电梯门打开，很容易发生电梯内人员挤压等意外情况。

思考题

1. 日常应如何避免火灾发生？
2. 灭火的基本技巧有哪些？
3. 发生火灾后，如何妥善进行处置？

第七章

交通与出行安全

【学习目标】

1. 使学生熟悉交通安全知识。
2. 提高学生的交通法规意识。
3. 具备预防与处理交通事故和突发公共安全事故的能力。
4. 引导学生建立交通强国的理念。

第一节 大学生交通安全

高校的开放性使得高校逐渐与高校周边的环境相互融合渗透，成为开放的小社区，更多不安全因素得以进入高校，导致校园安全稳定的隐患越来越多，给学校正常的教学工作和学生生活带来很多负面效应。大学生在校园内和校园外的道路行走、乘坐交通工具时，出现意外可能断送美好的前程，甚至生命。大学生因为交通安全问题而发生的悲剧，不但影响大学生个人的学业发展、身心健康，也给其家庭带来痛苦和不安，甚至影响到社会的和谐与稳定。这些触目惊心的事故以及各种大量不安全因素的存在告诉我们，大学生交通安全教育不容忽视。为此，大学生必须掌握必要的交通安全常识。

一、常见交通事故

（一）校园内易发生的交通事故

校园内发生交通事故的主要原因是思想上麻痹和安全意识淡薄。许多大学生刚刚离开父母和家庭，缺乏社会经验，交通安全意识比较淡薄，有的同学在思想上还存在校园内骑车和行走肯定比公路上安全的错误认识，一旦遇到意外，发生交通事故就在所难免。校园内发生交通事故的主要形式有以下几种：

1. 行走时发生交通事故

大学校园内的交通虽然不如校外道路上那样拥挤，但也存在无专职交通管理人员，上课、下课时间交通流量大，汽车、电动车、自行车等在校园内穿梭等情况。学生在行走过程中注意力不集中，边走路边看书边听音乐，或者左顾右盼、心不在焉等，都容易造成交通安全事故。

2. 在路上进行球类活动

大学生精力旺盛，活泼好动，即使在路上行走也是蹦蹦跳跳，嬉戏打闹，甚至有时还在路上进行球类活动，更是增加了发生事故的危险。

3. 骑"飞车"

一般高校校园面积都比较大，宿舍与教室、图书馆等之间的距离比较远，所以许多同学购买了自行车，课间自行车在人海中穿行是大学的一道风景线。但部分学生骑车技术也实在"高超"，居然能把自行车骑得与汽车比快慢，殊不知就此埋下了祸根。

（二）校园外常见的交通事故

大学生闲暇时购物、观光、访友到市区活动，由于这些地方车流量大、行人多，各种交通标志眼花缭乱，与校园相比交通状况更加复杂，若缺乏通行经验，发生交通事故的概率会很高。有的学生公寓建在校外，每天上课、下课时在校园周边地区形成人流、车流高峰，成为大学生交通事故多发地带。大学生离校、返校、外出旅游、社会实践、寻找工作等外出活动中，乘坐各种交通工具，交通事故也时有发生，有时甚至造成群体性伤亡。

1. 外出步行被机动车撞伤、撞死

大学生发生交通事故致伤致死，主要是由于与机动车相撞，其中有的是汽车，有的是摩托车。被撞伤、撞死的大学生有的是在马路上骑自行车，有的是步行横过马路或者在便道上行走，还有的是在车站候车。被撞伤、撞死的大学生，有的要承担一定的责任，如骑车违章带人，闯红灯逆行，过马路不走人行横道，在道路上踢球、拍球、嬉笑打闹，在马路上边走边聊天等；有些交通事故是机动车驾驶员违章造成的，如学生在非机动车道被汽车撞伤、撞死，学生在绿灯放行的情况下步行通过人行横道时被违章的汽车撞伤、撞死，学生在车站站台候车时被酒后驾车者撞伤、撞死，等等。

2. 乘坐汽车发生事故致伤、致死

大学生因乘坐汽车发生的交通事故屡见不鲜，有时甚至造成群死、群伤事件，教训十分惨重。造成大学生群死、群伤的交通事故大多与学生集体旅游有关。有的学生租用非法运营的私人车辆外出旅游；有的乘坐旅游公司的车辆旅游，途中发生交通事故，造成多人伤亡。有的大学生出行时疏忽安全情况，贪图方便乘坐"小蹦蹦"，而"小蹦蹦"往往不按规定行驶引发事故，造成乘客受伤，甚至死亡。因此，大学生乘车时需注意："黑车"驾驶员不具备营运客车从业资格，安全意识淡薄，容易发生人为肇事事故；"黑车"车辆状况差，容易发生机械事故；驾驶"黑车"的人员复杂，极易发生偷盗、抢劫、打架等治安事件；为争客、抢客、躲避运管部门检查，"黑车"驾驶员经常违规超速行驶，超员载客，分散驾驶精力，疲劳开车，极易引发安全行车事故；"黑车"保险手续不齐，发生重特大事故后，没有能力赔付。

同学们放假离校和返校、外出游玩、参加社会实践等，都要乘坐各种长途或短途的交通工具。在乘坐公共汽车、电车、长途汽车等各种交通工具时，同学们必须掌握必要的交通安全常识。

3. 驾驶机动车违章发生交通事故致伤、致死

大学生拥有驾驶证的大有人在，有车族也不在少数。其中一些学生驾车时间短、经验少，遇到紧急情况时，缺乏处理经验，手忙脚乱，易发生事故。大学生违章驾驶机动车发生交通事故致伤、致死是近年来出现的新情况。有的学生醉酒后驾驶小客车，致使车辆翻到路边沟里，造成驾驶人和乘车人死伤。还有的学生无证驾驶无牌照摩托车，并且在后座上带人，因驾驶技术不过关，致使发生事故，并造成乘车人死伤。因此，大学生外出乘车时应注意以下几点：

（1）遵守交通规则，在正规的乘车地点乘车，比如说公交站牌等。
（2）不乘坐驾驶员喝酒后驾驶的车辆，不乘坐无证车辆。
（3）不在正常通行的道路上嬉戏玩耍拦车。

此外，非机动车中的自行车、电瓶车等都是两轮着地，骑车人由于是双手握住车把来掌握重心，控制方向，所以稳定性差，安全性差，可谓是一碰即倒，一倒就容易伤人。因此，同学们在骑非机动车时，更应提高警惕，增强自我保护意识，按要求配戴合格头盔，掌握一定的骑车交通知识。

【案例一】

2020年10月16日下午，被告人胡某某与好友在永定区下洋镇一饭店吃饭喝酒。当晚，被告人胡某某驾驶小型轿车从下洋收费站上高速，行驶至政永高速龙岩南收费站出口时，被执勤民警当场查获。经查明，被告人胡某某未取得驾驶证驾驶机动车在高速公路上行驶。经鉴定，被告人胡某某血液中乙醇含量为 113.97 mg/100 mL。

（资料来源：澎湃新闻，2022年1月14日）

【点评】

胡某某违反交通运输管理法规，在道路上醉酒驾驶机动车，其行为已构成危险驾驶罪，在高速公路上无证醉酒驾驶机动车，予以从重处罚。最后，胡某某被判处拘役一个月，并处罚金。交通参与人应自觉抵制酒驾、醉驾。赴宴聚会一定要恪守安全行车理念，切莫抱侥幸心理醉驾上路，否则等待的结果将是法律的严惩。为了您和他人的生命安全，切记"喝酒不开车，开车不喝酒"。

【案例二】

2021年9月26日晚，被告人杨某在好友家饮酒后欲回家，因未约到代驾司机，杨某回家心切，便自行驾驶小型轿车回家，途中，被公安民警当场抓获。经鉴定，杨某血液中的乙醇含量为 165.62 mg/100 mL。

（资料来源：澎湃新闻，2022年1月14日）

【点评】

法院经审理认为，杨某醉酒驾驶机动车上道路，血液中酒精含量为 165.62 mg/100 mL，其行为已构成危险驾驶罪，判处杨某拘役 2 个月，缓刑 3 个月，并处罚金。因此，饮酒开车存侥幸，安全隐患莫大意。

法律链接

酒驾是指车辆驾驶人员血液中的酒精含量大于或者等于 20 mg/100 mL，小于 80 mg/100 mL 的驾驶行为。醉驾是指车辆驾驶人员血液中的酒精含量大于或者等于 80 mg/100 mL 的驾驶行为。根据 2003 年 10 月 28 日发布的《中华人民共和国道路交通安全法》（2021 年修订）第九十一条规定，饮酒后驾驶机动车的，处暂扣六个月机动车驾驶证，并处一千元以上两千元以下罚款。因饮酒后驾驶机动车被处罚，再次饮酒后驾驶机动车的，处十日以下拘留，并处一千元以上二千元以下罚款，吊销机动车驾驶证。醉酒驾驶机动车的，由公安机关交通管理部门约束至酒醒，吊销机动车驾驶证，依法追究刑事责任；五年内不得重新取得机动车驾驶证。饮酒后驾驶营运机动车的，处十五日拘留，并处五千元罚款，吊销机动车驾驶证，五年内不得重新取得机动车驾驶证。醉酒驾驶营运机动车的，由公安机关交通管理部门约束至酒醒，吊销机动车驾驶证，依法追究刑事责任；十年内不得重新取得机动车驾驶证，重新取得机动车驾驶证后，不得驾驶营运机动车。饮酒后或者醉酒驾驶机动车发生重大交通事故，构成犯罪的，依法追究刑事责任，并由公安机关交通管理部门吊销机动车驾驶证，终生不得重新取得机动车驾驶证。

随着社会的发展，高校内人流量、车流量急剧增加。许多高校老师拥有私家车，同学们上课骑自行车、电瓶车、摩托车，甚至公交车也开进了校园，人车混行、人车争道的现象普遍存在。也许只是一个小小的意外，就可能造成严重后果，断送个人的美好前程，甚至生命，给自己以及家庭带来巨大痛苦。在校园交通状况日益复杂的情况下，同学们做好校园内交通事故的预防工作，需要注意以下几点：

（1）针对校园内路面窄、拐弯处多、人员流动大的特点，不论是步行、骑车、驾驶机动车，都要注意观察，缓速慢行，遇人避让，认真遵守学校交通安全管理规定。

（2）不要在路上，特别是拐弯处嬉戏打闹、踢球等，禁止在路上练车、逆行、按喇叭等。

（3）不论是机动车，还是非机动车，都不得在校园内乱停乱放。

二、交通安全事故发生的主要原因

随着高校改革的不断深入，高校与社会的交往越来越频繁，校园内人流量、车流量急剧增加。校园内人员集中，上、下课时容易形成人流高峰引发交通拥堵、严重时可能造成交通事故。

（一）危险驾驶

危险驾驶行为主要包括酒后驾驶、追逐竞驶、吸毒后驾驶、超速行驶、疲劳驾驶、超员超载、闯红灯，以及强行变更车道、强行超车、违法抢行、占道行驶、不按规定让行等。个别同学发生交通事故致伤致死，主要是由于与机动车辆相撞，有些交通事故是由于机动车驾驶员危险驾驶。

（二）超速行驶

超速行驶是指驾驶员在驾车行驶中，以超过法律、法规规定的速度进行行驶的行为。例如，我国高速公路的汽车行驶速度最快不超 120 km/h。有限速路交通标志或限速面标志的路段，应严格按照标志规定的速度行驶，超过该路段限定速度行驶就是超速行驶。"十次肇事九次快"，超速行驶无论是对驾驶者还是路人来说，都是一种不负责任的行为。

（三）酒后驾驶

酒后驾驶对社会危害极大，事故发生率也排在众多事故中的首位。来自公安部交管局的数据显示，我国每年因为酒后驾车引发的车祸达到数万起；造成死亡的事故中，半数与酒后驾车有关。《中华人民共和国道路交通安全法》第九十一条和《中华人民共和国刑法》第一百三十三条对机动车驾驶人饮酒、醉酒做出了明确处罚规定。

【案例】

2015 年 3 月 27 日，昆明某大学 2013 级学生莫某和其两名同学在校外喝了 3 打啤酒后，由莫某驾驶一辆无号牌小摩托带着两名同学回校，行驶至某大学 6 号门附近路段时，所驾摩托车碰撞正在下客的出租车车门，造成莫某受伤。莫某因酒后驾驶，涉嫌危险驾驶罪被立案侦查。

【点评】

经警方检测，莫某血液中的酒精浓度高达 161.03 mg/100 mL，属于醉酒驾车，涉嫌危险驾驶罪，故对此事故进入刑事立案。虽然此起肇事中，出租车未按规定停放在出租车临时停靠点，负交通事故主要责任，但莫某也将面临 6 个月以下拘役并处罚金的处罚。

（四）疲劳驾车

疲劳驾驶的事故率一点也不逊色于酒后驾驶。疲劳驾驶一般是指连续驾驶机动车辆超过 4 个小时、从事其他劳动体力消耗过大或者睡眠时间不足而驾驶车辆的行为。驾驶车辆的特殊性要求驾驶员在行车过程中，必须始终保持精力充沛、头脑清醒，才能反应灵敏，及时处理各种情况。如果处于疲劳状态，就会体力下降，注意力不集中，视觉模糊，判断不正确，操作不当，最终可能引起车辆失控，从而发生交通事故。

（五）违章行驶

"实线虚线斑马线，都是生命安全线。""红灯绿灯黄灯，都是生命警示灯。"个别驾驶员不遵守《中华人民共和国道路交通安全法》的有关规定，驾驶过程中随意闯红灯、越黄线、逆向行驶等，因而发生交通事故，造成车毁人亡。"路怒症"即带着愤怒情绪驾驶机动车，俗称开"斗气车"，国外又称为"攻击性驾驶"，在交通违法行为上表现为强行变更车道、强行超车、占道行驶和不按规定让行等交通违法行为。据介绍，2015 年以来，全国共查获上述违法行为 1 733 万起，同比上升 2.8%。从性别看，"路怒症"涉及的男司机占比 97%、女司机占比 3%。

（六）分心驾驶

分心驾驶是新的"马路杀手"，因驾驶员视线偏离或分心产生的注意力不集中，是引发交通事故常见且重要的原因，比醉驾和毒驾更具危险性。2014 年，全国一般以上等级的交通事故中，因"分心驾驶"导致的交通事故共有 74 746 起，造成 21 570 人死亡。随着智能手机的普及，个别司机在开车时会低头玩手机甚至发微博、微信，媒体称之为"低头族""盲驾族"。"低头族"导致的车祸悲剧已屡见不鲜。2015 年 12 月 8 日晚，济南市一女司机开车时打手机分神，将执勤民警王某撞伤，王某经抢救无效身亡。司机在开车打电话时，因为一边打电话边开车，注意力不全放在开车上，发现前方有情况时，要将原本贴在耳朵上的手机快速放下来，脚下还要刹车，手忙脚乱时反应自然慢了半拍。而开车过程中编写微信、短信等，因为要低头看屏幕，情况更加危险，后果比打手机更加严重。实验结果显示，当车辆以时速 40 千米行驶时，低头浏览一条手机信息至少要 2 秒钟，车辆将"盲驶"超过 20 米。在人来车往的大街上，这 20 米就可能成为生死之间的距离。

（七）技术不精

汽车驾驶是高度的知觉效应和娴熟的操作技巧的统一，通常只有具备一定的驾驶技术，才能做到安全行驶。当前，随着社会的发展，人们生活水平的提高，家庭购买车辆的越来越多，大家接触车的机会也越来越多，驾驶员中的"二把刀"也越来越多，已成为交通安全的重大隐患。交管局相关负责人介绍，造成严重交通事故后果的危险驾驶行为中，驾驶年龄在 6~10 年、10~15 年和 1 年以下的驾驶人群体中相对高发。究其原因，主要是前一群体具备一定驾驶经验后，对自身驾驶技术过于自信；而驾龄不足 1 年的驾驶员，主要是安全驾驶、守法驾驶的意识和能力还不够。

（八）法规意识淡薄

交通法规是总结大量交通事故血的教训而产生的，是人们交通安全的基本保障。多数交通事故的发生，最主要的原因就是驾驶员思想麻痹，交通法规意识淡薄。只要同学们提高交通安全意识，自觉遵守交通法规，就会少发生或不发生交通事故。相反，如果同学们不遵守交通规则，存有侥幸心理，甚至明知故犯，如骑车不戴头盔、驾车逆行、闯红灯、过马路不走人行横道和过街天桥等，就容易发生交通事故。

（九）自我保护意识不强

由于机动车驾驶员的违章而造成个别同学无辜被撞伤、撞死这样的教训是十分惨痛的。这类交通事故的发生，除了对方的原因外，也与个别同学自我保护意识不强、安全防范能力不高有关。如，有的同学喜欢边走路边看书、听音乐，或者左顾右盼、心不在焉，容易发生交通事故。出行时精力集中，不仅要瞻前，而且要顾后，眼观六路，耳听八方；

要一慢、二看、三通过，不要与机动车抢道；发现违章的车辆向自己驶来，要主动避让，防止伤害到自己；不开车况不好的车辆上路，开车不超速，与前车保持一定的安全距离；遇到路况复杂、天气不好时，要倍加小心，及时避让，以免受到意外伤害。

三、交通安全事故的影响

"车轮一动，事关人命。""手握方向盘，脚踩生死关。"在车流量急速增加的公共交通中，稍不留神，一个小失误，就可能发生交通事故，造成人员的伤亡，使许多美满幸福的家庭破碎。每名同学都是怀着美好愿景来到大学校园的，上大学是个人多年勤奋学习的结果，是家人和老师多年关心和支持的结果，可以说是来之不易。如果说因为自己的原因发生了交通事故，造成身体上的伤害乃至丢掉了生命，这实在是对个人和家庭的沉重打击，是对个人和家庭的不负责任。

第二节　大学生出行安全

随着社会的进步、经济的发展和车辆的猛增，交通条件日趋完善。大家在享受这种便利的同时，一些违反交通安全秩序的行为也时有发生。我们面临的交通安全形势是相当严峻和复杂的，不安全的因素时时在威胁着同学们的安全。重视交通安全是每个人的义务，更是每个人的责任。我们要牢固树立交通安全意识，自觉遵守交通法规，掌握交通安全知识，提高自我保护能力，树立交通安全通行意识，掌握交通安全通行技能和相关处理办法。

一、自驾车出行

1. 持照出行

必须有国家规定的驾驶资质，且车辆牌照、保险、车况符合国家相关法律的规定。因为无证驾驶是交通安全的最大且最直接的隐患，如果出现事故不会受到相关法律的保护。

2. 自驾汽车要系好安全带

汽车事故调查表明，在发生正面撞车时，如果系了安全带，可使死亡率降低57%，侧面撞车时可降低44%，翻车时可降低80%。

3. 合规驾驶

严禁酒后驾驶，严禁开"斗气车""英雄车"，严禁超速行驶。因为一时的胜负可能会造成一生的遗憾或悔恨。

4. 所有车辆都不能超员行驶和逆向行驶

车辆超限超载，质量增大而惯性加大，就会导致制动距离加长，危险性增大。如果严重超载，则会因轮胎负荷过重、变形过大而引起爆胎、突然偏驶、制动失灵、翻车等事故。另外，超载还会影响车辆的转向性能，易因转向失控而导致事故。

5. 过路口时要减速左右看

过路口时，不管有没有红绿灯，也不管自己的行道是绿灯，都要养成左顾右盼同时减速的习惯，观察在横道上的车辆情况，确认没有车横冲，才能加速过路口。同时要注意电瓶车，因为其目标小，容易被忽略。

6. 急刹前看看后视镜

在路口上遇到红灯减速时，从后视镜观察后面车辆情况的习惯，特别是城乡地带，因为总有些司机（特别是货车司机）疲劳驾驶，打电话，没有看见红灯，所以当你减速时，你要习惯性地抬头看后视镜，看有没有车辆在你后面、减没减速，并尽量不要与后面的货车在一条道上，尽量在前面没有车的道上。

7. 与前车保持安全距离

要养成自己的车与前面的车留够距离的习惯，不管是自己道上或旁边道上。特别是在高速路上，前面一旦发生意外，也有应急反应的距离。如果旁道上的车不打灯突然变道，有足够的距离，也能从容应对。

8. 拐弯减速要看清

开车拐弯（与非机动车道、人行车道有相交）时一定要减速，并观察非机动车道、人行道的情况，慢慢通过，主动避让非机动车道的电瓶车和人行道上的行人。在右转弯时要礼让人行横道上的路人和电瓶车，确认不会有意外才慢慢通过。

9. 开车尽量走中间

要养成开车走中间道（单边有三条车道的情况）的习惯。

（1）在没有隔离带时，走中间道能在对面的车发生意外时有处置的时间，以避免发生对撞。

（2）在有隔离带时，如有人或车突然从隔离带中冲出，走中间道有时间处置。在夜间，走中间道也不会被对面的车灯射眼，影响视线。

10. 看不清就鸣笛减速

在晚上行车时，如遇转弯或视线不好，要养成提早按喇叭并减速的习惯，因为当前电瓶车特别多，有些人行车安全意识比较差，易发生事故。

11. 开车勿分心

一旦开车一定要打起十二分的精神，因为一时疏忽大意有可能造成自己或他人一生的痛苦。

12. 不驾驶安全设备不全或机件失灵的车辆

车辆要定期检查，保养，确保自己安全也是确保他人安全。

13. 不穿拖鞋、高跟鞋驾驶车辆

穿高跟鞋在紧急制动时会影响制动时间，这样会大大增加事故发生率。

14. 不要在驾车时吸烟

一个掉落的烟头，可能对你或他人带来无法挽回的后果。

15. 不要在驾车时接打电话

接打电话会让你无法注意路况，如需接打电话要先将车停在安全处。

16. 不要在驾驶室前后挡风玻璃悬挂、放置妨碍安全驾驶的物品

挂件虽好看,但这漂亮的挂件是对你或他人的危险隐患,会影响你或他人的视线。

二、乘班车、公交车出行

(1)候车时,应在指定站点等候车辆,不要站在车道上,且应做到有序候车,不得在非停车点拦车。

(2)在车内一定要抓好扶手,以保持身体平衡,避免行驶中发生碰撞受伤,车辆停稳后方可上下车,先下后上。

(3)乘车时不要把头、手、胳膊伸出窗外,以免被对面来车或路边树木等刮伤,也不要向车窗外扔杂物,以免伤及他人。

(4)乘车时要坐稳扶好,没有座位时,要双脚自然分开侧向站立,手应握紧扶手,以免车辆紧急制动时摔倒受伤。

(5)在紧急情况下使用安全锤,可先在玻璃上划"十"字再砸车窗玻璃。

三、摩托车、电瓶车出行

(1)驾驶摩托车或电瓶车时,要经常检查刹车、灯光。

(2)遵守交通法规,佩戴安全帽,做到谨慎驾驶。

(3)低速行驶,宁停三分,不抢一秒,不超速,不开"英雄车"。

(4)雨雪天驾驶摩托车、电瓶车最好穿戴紧身雨衣,防止因扯挂或雨衣绞入轮子、链条内,导致意外事故发生。

(5)严禁酒后驾驶摩托车、电瓶车等交通工具。

(6)要集中精力,驾驶时不打手机、不带耳机听广播或音乐。

(7)摩托车、电瓶车严禁不按规定载人。

四、骑自行车出行

(1)在生病或受到意外伤害后,身体不适可能影响到骑车安全时,尽量不要骑自行车。

(2)要尽量与机动车保持一定安全距离。

(3)要在非机动车道内行驶,在没有划分车辆分道线的道路上,应紧靠道路右侧行驶。

(4)在骑车通过交叉路口时要注意观察,让机动车先行。

(5)骑行时不要双手离开车把或做其他危险动作。

(6)骑车时千万不要从不太引人注意的地方突然窜出,容易造成机动车驾驶员措手不及而导致交通事故。骑车通过有信号灯控制的交叉路口时要遵守交通规则。

(7)在骑自行车转弯时,必须伸手示意,切不可突然猛拐。

(8)骑自行车从停着的汽车旁通过时,应十分留神,要按铃并降低车速,发现情况及时捏闸。

（9）避让转弯车辆。当汽车的方向灯一闪一闪时，说明汽车要转弯了，这时不能靠车辆太近。此外，在骑车时，还要注意避让执行任务的警车、消防车、工程救险车、救护车。

（10）当遇有道口栏杆（栏门）关闭时，须停车观望，确认安全后再抓紧通过。

五、步行出行安全

1. 遵守交通规则

（1）行走时，要走人行道，做到一停二看三通过，没有分道的要靠右行走。

（2）横穿街道时应走斑马线，按交通信号指示行走；横穿公路时要左右观察，在确认安全的前提下通过。

（3）横过街道、公路时不使用手机，不嬉闹追逐。

（4）在公路、岔道或车辆密集场所行走时，必须小心谨慎，严禁在机动车道行走，防止交通事故或意外伤害发生。

（5）不得翻越道路之间的路栏，应走过街天桥或地下通道。

（6）天气恶劣时横过道路，行人应调整好雨具，看清路面情况，没有车辆驶近时才可横过道路。

（7）夜间步行时，要尽量选择有路灯的地方横过道路。

（8）不要进入高架道路、高速公路以及其他禁止行人进入的道路。

（9）不要擅自进入交通管制区域。

2. 行走治安防范安全

（1）在状况好的街道（路上），尽量靠近人群（旁边有人），尽可能和同事或朋友一起。

（2）天黑时，尽量在灯光良好的路上行走。

（3）避免穿街走巷抄近路（公园、小路）等。

（4）昂首挺胸、自信、精神抖擞地走路，对身边保持警觉。

（5）避免佩戴昂贵的首饰（至少不要暴露出来）。

（6）公文包、拎包等尽可能靠近身体右侧。

（7）不要带大量现金。

3. 注意交通标识

（1）在指定的安全通道上行走，有人行横道线之处应走横道线。

（2）横穿通道时，看清左右两边，确认无车辆时才可以通行。

（3）禁止在正进行吊装作业的车辆下行走或停留。

（4）不得进入挂有"禁止通行"或设有危险警示标志的区域等。

安全时常挂心间
出家门，路边走，交通法规要遵守；
过马路，仔细瞧，确认安全才通行；

红灯停，绿灯行，交通信号要看清；
骑单车，看标志，切勿闯入汽车道；
不带人，不超载，安全骑车不图快；
出远门，乘汽车，不坐超员超载车；
拖拉机，低速车，只拉货物禁载客；
大马路，车潮涌，警察指挥要服从；
大摩托，小电动，不能心急闯红灯；
乘车系好安全带，平安出行安全在；
高速路，车速快，行人进入易伤害；
一慢二看三通过，莫与车辆抢着过；
平安出行每一步，关爱生命每一天！

第三节　大学生在交通事故中的自救

一、乘车遇到紧急情况时的应对措施

同学们乘车时如果遇到紧急情况，可采取以下措施进行应对：

（1）如果提前一瞬间发现险情，就要紧握面前的扶手、椅背，同时两腿微弯，用力向前蹬地，这样即使身体受到碰撞，由于双手可以向前用力，撞击力会消耗在手腕和双腿之间，缓解身体前冲的速度，从而减轻受伤害的程度，使身体不致造成重伤。

（2）如果车祸发生得十分突然，来不及做缓冲动作，坐在前排时要抱头迅速滑下座位，以防头部由于惯性撞向挡风玻璃。坐在后排时要迅速抱住头部并缩身成球形，这样可以减少头部、胸部受到的撞击。假如汽车发生翻倒或翻滚，双手要紧紧攀住座位或内侧厢板，双脚死死抵住车厢，使身体随车体翻转。

（3）车辆撞损后往往起火甚至发生爆炸，因此要尽快逃离车辆，必要时要用脚、肘甚至裹着衣物的拳头击碎车窗玻璃逃生。跳车时不要顺着翻车方向跳车，以防跳出车外被车体压住。

（4）若车辆翻转中感到不可避免要被抛出车外，应在抛出车厢的瞬间猛踏双腿，增加向外抛出的力量，以增大离开危险区的距离。落地时，要双手抱头顺着惯性方向跑动或翻滚一段距离，以减轻落地时的反作用。

（5）如果车辆发生火灾，应立即设法尽快离开汽车，在可能的情况下积极帮助灭火，千万不要惊慌失措。

二、大学生预防交通事故的要点

（一）必须认真遵守交通法规

交通法规是总结大量交通事故的教训而制定的，它是人们交通安全的基本保障。在道路上行走时应走人行道，无人行道时靠右边行走。走路时要集中精力，"眼观六路，耳听八方"；不与机动车抢道，不突然横穿马路，翻越护栏，过街要走人行横道。不闯红灯，不进入标有"禁止行人通行""危险"等标志的地方。只要自觉遵守交通法规，就会少发生或不发生交通事故。相反，如果不遵守交通规则，存有侥幸心理，甚至明知故犯，如违章驾驶、骑车带人、逆行、闯红灯、行人过马路不走人行横道和过街桥等，就易发生交通事故。

（二）必须掌握基本的交通安全知识

了解道路通行条件中的交通信号灯、交通标志、交通警察指挥手势的含义；道路通行中的一般规定，机动车、非机动车、行人和乘车人的通行规定以及高速公路的特别规定；交通事故处理中的保护现场、抢救受伤人员、报警、交通事故的调解和诉讼以及向保险公司理赔等方面的知识。

（三）提高交通安全意识

不管是校内还是校外，发生交通事故最主要的原因是思想麻痹、安全意识淡薄。提高交通安全意识包括以下方面：乘坐交通工具，依次上下，不挤不抢；车辆行驶中不得把身体伸出窗外；乘坐长途客车、中巴车不能贪图便宜，不要乘坐车况不好的车，不要乘坐"黑车""摩的"；乘坐火车、轮船、飞机时必须遵守车站、码头和机场的各项安全管理规定；等等。

（四）必须增强自我保护意识

由于他人，特别是机动车驾驶员的违章，造成了大学生无辜被撞伤、撞死，这样的教训是十分惨痛的，因此必须增强自我保护意识，要警惕和防止由于他人的过失对自己造成伤害。出行时要集中精力，眼观六路，耳听八方；发现违章的车辆向自己驶来，要主动避让，防止伤害到自己；不开车况不好的车上路，开车不超速，与前车保持安全距离；遇到路况复杂、天气不好时，要处处小心，及时避让，以免受到意外伤害。

三、发生交通事故的处理办法

（一）及时报案

无论在校外还是在校内，一旦发生交通事故后，首先要及时报案，以利于事故的公正处理，千万不能与肇事者"私了"。若在校外发生交通事故，除及时报案外，还应该及时与学校取得联系，由学校出面处理有关事宜。

（二）保护现场

事故现场的勘察结论是划分事故责任的依据之一，若现场没有保护好，会给交通事故的处理带来困难，甚至造成"有理说不清"的情况。切记，发生交通事故后要保护好事故现场。

（三）控制肇事者

若肇事者想逃，一定要设法控制。自己不能控制可以发动周围的人帮忙，若实在无法控制也要记住肇事车辆的车牌号等特征。

（四）及时妥善救助受伤人员

同学们在校外或校内发生交通事故或者发现交通事故后，如有人员伤亡，要及时拨打"120"电话，必要时拦截合适的车辆将伤员及时送往医院。救助的同时，要保护好现场，防止因救助破坏了现场。为抢救伤者，必须移动现场肇事车辆、伤者时，应在其原始位置做好标记，并特别注意现场伤情的处置，防止造成其他损伤。拨打120电话时，要注意讲清交通事故的具体地址，以及可联络的电话号码，尽可能说清楚伤员受伤的时间、受伤人数及伤者具体的受伤部位，伤员目前最危急的情况，如呼吸困难、大出血等，并询问救护车到达的大致时间，到什么位置接应救护车等。

（五）依法进行交通事故损害赔偿

交通事故发生后，如果是车、物损失较小或人员轻微伤害的一般交通事故，双方当事人自愿，并且责任明确、争议不大，可以自行撤离现场，但事后应迅速到交通管理部门完善法律手续，依法保护双方的合法权益不受侵害。双方当事人不能自行协商处理的，及时报警，协助交通警察收集各种现场证据，做好交通事故认定书。当事人收到交通事故认定书后，对交通事故损害赔偿有争议的，可以请求公安交通管理部门协商调解，也可以直接向人民法院提起民事诉讼。同学们，人的生命是坚强的，经得起大风大浪；人的生命又是脆弱的，当遭到灾难或伤害时，就会转瞬即逝。交通事故破坏了幸福美满的家庭，造成了阴阳两隔的人间悲剧。但愿同学们在一个个血的教训面前，感悟到生命的可贵，感悟到安全的重要，重视交通安全，遵守交通法规，维护交通秩序。

思考题

1. 机动车在道路上发生故障，需要停车排除故障时，驾驶人应采取哪些措施？
2. 如何预防大学生交通安全事故的发生？
3. 大学生在校外发生交通事故时应采取哪些措施？

第八章

运动安全

【学习目标】

1. 了解校园中常见的运动伤害产生的后果，运动安全事故的发生机制及其预防、处理办法。
2. 学会正确处理运动安全事故。
3. 重视自身安全，在运动过程中及时排除和避免运动安全事故的发生。

第一节　校园运动安全问题及原因分析

【案例】

在某大学举行的秋季田径运动会上，一男生邱某始终在径赛的终点处走来走去，影响终点裁判工作，经多名教师招呼不听，仍在终点处逗留，终点裁判长（曾某）请该生出场，该生仍充耳不闻。这时跑道上正在进行着大二年级男子1 500米跑，曾某实在难忍，冲过去就给该生一巴掌，该生想还手，被几位负责保卫的老师拉出比赛场地，后经批评教育才离开运动场。该生被打后，称耳朵听不见了，后来家长带学生去医院检查，经医生诊断为耳膜受损，于是住院治疗。

（资料来源：豆丁网，2015年3月9日）

【点评】

此案例中师生双方均需承担责任,学生在运动会田径比赛终点位置走动,经多名老师的劝导仍不服从管理,从而影响终点裁判工作,终点裁判长进行劝阻,并动手打学生导致学生耳膜受损。最终经校方领导与家长协商解决。

学生安全问题涉及千家万户,事关社会稳定,各级政府和教育行政部门始终将师生安全、校园安宁视为我国教育事业发展最根本的条件。但近年来,学生意外事故频频发生,已成为社会关注的热点,同时也成为困扰我国教育领域的一大顽疾。有研究指出,高校的重大安全事故中,因体育运动而致伤的比例超过50%。学生运动安全事故的发生不仅给本人及其家庭带来了不幸和痛苦,也给教育行政部门、学校造成教学管理上的困扰。因此,如何在保障学校体育工作正常开展的前提下,又能降低学校运动伤害的发生,是一项重要任务。

一、校园运动安全的概念

体育运动是以身体练习为基本手段,以全面发展身体、增强体质、提高运动技术水平、丰富社会文化生活为目的的一种有意识、有组织的社会活动。体育运动安全是指在参加体育运动时不发生或少发生安全事故的主观条件,即指参加体育运动的人遵循体育运动规律,增强安全意识,不因疏忽大意而发生事故。

安全事故是指个人或集体在为实现某种意图而进行的活动过程中,突然发生的违反人意志的迫使活动暂时或永久性停止的事件。事故的发生可从人和物两个方面来进行考虑,根据事故致因模型及其预防后果来分析,我国学校运动安全事故大致有如下两种情况:伤亡事故和一般事故。根据当前多发的运动安全事故来看,其中也有很大的共性,主要包括事故发生的地点为学校有管理责任的区域,发生过程是在教学活动、体育竞赛或课下运动训练中,受伤的主体是在校大学生等。

综合安全科学、学校体育等多学科综合来看,学校运动安全事故是指在校大学生参加体育课、课外体育活动、课余体育训练或体育比赛中突然发生的违反个人意愿,迫使个人或集体的体育活动暂时停止或永久停止的事件。

二、发生校园运动安全事故的原因

(一)体育课堂上运动安全事故

(1)因设施存在安全隐患而导致的伤害,是指因学校的场地、设施、器械等不符合国家或有关部门的安全标准,存在安全隐患而导致的学生安全事故。

(2)教学内容超过学生的正常承受能力,是指因为体育课的教学内容、难度、强度等明显超过了学生的正常身体承受能力而导致的学生安全事故。

(3)教师在组织教学中的过失,是指体育教师在教学过程中因为存在某种过失,如未及时要求和提醒学生上体育课的注意事项,未充分进行运动前的热身,未采取必要的保护措施,上课过程中"放羊式"教学以及擅离职守而导致的学生安全事故。

（4）学生自身健康原因导致的伤害，是指因为学生身体本身存在不适于体育锻炼的疾病而导致的学生安全事故。

（5）第三人的过错导致的学生伤害，是指在体育课进行当中，由于除体育教师和受伤害学生之外第三人的过错而导致的学生安全事故。

（6）意外事故导致的学生伤害，是指由于体育教师和学生不能预见、不能抗拒的原因发生的学生安全事故。

（二）体育竞赛与训练中的运动安全事故

竞技体育是为了最大限度地发挥和提高个人、集体在体格、身体能力、心理和运动能力等方面的潜力而进行的科学、系统的训练和竞赛，是以提高运动技术水平和创造优异运动成绩为主要目标的社会体育活动，这类体育活动分运动竞赛和运动训练两种形式。虽然学校体育与竞技体育在运动目的、规则、技术要求等很多方面有较大差异，但因为竞技运动同样具有健身、娱乐、教育的功能，符合素质教育的要求，所以我国学校体育教学内容中竞技运动项目占有相当大的比重。大多数校园有专门运动校队，并不定期组织各类运动竞赛活动。

竞技运动项目不同，发生运动伤害的原因也有所区别，竞技运动项目一般分为技巧性、对抗性两类。技巧性项目的运动伤害主要来自参与者追求高难度动作时出现意外，这种意外多因参与者自身运动水平不够造成，也有的是由于场地设计不合理、安全设施不合规定、器械质量不合格等因素造成。对抗性项目的运动伤害主要来自参与者训练或比赛时双方的激烈对抗，一方面，对抗性项目的身体对抗性强，合理的身体冲撞也可能导致运动安全事故的发生；另一方面，对抗性项目中的犯规性动作是造成体育竞赛安全事故的主要原因，尽管对抗性项目都有严格的运动规则约束参与者的行为，但在激烈的对抗中，参与者的心理和行为受到比赛紧张氛围的影响，很难一直保持平和、冷静，其对抗行为超出竞赛规则许可的范围，发生犯规，以致发生运动伤害。

此外，造成学生在训练或竞赛中发生运动伤害的常见原因还有训练或竞赛的高强度性，训练方法不当，训练负荷安排不合理；学生自身原因，如学生不顾身体伤病坚持训练、比赛；学校组织工作不力，如裁判没有严格履行裁判职责、维护好比赛秩序或者没有提供和配备必要医疗救助服务等；另外还有学校没有对训练或比赛的场馆及运动器材进行有效的维护管理等。

（三）学生自行在学校内进行的课外活动或竞赛中的运动安全事故

课外体育活动是相对于体育课而言，指学生利用课余时间参与的，以锻炼身体、愉悦身心为目的的体育活动，是体育课的有益补充，是学校体育的重要组成部分，与体育教学、训练等共同完成学校体育的目的任务。

对喜爱运动的大学生而言，每星期2课时的体育课程显然不够。因此由学生自发组织的校园运动性社团纷纷成立，学生们在课余参与运动、自我锻炼的机会增多。体育课程或是校队训练，其课程、训练内容及活动过程都是在有系统的指导下进行的，都有教师或教练临场指导，自然能将产生运动伤害的可能性降低。而运动性社团的练习，大都由高年级的同学指导训练或是个别三五好友相约练习。由于没有专业人士的监督和指导，学生对于产生运动伤害的潜在危险因素，可能无法考虑周全，极可能因对运动伤害的认识不足、缺乏准备运动或准备运动不正确、身体素质差或技术上的错误、运动量过大、身体机能或心理状态不良、动作粗野或违反规则、场地设备服装上的缺点、气象条件不良等原因而导致运动安全事故。一旦发生运动安全事故，处理上也往往不知所措。

（四）校外人员在学校的体育场馆内发生的运动安全事故

校外人员在学校负有管理责任的体育场馆和其他体育设施内发生的运动安全事故也有多种原因，如场地器材年久失修、具有安全隐患的器材未做标注等。但只有与校园负有管理责任的体育设施有关，才属于校园运动安全事故的范畴。

【案例】

某校大一学生在体育馆内上课，体育教师带领学生做完准备活动之后，组织学生跳绳，教师在一旁看护。学生徐某在跳绳时不慎被绳绊倒，腹部着地，造成脾脏外伤性破裂。

（资料来源：爱问共享资料，2021年9月4日）

【点评】

在体育课教学或各项课外体育活动中发生的安全事故，体育教师为第一责任人，应及时查看学生的伤害情况，马上报告体育教学部门领导、学生辅导员（含班主任）、各院主管学生工作的领导，同时拨打120急救电话，组织送往最近的医院进行抢救处理。

无论是哪种运动安全事故，都有其产生的原因。综合不同类型的运动安全事故，可以将其分为主体原因及其他原因，也就是学生主体原因与非学生主体原因。学生主体原因主要包括学生思想态度、行为动机、身体运动能力等因素。其他原因包括家庭安全教育不足、活动场地不规范、器材"病态"、体育项目本身存在安全隐患、竞技体育的教材化等因素。对于这些学生主体原因与非学生主体原因，也可以根据其本身产生因素分为人的因素、物的因素、管理因素和社会因素等。

第二节　预防校园运动安全事故

一、学校运动安全事故类型

以安全事故的原因和责任主体对学校运动安全事故进行分类，可分为以下几种：

（一）学校主体责任型

这主要是指学校在正常开展校内和校外的体育活动中发生的事故，例如课堂教学、大学生运动竞赛、户外拓展等，学校组织开展的校内外活动。

（二）学生为主体的责任事故

这是指非学校组织的，在学校场馆内由于自身或其他学生原因引发的体育安全事故，例如，学生自发开展比赛、娱乐项目等活动，这种类型的安全事故是出现频率最高的学校运动安全事故。

（三）以第三方为主体的责任事故

这是指在学校组织的体育活动和学校有管理责任的体育场馆、设施内学生自发进行的体育活动里，由第三方（不包括学校、教职员工、学生等）责任所造成的运动安全事故。

（四）共同责任型事故

学生在进行体育活动时，由于两个或两个以上主体共同或连带责任所造成的安全事故。

（五）意外事件型事故

这是指非主观故意且主观上不可预见、客观上不可抗拒因素造成的运动安全事故。

除了以上分类方法之外，还可以以事故发生的时间和原因为依据进行分类，主要分为：教师的教学行为不当造成的事故；学校管理制度不够完善引发的安全事故；学生在非授课时间自行锻炼造成的事故；学生在正常的教学活动中发生的事故。

二、校园运动安全事故的预防

运动可以促进健康，使人身心愉悦，但运动伤害也是运动过程中极易出现的产物，因稍有不慎就有可能造成运动伤害，因此，一方面鼓励参与运动，另一方面要掌握运动伤害的预防措施。

（一）学习安全知识，增强安全意识

学习运动相关的安全技术和理论，是防止发生安全事故的基础。增强安全意识、克服麻痹大意的思想是防止运动伤害发生的一个重要手段。通过校园安全知识专题讲座、运动伤害防护课程学习、安全知识竞赛、救护员培训等活动，积极了解体育道德教育，倡导文明、健康的体育比赛，学习安全事故正确的处置方式，掌握运动伤害基础应急医疗救助技能，强化自身运动安全意识，构建愉悦的运动体验。

（二）遵守校园运动场所安全制度

大学生主要运动场所在校园体育场馆，在选择运动项目时应遵守体育场馆内安全制度和安全设施，如禁止在体育馆内嬉戏打闹，应穿着运动服装与运动鞋进行相应的体育锻炼，保持馆内的整洁，等等。在使用场馆内的各类器材时，应注意器材警示标志、张贴的安全须知等内容，充分了解体育设施使用方法和安全注意事项后，再进行锻炼。如若发现体育设施损坏，应立刻停止运动训练，并上报相关负责人，严禁使用设有明显安全警告标志的体育器械，保障自身基本安全。

（三）了解自身健康状况

在运动前应充分了解自身健康状况，避免勉强运动导致的安全事故。积极参与学校体

检，关注自身身体情况，将有不适合从事某种体育活动的情况及时告知老师或班干部，以便授课老师全面了解学生的身体状况，合理安排学生进行体育活动。学会自我医务监督，在不确定能否参与某种体育运动时，应咨询专业老师或医护人员，合理调节运动内容与运动量，运动中如感不适，立即停止运动，避免发生运动伤害。

（四）必要时求助应急医疗救助体系

一旦发生紧急事故时，应及时求助专业的医疗救助人员。在学校举行运动会等大型体育活动时，现场均配备有专业的医疗救助人员，保障在安全事故发生时能进行及时的医疗救治；学生自发组织体育活动时，应征求有关部门的建议，避免安全事故的发生。

三、预防运动损伤的注意事项

大学生大都喜爱运动，并积极参与各项体育活动，但常常因缺乏一定的运动训练知识而受伤，受伤后往往造成不必要的痛苦，严重者甚至导致终生遗憾。为了减少运动损伤，避免安全事故，保证体育教学、训练和比赛正常进行，首要任务是做好预防工作。其实，只要我们了解运动损伤产生的原因，掌握基本的运动保健知识，是可以预防和避免伤害的，为此提出以下几点预防运动损伤的注意事项：

（一）要掌握正确的训练方法和运动技术，科学地增加运动量

对于不同性别、年龄、水平及健康状况的人，训练时在运动量的安排上应因人而异、循序渐进。例如，年龄小的在训练内容上，应把全面身体训练和专项身体训练结合起来，并以全面身体训练为主；在运动量的安排上应考虑到他们的生理特点，与成年人比较起来训练时间要短些，强度、密度要小些。

（二）准备活动要充分

在实际生活中，不少运动伤是由于准备活动不足造成的。因此，在训练前做好准备活动十分必要。准备活动可以提高中枢神经系统的兴奋性，克服机体机能活动的生理惰性，为正式练习做好准备。准备活动能增加肌肉中毛细血管开放的数量，提高肌肉的力量、弹性和灵活性，同时地可以提高关节韧带的机能，增强韧带的弹性，使关节腔内的滑液增多，防止肌肉和韧带的损伤。在运动前做好准备活动，除了做一般性、专门性的活动之外，还要有针对性地对易受伤部位的关节、韧带和肌肉等做好准备工作。在进行准备工作时，既要将躯干、肢体的大肌肉群和关节充分活动开，也要注意各个小关节的活动。在运动、训练或比赛结束后要充分做好整理活动。

（三）注意间隔放松

在训练中，每组练习后为了更快地消除肌肉疲劳，防止由于局部负担过重而出现的运动伤，组与组之间的间隔放松非常重要。在间隔时间内，一些运动员对这一问题重视不够，他们在每组练习后往往站在一旁不动或千篇一律地做些放松跑。这样并不能加快机体疲劳的消除，再进行下组练习时还易出现损伤。由于各个项目的训练可内容不同，间隔放松的形式也应有所区别。例如，着重于上肢练习的项目，在间隔时间可做些放松慢跑；着重于下肢的项目结束后，可以在垫子或草地上仰卧，将两腿举起抖动或做倒立。这样一方

面可以促进血液的回流，改善血液的供给，另外也能使活动肢体中已疲劳的神经细胞加深抑制，得到休息，这对于消除疲劳及防止运动损伤有着积极意义。

（四）防止局部负担过重

训练中运动量过分集中，会造成机体局部负担过重而引起运动伤。例如，膝关节半蹲起跳动作过多，易引起髌骨损伤；过多地练习鸭步可引起膝内侧副韧带及半月板的损伤。因此，在训练中应避免单调片面的训练方法，防止局部负担量过重。

（五）加强易伤部位肌肉力量练习

据统计，在运动实践中，肌肉、韧带等软组织的运动伤最为多见。因此，加强易伤部位的肌肉力量练习，对于防止损伤的发生具有十分重要的意义。例如，加强股四头肌力量的练习可以防止膝关节损伤，而防止肩关节伤则应加强三角肌、肩胛肌、胸大肌和肱二头肌的练习。

四、学校运动安全事故的责任认定

《学生伤害事故处理办法》规定："在学校实施的教育教学活动或者学校组织的校外活动中，以及在学校负有管理责任的校舍、场地、其他教育教学设施、生活设施内发生的，造成在校学生人身损害后果的事故的处理，适用本办法。"这从空间、时间上和受伤害主体上对学生伤害事故给了明确界定，在事故责任认定上以"行为与损害后果之间的因果关系依法确定""如学校行为并没有不当的，则可以不承担责任"。可见，学生伤害事故责任要从学校和教师的管理职责范围和过错上进行确定，适用过错责任原则。

（一）学校体育运动中承担安全事故责任的法律依据

1. 学校与学生法律关系

根据法理，凡是法律关系的形成都必须要有三个条件：第一，法律规范，即法律关系的产生、变换和消失的法律依据；第二，权利的主体，即权利和义务的承担者；第三，法律事实，即出现法律规范所假定会发生的那种情况。教育法律规范是决定它们之间关系性质的前提条件，没有教育法律规范，两者间就不能够形成法律关系，而教育法律规范的内容及在法律关系体系中的地位就决定了两者法律关系的性质。不可否认，现行的教育法规从不同的方面和层次规定了学校和学生之间的权利和义务。学校与学生之间的法律关系应该定位为管理、教育、保护关系，而不是监护关系。

2. 适用的法律法规

我国现今用以处理学校体育运动伤害事故的法律依据主要有《中华人民共和国宪法》《中华人民共和国民法典》《中华人民共和国教育法》《中华人民共和国义务教育法》《中华人民共和国教师法》《中华人民共和国刑法》《中华人民共和国国家赔偿法》等的有关条款，但这些都不是针对处理学校伤害事故的法律。教育部出台的《学生伤害事故处理办法》（以下简称《办法》），使处理学生伤害事故的法律法规更具有针对性，减少了处理的随意性，为学生伤害事故的处理提供了充分的依据。

（二）学校体育运动中伤害事故的责任认定

学生体育伤害事故随时随地都可能发生，但是在认定责任时，必须从空间和时间范围这两者之间的法律关系及归责原则上明确责任归属，这是伤害事故责任认定的关键所在。从法律关系上讲，近年来大量围绕学生伤害事故的诉讼案件，基本都为家长诉学校。理由是，把孩子送到了学校，家长就认为已经将自己的监护责任委托给了学校，所以认为凡是发生在学校内的事故，学校都应该承担责任。从以往的判例看，法庭会支持或部分支持这一观点。责任认定要具体问题具体分析，主要有下以四种情形：

1. 校方有过错的责任认定

《学生伤害事故处理办法》第九条第一款规定，学校的校舍、场地、其他公共设施，以及学校提供给学生使用的学具、教育教学和生活设施、设备不符合国家规定的标准，或者有明显不安全因素，造成学生伤害事故的，学校应该依法承担相应的责任。在这种情形下，学校未能尽到维护体育场地设施的义务，存在明显的过错，而受伤害的学生不可能预见和防止危险的发生，学生的伤害与学校的未尽到维护体育场地设施义务的行为存在直接的因果关系，所以校方应承全部法律责任。《学生伤害事故处理办法》第九条第四、七、九款规定，学校组织学生参加教育教学活动或者校外活动，未对学生进行相应的安全教育，并未在可预见的范围内采取必要的安全措施的；学生有特异体质或者患有特定疾病，不适合参加某种教育教学活动，学校知道或者应当知道，但未予以必要的注意的；学校教师或者其他教学工作者体罚或者变相体罚学生，或者在职责中违反工作要求、规章制度、职业道德或者其他规定的，造成的学生伤害事故，学校应当依法承担相应的责任。以上情形都是学校没有尽到管理的责任，主观上存在过错，因而应该承担责任。

2. 双方过错的责任认定

学校和受伤学生都有过错，双方要根据过错的程度来分别承担相应的法律责任。如，在体育课中携带违禁物品，体育教师应在上课前要求学生不要携带危险品或提示学生检查是否携带危险物品，如果老师没有做到提醒而造成人身伤害的，学校与学生都具有过错，双方各自承担相应的责任。

3. 学生自身过错或第三方过错的责任认定

《学生伤害事故处理办法》第十条明确规定了学生和或未成年学生监护人应该承担责任的几种情形：

（1）学生违反法律法规的规定，违反社会公共行为准则、学校的规章制度或者纪律，实施按其年龄和认知能力应当知道具有危险或者可能危及他人的行为的。

（2）学生行为具有危险性，学校、教师已经告诫、纠正，但学生不听劝阻、拒不改正的。

（3）学生或者其监护人知道学生有特异体质，或者患有特定疾病，但未告知学校的。

（4）未成年学生的身体状况、行为、情绪等有异常情况，监护人知道或者已被学校告知，但未履行相应监护职责的。

（5）学生或者未成年学生监护人有其他过错的。

第三节　常见运动损伤及救护措施

一、常见的运动损伤

（一）软组织损伤

软组织损伤可分为开放性损伤和闭合性损伤两类。前者有擦伤、刺伤和刀伤等，后者有挫伤、肌肉拉伤和腱鞘炎等。

1. 闭合性软组织损伤

受损伤的局部无创口者，称为闭合性损伤，主要包括关节扭伤、肌肉及韧带拉伤，以及局部组织的挫伤等。关节扭伤是由于外力作用使关节活动超出正常生理范围，造成关节周围的韧带拉伤、部分断裂或完全断裂。

（1）闭合性软组织损伤早期处理的方法主要有冷敷、加压包扎、限制活动和抬高患肢。

①冷敷在应急处理过程中效果最为显著，它具有止痛、止血和减轻局部肿胀的作用。受伤后可尽快用自来水冲淋受伤部位，也可用冷水或冰袋、酒精或白酒冷敷。有条件时可用氯乙烷、冷镇痛气雾剂喷射受伤部位，喷射距离约为10厘米，喷射时间为3~5秒，重复使用时至少间隔半分钟（不宜用于面部和创口）。冷敷时需防止冻伤，尤其是在寒冷季节。如受伤部位亦出现肿胀，不要揉搓、推拿和热敷。急性软组织损伤1~2天内，原则上不做热敷。

②加压包扎是处理急性软组织损伤的关键，包扎得当可达到止血、防肿和缩短伤后康复时间的目的，受伤局部刚出现肿胀，或肿胀虽不明显（如臀部、大腿部）但疼痛剧烈、活动障碍明显的，应经短时冷敷尽快加压包扎。包扎时注意松紧适度，包扎太松达不到加压的目的，太紧会引起局部血液循环障碍。包扎后要注意观察肢体循环状况，一旦出现青紫、发凉或麻木感，应及时松开重新包扎。加压包扎一般约需24小时。

③限制活动和抬高患肢。当肢体受伤较重时，为防止伤处继续出血，减轻肿胀和疼痛，一定要限制活动和抬高患肢数日，以促进血液、淋巴液的回流，加快消肿。

（2）闭合性软组织损伤分急性损伤和慢性损伤。下面介绍几种常见闭合性软组织急性损伤的原因、症状和处理方法。

①肌肉拉伤。

a. 原因与症状：肌肉拉伤是体育运动中最常见的一种肌肉损伤，通常指在外力直接或间接作用下，使肌肉过度主动收缩或被动拉长所致的损伤。这种损伤在准备活动不充分或运动过度，动作不协调及肌肉弹性、伸展性、肌力差者中更容易出现。肌肉拉伤后，受伤处肿胀、压痛，肌肉紧张或痉挛，触之发硬，并出现功能障碍，严重的肌肉拉伤会导致肌肉撕裂。

b. 处理：肌肉拉伤可根据疼痛程度判断其受伤的轻重，一旦出现痛感应立即停止运动，受伤轻者可即刻冷敷，使小血管收缩，减少局部充血、水肿，并局部加压包扎，抬高患肢。切忌搓揉及热敷，24小时后方可实行按摩或理疗。如果肌肉已大部分或完全断裂，在加压包扎后，应立即送医院进行手术治疗。

②肌肉挫伤。

a．原因与症状：肌肉挫伤是运动中某个部位受到钝性外力直接作用所引起的闭合损伤。运动时身体相互碰撞，或身体某部碰在器械上，都可能发生局部挫伤。单纯挫伤在损伤处会出现红肿、皮下出血，并有疼痛及功能障碍等。严重挫伤且有并发症时，还可能出现全身症状或特殊症状。若头部挫伤并发脑震荡或胸腹挫伤并发内脏器官损伤时，则出现头晕、脸色苍白、心慌气短、出虚汗、四肢发凉、烦躁不安，甚至休克症状。

b．处理：在24小时内可冷敷或加压包扎，抬高患肢或外服中药。24小时后方可施行按摩或理疗。进入恢复期后可进行一些功能性锻炼。如果怀疑有其他组织器官损伤并出现休克症状，应立即进行抗休克处理，并送医院急救。肌肉断裂者应及早进行手术治疗。

③肩关节扭伤。

a．原因与症状：一般因肩关节准备活动不充分、训练过度、用力过猛及反复劳损所致，也有因技术错误、违反解剖学原理而造成的损伤。肩关节扭伤多发生在排球、棒球和田径的投掷等运动项目中，其症状有压痛、疼痛，急性期有肿胀，慢性期三角肌可能出现萎缩，肩关节活动受到限制。

b．处理：单纯韧带扭伤可采用冷敷，加压包扎，24小时后可用理疗、按摩和针灸等方法治疗。出现韧带断裂时，应立即送医院进行缝合和固定处理，当肩关节肿胀和疼痛减轻后，可适当进行功能性锻炼，但不宜过早活动，以防转入慢性病症。

④踝关节扭伤。

a．原因与症状：踝关节扭伤是在运动中因跳起落地时身体失去平衡，使踝关节过度内翻或外翻所造成的损伤，多发生在赛跑、篮球、足球、跳高、跳远、滑冰、滑雪、跳伞、摔跤等运动中。在准备活动不充分、场地不平坦或动作不协调等情况下，更容易造成此类损伤。踝关节扭伤后，伤处肿胀、疼痛，韧带损伤处有明显压痛，皮下瘀血。如果疼痛剧烈，不能站立、行走，可能是发生了骨折。

b．处理：踝关节受伤后，应立即进行冷敷，用绷带固定包扎，并抬高患肢。24小时后可根据伤情综合治疗，外敷伤药、理疗、按摩等，必要时做封闭治疗，严重者可用石膏固定。待病情好转后进行功能性练习。

⑤急性腰扭伤。

a．原因与症状：急性腰扭伤是体育运动中最常见的一种急性损伤，尤其在举重、跳水、跨栏、投掷、跳高、体操、篮球、排球等运动中，更容易发生。运动时腰部受力过重，肌肉收缩不协调，或脊椎运动超过正常生理范围都可能引起腰扭伤。发生损伤后，腰部疼痛，有时咯咯作响，有时出现腰部肌肉痉挛和运动受到限制的情况。

b．处理：腰部急性扭伤后，若为轻度损伤，可轻轻按揉；若受伤较为严重，应立即让患者平卧，并用担架护送伤者到医院治疗，一般不应随意扶动。处理后，应睡硬板床或腰后垫一个枕头，使肌肉韧带处于放松状态，先冷敷后热敷，24小时后可进行按摩；也可用针灸、外敷药予以治疗。

⑥肌肉痉挛。

a．原因与症状：肌肉痉挛俗称"抽筋"，是肌肉不自主地强直收缩，使肌肉变得坚硬，失去活动能力。游泳运动容易发生肌肉痉挛，最容易发生痉挛的肌肉是小腿后面的腓肠肌，其次是足屈拇肌和屈趾肌。引起肌肉痉挛的原因是多方面的，如在寒冷的环境中锻炼时，准备活动做得不充分，肌肉受到寒冷刺激后，兴奋性增高，容易引起肌肉痉挛；如果剧烈运动时间较长，身体大量排汗，体内盐分丧失过多，破坏了电解的平衡，导致体内盐分含量过低，兴奋性增高而使肌肉发生痉挛；在锻炼中肌肉快速连续收缩，放松时间过短，以致收缩与放松不能协调地交替，也会引起肌肉痉挛。在肌肉痉挛时，局部肌肉坚硬或隆起，剧烈疼痛，且一时不易缓解；有的缓解后仍有不适感并易再次发生痉挛。

b．处理：发生肌肉痉挛时，一般可通过慢慢加力、持续牵拉肌肉的方式使之得到缓解并消除疼痛。如小腿抽筋时，可伸直膝关节，用力将足尖勾起，用异侧手牵拉前脚掌或用类似方法处理。牵拉时应用力适宜，不可突然用力。此外，采用重力按压、推揉、捏小腿肌肉及点压委中穴、承山穴、涌泉穴等手法，也可缓解痉挛。游泳时发生腓肠肌痉挛，不要惊慌，应尽量漂浮水面，用异侧手握住前脚掌向身体方向牵拉，即可缓解肌肉痉挛。

2. 开放性软组织损伤

受损伤的局部有创口者，称为开放性损伤。开放性软组织损伤首先要止血。一般毛细血管出血，几分钟内会自行止血；创口出血较多时，可立即用干净的手帕覆盖在伤口上，直接压迫或加压包扎止血；手指出血，则可用力压住指根两侧或扎紧指根部止血。其次应减少创口污染，保持创口清洁，减少不洁物品接触创口。再次，创口小、边缘对合良好的，可在消毒后直接用胶带牵拉固定一周。

创口大或位于面部的创口要缝合，一周后拆线。最后，必要时口服消炎药物，以防感染。对于较深的污染创口，应在清洁伤口后注射破伤风抗毒素。下面介绍几种常见开放性软组织损伤的原因、症状和处理方法。

（1）擦伤。

①原因与症状：擦伤是皮肤表面受到摩擦后的损伤。在运动中擦伤最为常见，多发生在摔倒时。擦伤后皮肤有出血或组织液渗出。

②处理：如擦伤部位较浅，只需涂红药水即可；如擦伤创面较脏或有渗血，应用生理盐水清创后再涂上红药水或紫药水，再用消毒布覆盖，最后用纱布包扎。面部轻微的擦伤可用生理盐水或凉开水清洗创伤面，在创口周围用75％酒精消毒，创伤面涂消炎软膏，不用包扎，面部创口不要擦有色药水。关节附近擦伤用消炎软膏包扎较好，可以防止关节活动时创伤面干裂而影响愈合。

（2）撕裂伤。

①原因与症状：在剧烈运动时，突然受到强烈的撞击，可能造成肌肉撕裂。常见的撕裂伤有眉际撕裂和跟腱撕裂等。开放性撕裂伤有出血、周围肿胀等现象，有疼痛感。

②处理：轻度开放性撕裂伤用红药水涂抹伤口即可；裂口大时，则需要止血和缝合伤口，必要时需注射破伤风抗毒素，以防破伤风症。

（二）骨折

1. 原因与症状

常见骨折分为两种，一种是皮肤不破，没有伤口，断骨不与外界相通，称为闭合性骨折；另一种是骨头的尖端穿过皮肤，有伤口与外界相通，称为开放性骨折。前者皮肤完整，较易治疗；后者皮肤破裂，骨折端与外界相通，容易发生感染，较难治疗。运动中发生的骨折多为闭合性骨折。

2. 处理

发生骨折后，如有休克症状者，应先让其躺下，将下肢抬高，头部略放低，同时注意保暖，保持呼吸道畅通，并使用止痛药，防止休克。若受伤者昏迷不醒，可用手指掐人中穴、合谷穴，使其苏醒。如果发生开放性骨折大出血，应迅速止血，并用消毒纱布等对伤口进行初步包扎，以免引起骨髓炎。骨折后暂不能移动患肢，否则伤者会产生剧烈疼痛或加重损伤，可用木板、塑料板等固定患肢。

（三）髌骨劳损

1. 原因与症状

髌骨劳损是膝关节长期局部负担过重或反复损伤累积而成的，也可能是一次直接外力撞击致伤而未及时治疗所致，大多发生在足球、体操、篮球和排球等运动中。髌骨具有保护股骨关节面，维护关节外形，传递股四头肌力量的作用，是维护膝关节正常功能的主要结构。髌骨劳损常有关节疼痛、肿胀等症状，特别是在上下楼梯、跑跳，用力或半蹲位起跳时，疼痛明显，而常常伴随有膝关节发软、无力，重者静止时也会感觉疼痛。

2. 处理

髌骨损伤后，可采用中药外敷、针灸和按摩等方法加以治疗，平时也可加强膝关节肌群力量的练习，如采用高位静力半蹲，每次保持3~5分钟，病情好转时可逐渐增加练习时间，每日练习1~2次。

（四）关节脱位

1. 原因与症状

关节脱位及脱臼，是因受直接或间接的外力作用，使关节面脱离了正常的解剖位置所致。关节脱位可分完全关节脱位和半关节脱位（又称错位）两种。在发生关节脱位的同时，由于暴力的作用，常常伴有关节囊、周围韧带及软组织损伤，甚至可能伤及神经、血管等。在运动中发生的关节脱位，大都是间接外力撞击所致，如摔倒时用力撑地，引起肘关节或肩关节脱位。

关节脱位常出现畸形，与健肢对比不对称，因软组织损伤而出现炎症反应、局部疼痛、压痛和关节肿胀等症状，并失去正常活动功能，甚至发生肌肉痉挛等现象。

2. 处理

一旦发生关节脱位，应叮嘱病人保持安静，不要乱动，更不可揉搓关节脱位部位，妥善固定处理后送医院治疗。如用长度和宽度适宜的夹板固定伤肢，或者将伤肢固定在自己的躯干、健肢上，也可以先冷敷扎上绷带，保持关节固定不动。如果是肩关节脱位，可把患者肘部弯成直角，用三角巾等宽带，把前臂和肘部托起，挂在颈上。如果是髋关节脱位，则应立即让病人平卧并送往医院。必须指出，如果没有把握做整复处理，切不可随意做整复手术，以免加重伤情。

（五）脑震荡

1. 原因与症状

脑震荡是指头部受到外力打击或碰撞到坚硬物体后，因脑神经细胞和神经纤维受到过度震动而引起的意识和功能的意识性障碍。脑震荡根据受伤的程度可分为轻度、中度和重度脑震荡，一般可恢复。在体育运动中，头部受到重物打击或撞击器械、地面、硬物时，都可能造成脑震荡。

脑震荡后，由于大脑感受器功能失调，伤者会出现神志不清、脉搏徐缓、肌肉松弛、瞳孔稍大但能保持对称、神经反射减弱或消失等症状。清醒后，患者常会头痛头晕、恶心、有呕吐感。头痛、头晕的症状在伤后数日内较明显，以后逐渐减轻；恶心、呕吐等现象在稍后数天内多可消失。此外，脑震荡还可能出现情绪烦躁、注意力不易集中、耳鸣、心悸、多汗、失眠、记忆力减退等一系列植物性神经功能紊乱症状。

2. 处理

脑震荡伤者应平卧，保持安静，不可坐起或站立，冷敷头部，注意保暖，若出现昏迷，可指压人中穴、内关穴、合谷穴；若发生呼吸障碍，应立即进行人工呼吸。上述处理后还会反复昏迷，时间超过几分钟，两侧瞳孔不对称或耳鼻口内出血及眼球青灰，或者清醒后有剧烈头痛呕吐并再度昏迷者，表明损伤较为严重，应立即送医院治疗。在治疗途中，伤者要平卧，头部要固定，要保持意识不清者呼吸道的畅通，可使伤者侧卧，以防发生窒息。

（六）中暑

1. 原因与症状

在高温环境中（温度高、通风条件差、头部缺少保护）被烈日直接照射，因体温调节功能障碍而发生中暑。

轻度中暑时会出现面部潮红、头晕、头痛、胸闷、皮肤灼热、体温升高等反应，严重时则会出现恶心、呕吐、脉搏快而细弱、精神失常、虚脱抽搐、血压下降甚至昏迷等反应。

2. 处理

将患者迅速移至通风、阴凉处，冷敷额头，温水抹身，并喝含盐饮料或十滴水，数小时后即可恢复。

（七）运动性昏厥

1. 原因与症状

由于剧烈运动或长时间运动，大量血液聚在下肢，回心血量减少，脑供血不足导致昏厥。空腹运动，血糖含量较低，也会造成能量供应不足而引起头昏。

运动性昏厥时，全身无力，头昏耳鸣，眼前发黑，脸色苍白，失去知觉，突然昏倒，手足发凉，脉搏缓慢而微弱，血压降低，呼吸缓慢。

2. 处理

立即使患者平卧，足略高于头，并由小腿向大腿、心脏方向进行按摩，同时用手指掐人中、百会、合谷等穴位。

二、常见的急救技术

急救是指对运动中突然发生的严重损伤进行紧急、初步和临时的处理，以减轻患者的痛苦，预防并发症，为转送医院进一步治疗创造条件。运动损伤的急救是一项极其重要的工作，如果处理不当，轻则加重损伤甚至感染，增加患者痛苦，重则可能因伤致残甚至危及生命，因此应当及时准确合理有效地进行急救，对运动损伤采用的常见急救技术有止血、包扎和人工呼吸等方法。

（一）止血

根据出血的性质分为毛细管出血、静脉出血和动脉出血。静脉出血时，血液呈暗红色，危险性较小，一般用加压包扎止血法止血即可；动脉出血时，血液呈鲜红色，危险性较大，常用指压止血法和加垫屈肢止血法。

根据出血的部位可分为外出血和内出血两种。在开放性损伤中血管因受伤破裂，而使血液向体外流出称为外出血。下面介绍外出血的止血方法。

1. 加压包扎止血法

加压包扎止血法主要用于小的外伤，毛细血管或小静脉出血，流出的血液易于凝结，在伤口部位覆盖消毒敷料，然后用三角巾或绷带等加压包扎即可。

2. 指压止血法

指压止血法用手指压迫创口或身体浅处的动脉，以达到止血的目的。一般用于动脉止血，即用手指将出血动脉的近心脏端用力按压，以阻断血液来源而达到临时止血的目的。

3. 止血带止血法

四肢大动脉出血，不易用加压包扎止血法或指压止血法时，可用止血带（橡皮带或其他代用品）缚扎于出血部位的近心脏端。注意止血带不能直接压在皮肤上，而是先在用止血带的部位拿三角巾，毛巾等软物包垫好，将伤肢抬高，再扎上止血带，其松紧程度以能压住动脉血流为原则，缚后以肢端蜡色为宜；如果呈紫红色则以能压住动脉血流为原则，系上肢应每隔20~30分钟放松一次，系下肢应每隔45~60分钟放松一次，并观察伤肢血液循环情况。凡用止血带的伤者，必须记录用止血带的部位与时间，并迅速送往医院。

4. 加垫屈肢止血法

加垫屈肢止血法主要用于前臂或小腿出血时止血。在肘窝或膝窝放纱布等物品，屈曲关节，用绷带将屈曲的肢体紧紧缠起来，每隔1小时左右松开绷带一次，观察3~5秒钟，以防止肢体坏死。

（二）包扎

包扎有保护伤口、减少感染机会、压迫止血、固定骨折处和减缓伤痛的作用，是损伤急救的主要技术之一。包扎常用的材料有绷带、三角巾等。现场如果没有以上材料，亦可用毛巾、衣物等代替。包扎手法力求熟练，包扎物应柔软，松紧适度。下面介绍以绷带为材料或类似绷带材料的包扎法。

1. 环形包扎法

环形包扎法常用于肢体较小部位的包扎，或用于其他包扎法的开始和终结。包扎时打开绷带卷，把绷带斜放在伤口上，用手压住，将绷带绕肢体包扎一圈后，再将带头和一个小角翻折过来，然后继续绕圈包扎，第二圈盖住第一圈，包扎3~4圈即可。

2. 螺旋包扎法

绷带卷斜行缠绕，每卷压着前面的一半或三分之一。此法多用于肢体粗细差别不大的部位。

3. 反折螺旋包扎法

在做螺旋包扎时，用大拇指压住绷带上方，将其反折向下，压住前一圈的一半或三分之一，多用于肢体粗细相差较大的部位。

4. "8" 字包扎法

"8" 字包扎法多用于关节部位的包扎。在关节上方开始做环形包扎数圈,然后将绷带斜行缠绕,一圈在关节下缠绕,两圈在关节凹面交叉,反复进行,每一圈压过前一圈的一半或三分之一。

(三) 人工呼吸

人工呼吸的方法有举臂压胸法、仰卧压胸法、俯卧压背法、口对口呼吸法等,其中以口对口呼吸法和仰卧压胸法最为有效。

1. 口对口呼吸法

消除患者口中的分泌物或呕吐物,松开衣领、裤带和胸腹部衣服,使患者仰卧,头部后仰,急救者一手托起患者下颌,掌根部轻压环状软骨(即食道管)以防止空气进入,另一只手捏住患者的鼻孔。深吸一口气,与患者的口紧密接触后,将大口气吹入患者口中,吹气后将捏鼻子的手松开。如此反复进行,吸气频率每分钟约 16~18 次,直至患者恢复自主呼吸。

2. 仰卧压胸法

使患者仰卧在木板或平地上,急救者两手上下重叠,用掌根置于患者胸骨下半部,肘关节伸直。急救者借助自身体重和肩臂部力量,均匀而有节律地向下施加压力,将胸壁下压 3~4 厘米,随即松手,胸壁将自然回弹。如此反复进行,每分钟 60~80 次,直至患者恢复自主心脏跳动。必要时口对口呼吸法和仰卧压胸法同时进行,两者以 1∶4 频率进行。

思考题

1. 校园运动事故中的类型以及处理方法都有哪些?
2. 你对运动安全事故的理解是什么?
3. 你认为校园运动安全事故产生的原因是什么?
4. 你了解的在运动损伤中常见的急救技术有哪些?

第九章

饮食与健康安全

【学习目标】

1. 掌握食品安全的定义及重要性。
2. 掌握食品安全的原理。
3. 了解传染病的危害以及防范措施。
4. 增强大学生自我保护的意识。

第一节 加强大学生饮食安全教育

一、何为食物中毒

食物中毒是由于摄入了含有生物性、化学性有毒有害物质的食品或者把有毒有害物质当作食品摄入后出现的非传染性的急性、亚急性疾病。但并不是所有的因为食品所引起的疾病都是食物中毒。

根据有毒物质的不同性质，我们一般将食物中毒分为四类，包括细菌性食物中毒、真菌性食物中毒、动植物食物中毒、化学性食物中毒。细菌性食物中毒为最常见的一类，主要是因为吃了含有某种致病细菌或细菌毒素的食物。真菌性食物中毒主要是因为吃了发霉的农作物，如赤霉病麦中毒、霉变甘蔗中毒等。动植物食物中毒主要是因为吃了有毒动物、植物，如河豚中毒、毒蘑菇中毒等。化学性食物中毒主要是因为不小心吃了有毒化学品，如亚硝酸盐中毒、农药中毒等。

据世界卫生组织统计，全世界每年有数亿人因食物污染而患病，发病率为5%~10%。所以，在饮食上大学生要注意以下事项：不要随意采集自己不熟悉的野生植物食用；不要轻易尝试不认识的植物，必须谨慎行事，在分辨清楚或请教有实践经验者证明确实无毒后方可食用。危害性较大、被污染或有毒的食物通常在外观上与正常的食物没有明显的区别，大学生凭感官往往不易判别。如果不了解预防食物中毒的常识，就有可能成为受害者。食物中毒轻则可使人体健康受到损害，重则会导致死亡。由此可见，人的健康与饮食的卫生关系重大，如何科学、合理地把好饮食关，是人们越来越重视的一个问题。

二、大学生怎样预防食物中毒

（一）增强自我防范意识

不在饮食卫生条件不好的餐馆、小吃店、摊点进食。养成良好的卫生习惯，提高对食入不洁或有毒食物严重危害性及可能性的认识。饭前便后要洗手。不良的个人卫生习惯会把致病菌从人体带到食物上去。比如说，手上沾有致病菌，再去拿食物，污染了的食物就会进入消化道，从而引发细菌性食物中毒。

（二）选择新鲜和安全的食品

购买食品时，要注意查看是否有腐败变质。尤其是对小食品，不要只看其花花绿绿的外表，要查看其生产日期、保质期，是否有厂名、厂址、生产许可证号（QS号）等标识。不能买过期食品和没有厂名厂址的产品。否则，一旦出现质量问题无法追究。

（三）食品在食用前要彻底清洁

生吃瓜果要洗净。瓜果蔬菜在生长过程中不仅会沾染病菌、病毒、寄生虫卵，还有残留的农药、杀虫剂等，如果不清洗干净，不仅可能染上疾病，还可能造成农药中毒。

需加热的食物要加热彻底。如菜豆和豆浆含有皂苷等毒素，不彻底加热会引起中毒。

（四）尽量不吃剩饭菜

尽量不吃剩饭菜，如需食用，应彻底加热。剩饭菜，剩的甜点心、牛奶等都是细菌的良好培养基，不彻底加热会引起细菌性食物中毒。

（五）不吃霉变食物

不吃霉变的粮食、甘蔗、花生米（有霉点），其中的霉菌毒素会引起中毒。

（六）警惕误食有毒有害物质引起中毒

装有消毒剂、杀虫剂或鼠药的容器用后一定要妥善处理，防止误用此容器来喝水而引起中毒。饮用符合卫生要求的饮用水，不喝生水或不洁净的水，最好是喝白开水。

（七）提倡体育锻炼，增强机体免疫力，抵御细菌的侵袭

强健体魄是体育运动的好处之一，适当运动有助于促进血液循环，减少心脑血管疾病的发生，改善呼吸系统；坚持体育锻炼，还能增强免疫力，减少疾病的发生；体育运动还能减少脂肪的堆积，达到健美的效果。此外，当我们在运动时，与肌肉有关的脑细胞处于

兴奋状态，使大脑皮质管理思维的部分得到休息，有利于缓解脑疲劳。运动还可以锻炼神经系统对疲劳的耐受能力和对外界环境的适应能力。

第二节 大学生饮食安全注意事项

一、饮食的科学搭配

（一）菠菜与豆腐长期同时食用易患结石症

豆腐里含有氯化镁、硫酸钙这两种物质，而菠菜中则含有草酸，两种食物遇到一起可生成草酸镁和草酸钙。这两种白色的沉淀物不能被人体吸收，不仅影响人体吸收钙质，而且还容易患结石症。医生也建议，如果两者能分开吃，营养吸收会比较好。

（二）鸡蛋与豆浆搭配会降低蛋白质吸收

生豆浆中含有胰蛋白酶抑制物，它能抑制人体蛋白酶的活性，影响蛋白质在人体内的消化和吸收。鸡蛋的蛋清里含有黏性蛋白，可以同豆浆中的胰蛋白酶结合，使蛋白质的分解受到阻碍，从而降低人体对蛋白质的吸收率。

（三）牛奶与巧克力搭配不利于营养吸收

牛奶含丰富的蛋白质和钙，巧克力则含草酸，若二者混在一起吃，牛奶中的钙会与巧克力中的草酸结合成一种不溶于水的草酸钙，降低营养物质的吸收。

（四）水果与海鲜同时食用不容易消化

吃海鲜的同时，若再吃葡萄、山楂、石榴、柿子等水果，就会出现呕吐、腹胀、腹痛、腹泻等。因为这些水果中含有鞣酸，遇到水产品中的蛋白质，会沉淀凝固，形成不容易消化的物质。人们吃海鲜后，应间隔4小时以上再吃这类水果。

（五）火腿与乳酸饮料搭配容易致癌

三明治中的火腿、培根等和乳酸饮料（含有机酸）一起食用，容易致癌。为了保存香肠、火腿、培根、腊肉等加工肉制品，食品制造商会添加硝酸盐来防止食物腐败及肉毒杆菌生长。当硝酸盐碰上有机酸（乳酸、柠檬酸、酒石酸、苹果酸等）时，会转变为致癌物质（亚硝胺）。

（六）海鲜与啤酒搭配容易诱发痛风

人们在吃海鲜的时候喜欢就着啤酒一块吃，这样是比较危险的。因为海鲜含有嘌呤和苷酸两种成分，而啤酒中则富含分解这两种成分的重要催化剂——维生素B1。如果吃海鲜时饮啤酒，会促使有害物质在体内的结合，增加人体血液中的尿酸含量，从而形成难排的尿路结石。如果自身代谢有问题，吃海鲜的时候喝啤酒容易导致血尿酸水平急剧升高，诱发痛风。

【补充小知识】

　　生活中人们吃东西除了达到饱腹的目的，最重要的一点还是要注意食物营养的搭配。所以一日三餐中的营养搭配也是非常重要的，一定要结合个人的身体情况来制定专门的营养套餐。从营养层面上而言也有专门的一日三餐营养搭配表。

　　一般来说，一日三餐的主食和副食应该粗细搭配，动物食品和植物食品要有一定的比例，最好每天吃些豆类、薯类和新鲜蔬菜。一日三餐是根据每个人的生理状况和工作需要来科学分配的。按食量分配，早、中、晚三餐的比例为 3∶4∶3，如果某人每天吃500 克主食，那么早晚各应该吃 150 克，中午吃 200 克比较合适。

1. 早餐：牛奶燕麦粥＋煮鸡蛋＋青菜

　　燕麦需要水煮或者加入水中用微波炉加热，这样做是为了让燕麦更为软化。喜欢有甜味的朋友可以在其中加入新鲜苹果丁、葡萄干。燕麦粥可以降低胆固醇，鸡蛋含有丰富蛋白质，而青菜含有大量的维生素。这是一份高谷物、高纤维的早餐。

2. 午餐：海鲜／鸡肉＋新鲜蔬菜＋谷薯类主食（煮玉米）

　　午餐在一天的生活中起着"承上启下"的作用，营养的搭配不可忽视。海鲜或鸡肉低脂而富含高蛋白，而蔬菜可以提供维生素 C 和维生素 E，能够降低心血管疾病、肥胖症和高血压的发病率。用来替代米饭的玉米里的碳水化合物则能够提供足够的能量。

3. 晚餐前小食（下午加餐）：一包蛋白粉＋柚子／梨／苹果

　　苹果被称为"水果之王"，它含有丰富果胶，食用苹果有良好的润肠促消化作用。而蛋白粉是身体强壮的燃料，在冬天更能让身体更耐寒。

4. 晚餐：晚餐：煲汤／＋粥品＋绿茶

　　晚餐应该少吃，但是完全不吃是不对的，而是要吃得精致点。煲汤或粥品都可以选择广式的，广式粥和汤是出了名的营养丰富。另外，在晚间九点之前饮绿茶，在防饥饿的同时还提升了基础代谢。

二、食物中毒的防范措施

　　通常来说，预防食物中毒的措施有注意卫生、避免生食、避免隔夜食物、不随意食用食物等，具体措施如下：

　　（1）注意卫生：患者要注意卫生，保证手部的清洁、食物的清洁等。

　　（2）避免生食：在吃食物时要以熟食为主，最后经过高温消毒后再食用，避免生冷的食物。

　　（3）避免隔夜食物：对于放进冰箱的剩菜剩饭，可能会在隔夜后产生有毒物质，最好少吃或者不吃。

　　（4）不随意食用食物：尽量不要随意食用来源不明的食物，如野蘑菇、野味等。

　　如果发现自己或者身边的人出现腹痛以及伴发的还有恶心、呕吐、发烧、拉水样便等疑似食物中毒症状时，应立即停食用可疑食物，并立即拨打 120 呼救，在专业医生到来之前，可以采取以下自救措施：

①催吐：对中毒不久而无明显呕吐者，可用手指或圆钝的勺柄刺激中毒者舌根部的方法催吐，或让中毒者大量饮用温开水并反复自行催吐，以减少毒素的吸收，催吐越早越好。经大量温水催吐后，呕吐物已为较澄清液体时，可适量饮用牛奶以保护胃黏膜。如在呕吐物中发现血性液体，则提示可能出现了消化道或咽部出血，应暂时停止催吐。

②导泻：如果患者吃下中毒食物的时间较长（超过两小时），精神尚好，可采用服用泻药的方式，促使有毒食物排出体外。

以上处理只是为治疗患者争取时间，在紧急处理后，患者应该马上入院进行专业治疗。

需要强调一旦高度怀疑食物中毒，应注意提供以下资料给医生：

（1）食物的名称，是水剂还是固体食物。

（2）患者的吞食量是多少。

（3）从吞食到采取措施时的时间间隔有多久。

（4）保留残留食物，并及时送当地卫生监督部门进行定性检验。如果身边没有食物样本，也可保留患者的呕吐物和排泄物，以方便医生确诊和救治。

第三节　大学生传染病的预防

一、校园传染病的流行特点

高校是一个人群集中且人群年龄结构特殊的场所，近年来由于种种原因，高校公共卫生事件频频发生，尤其是传染病暴发与流行在高校时有发生。高校一旦发生传染病疫情，如果防控不当，将迅速蔓延，造成严重后果，不仅影响到学生的身心健康和学业，疫情严重时，还会影响到高校正常的教学秩序，如停课、停学等。

（一）紧迫性和危害性

高校疫情的发生，紧急性是其主要特征。当疫情发生时，须第一时间处理。是否处理及时直接影响疫情的发展。如果不能在第一时间采取有效措施加以阻止，很可使疫情升级，造成更严重的损失和人身危害。

此外，危害性是重大疫情的本质特征。重大疫情发展迅速，如新冠肺炎疫情，仅在一日之内，一个城市的感染人数和疑似病例就有可能增加上千人。如果疫情发生在人员高度密集的高校，其后果难以想象，将对学校乃至本地区造成的影响也就可想而知。

（二）突发性和公共性

传染病疫情具突发性特征，疫情一般前期无明显征兆，或是隐蔽性较强，不易觉察。

重大疫情的发生都存在量的不断累积，最后导致发生质变的过程，如果没有在前期捕捉到信息，很有可能发生质变，演变成重大疫情。

公共性体现在疫情一旦发生，可以在公共场合迅速传播，可能涉及公共场所的所有人员。突发性和公共性容易造成高校和地方政府陷入被动和恐慌。实际中，在处理应对高校重大疫情时，应该因地制宜，快速反应。

（三）扩散性和衍生性

高校一旦发生疫情，由于其人员密集的特点，传播性比其他场所更强，传播性会随时间、处置能力而迅速发展，可能在一夜之间波及较多人而造成局势失控。此外，随着网络时代的到来，重大疫情的新闻舆情传播性也快，高校疫情会通过不同渠道被广泛传播，造成较大的社会影响。高校如果不能及时有效地处理好疫情，就很可能使事态扩大，衍生为新的社会不稳定事件，从而引发其他方面的社会矛盾，造成更为严重的后果。

二、校园常见传染病的类型

（一）流感

流行性感冒简称"流感"，是由流感病毒引起的急性呼吸道传染病，具有很强的传染性。流行性感冒是大学里最常见的传染病之一，是由流行性感冒病毒引起的急性呼吸道传染病。流感病毒传染性强，一年四季均可发病，以冬春季节为主。其流行与人群密集程度和流动情况有关，如教室、图书馆、宿舍、食堂的人群集中，加上大学生经常外出活动，极易引起流感。流感传播途径以空气飞沫直接传播为主，也可通过被病毒污染的物品间接传播。由于流感病毒不断变异，世界各地不断有流感的散发流行和暴发。一旦有新毒株出现，流感可能迅速波及全球。因此，必须对全世界的流感流行情况进行监测，经常掌握世界流感流行动态及毒株变异情况，以便及时采取有效预防措施。

【案例】

某校大一女生张某参加完学校的游园晚会，回到寝室后感觉嗓子发痒，很快喉咙发炎肿痛，吞咽唾沫疼痛，时而咳出浓痰，第二天开始流鼻涕，咳嗽加重，并伴有头痛、发烧等症状，整个人浑身乏力，只想睡觉。后在室友的陪同下来到校医院就诊，经医生诊断，张某患了流行性感冒。该医生反映，最近几天因患流行性感冒前来就诊的学生人数不断增加。因此特提醒同学们，一旦患感冒要及时去医院就诊。同时，由学校和校医院共同组织学生进行疫苗接种，并告知学生要注意个人卫生，保持室内的通风，加强对流感的预防，防止流感的进一步蔓延。

（案例来源：大学生安全教育，李晓林主编，第2版）

【点评】

流行性感冒是由流感病毒引起的急性呼吸道传染病，其特点是起病急传染性强，流行广泛，传播迅速。流感是通过飞沫传播的。当病人咳嗽、打喷嚏及大声说话时，病毒随飞沫喷到病人周围空气中，侵入正常人的鼻黏膜而传染。与尘埃及日常用品的间接接触也有可能感染流感。疫苗接种是防控流感的主要方法。与此同时，还应注意以下几点：

第一，发现流感病人及时隔离治疗，减少传播，降低发病率。

第二，流行期间不搞大型集会和集体活动，不到或少到公共场所活动，外出时戴口罩。

第三，平时加强营养，加强户外活动，锻炼身体，增强对流感病毒的抵抗力。

第四，病人卧床休息，多饮水，进食可口清淡的流质或半流质饮食。

第五，在发病的早期可服用抗病毒药物及对流感病毒有抑制作用的中草药制剂，减轻症状。目前尚无确切有效的抗病毒药物，高热、病情较重者可输液，并进行物理降温，如合并有细菌感染者，应使用抗菌药物。

（二）甲型肝炎（简称"甲肝"）

肝炎种类很多，在学校中以甲、乙型肝炎较常见，系由甲型肝炎病毒引起的急性肝脏炎症，主要经粪—口途径传播，多发于儿童及青少年，主要表现为食欲减退、恶心、呕吐、乏力、肝大及肝功异常，病初常有发热，绝大多数患者在数周内可恢复正常。在甲肝疫苗广泛使用前，全国曾多次出现甲型肝炎流行。肝炎病毒传染性强，传播途径复杂，流行面广。

对病毒性肝炎的防疫必须做到以下几点：

第一，提高个人卫生水平，养成饭前便后洗手的好习惯。

第二，不要随意在流动小摊点、小饭店吃饭，这些地点的食具大多未经消毒处理，极易造成感染。

第三，同学之间不要相互使用茶具、餐具、毛巾等。

第四，要注意性接触的卫生。因为病毒性肝炎病毒还可存在于病人的精液、阴道分泌物及经血之中，故性接触也是一条重要的传播途径，切不可粗心大意。

第五，利用各种宣传手段，广泛开展健康教育。

（三）新冠肺炎

作为2020年最牵动人心的一场急性突发疾病，新冠肺炎具有紧迫性、危害性、突发性、公共性、扩散性和衍生性六大特性。其传播途径极其复杂，传播方式多样，高校一旦发生疫情，由于学生十分密集，其疾病的传播性会比其他场所更加强。如果有学生寒暑假外出打工或者外出活动没有注意个人防范，也没有采取相关的防护措施，就可能感染新冠肺炎。感染新冠肺炎后，主要表现多为发热、乏力、干咳等症状。部分患者以嗅味觉减退或丧失等为首发症状，少数患者伴有鼻塞、流涕、咽痛、腹泻等症状。轻型患者可表现为低热、轻微乏力、嗅味觉障碍等症状；重症患者多在发病一周后出现呼吸困难和（或）低氧血症等症状。

在日常工作生活中，新型冠状病毒性肺炎的预防需牢记防疫"三件套"、做好防护"五还要"。其中，防疫"三件套"是指戴口罩、保持1米社交距离、做好个人卫生；防护"五还要"是指口罩还要继续戴，社交距离还要留，咳嗽喷嚏还要遮，双手还要经常洗，窗户还要尽量开。

为有效预防和控制新冠肺炎疫情，同学们还需要不断学习新冠肺炎防控技术方案，坚持与时俱进，不断提升防范和防护意识。

（四）肺结核病

肺结核病是由结核杆菌引起的慢性传染病。肺结核病在高校中的主要传染源是来自边远地区的大学生，他们原来受到过结核菌的感染，因身体抵抗力差，来到新的地方，学习负担过重，营养跟不上，容易发生继发性肺结核病。

（五）艾滋病

艾滋病是由感染艾滋病病毒（HIV病毒）引起的，该病毒大量破坏人体免疫系统，使人体丧失免疫功能。其感染途径主要是通过性行为或者血液传播，另外还有母婴传播。当代大学生由于思想意识还不够成熟，自身防范意识不够，往往是艾滋病的受害群体之一。

（六）流脑

流行性脑脊髓膜炎简称"流脑"，它是由脑膜炎双球菌引起的急性呼吸道传染病，传染性较强。流脑发病初期类似感冒，症状有流鼻涕、咳嗽、头痛、发热等。病菌进入脑脊液后，头痛加剧、嗜睡、颈部强直、有喷射样呕吐和昏迷休克等危重症状。传播途径以空气飞沫直接传播为主，潜伏期一般为2~3天，最长的为一周。人群普遍易感，好发于少年、儿童。

（七）麻疹

麻疹是由麻疹病毒引起的急性呼吸道传染病，传染性极强。其临床特征为发热、流鼻涕、咳嗽、眼结膜炎，出现特殊的科氏斑（又称"麻疹黏膜斑"）和广泛的皮肤斑丘疹。麻疹一般康复顺利，但也可引起严重并发症，如肺炎、喉炎脑炎。在麻疹疫苗使用以前，我国麻疹发病水平很高。据统计，1950—1965年，未进行麻疹疫苗大规模接种前，我国年平均麻疹发病率为590/100 000万。如在1959年发生了全国范围内的麻疹大流行，报告发病数约1 000万，报告发病率高达1 432/100 000万。自20世纪70年代以来，通过麻疹疫苗接种等综合防控措施，麻疹病在我国已得到有效控制，控制麻疹工作取得了很大的成绩。

（八）水痘

水痘是由水痘-带状疱疹病毒引起的原发感染，是以全身出疱疹为特征的急性传染性皮肤病。多见于少年、儿童，具有高度的传染性，易造成小区域的流行，愈后可获终身免疫。

（九）流行性腮腺炎

流行性腮腺炎是由腮腺炎病毒引起的急性全身性感染的传染病，俗称"乍腮"，一般2周左右可治愈。典型的临床症状是发热、耳下腮部、颌下漫肿疼痛，腮腺肿大的特点是以耳垂为中心向前、后、下方蔓延，可并发脑膜脑炎、急性胰腺炎等。传染源是腮腺炎病人或隐性感染者，病毒经过飞沫使健康人群受感染。多发于儿童及青少年，预后良好，病后有持久的免疫力。

（十）风疹

风疹是一种由风疹病毒引起的急性呼吸道传染病。春季是风疹的高发季节。开始一般仅有低热及很轻的感冒症状。多在发病后1到2天出现皮疹，疹的形状及分布与麻疹相似，出疹顺序是面部→躯干→四肢，出疹迅速，只需要1天的时间，发热即出疹，热退疹也退，这些是风疹的特点。枕后、耳后、颈部淋巴结肿大，也是风疹常见的体征。风疹患者、带有风疹病毒却没发病的人和先天性风疹患者是此病的传染源。儿童及成人都可能得此病，发病前 5~7 天和发病后 3~5 天都有传染性，起病当天和前一天传染性最强。感染后基本上能获得永久保护。空气飞沫传播是风疹的主要传播途径，日常的密切接触也可传染。风疹无须特殊治疗，诊断明确后，在家观察，做好皮肤、口腔的清洁护理，给以易消化富有营养的流食或半流食，注意安静休息。

（十一）细菌性痢疾

细菌性痢疾，是由痢疾杆菌引起的常见急性肠道传染病，以结肠化脓性炎症为主要病变，有全身中毒症状、腹痛、腹泻、排脓血便等临床表现。痢疾杆菌随患者或带菌者的粪便排出，通过污染的手、食品、水源或生活接触，或苍蝇、蟑螂等间接方式传播，最终经口进入消化道使易感者得病。

（十二）伤寒

伤寒是由伤寒杆菌引起的急性肠道传染病。伤寒是一种古老的传染病，但在目前的传染病防治中，仍占有重要的地位。伤寒是一种全身性的疾病，并非只局限于肠道受损。伤寒的基本病理特征是持续的菌血症与毒血症，单核吞噬细胞系统的增生性反应，以回肠下段淋巴组织为主的增生、肿胀、坏死与溃疡形成等病变为显著特征。目前该病在国内外局部依然高发，其传染性强、病程长、易复发、并发症多、疾病负担重。

（十三）急性胃肠炎

急性肠炎患者多在夏秋季突然发病，并多有误食不洁食物的病史，有呈暴发性流行的特点。病人多表现为恶心、呕吐，继以腹泻，每天 3~5 次，甚至数十次不等，大便呈水样，深黄色或带绿色，恶臭，可伴有腹部绞痛、发热、全身酸痛等症状。大便常规检查及粪便培养，血白细胞计数可正常或异常。病人以恶心、呕吐为表现者称急性胃炎，以腹痛、腹泻为表现者常称为急性肠炎；临床上往往恶心、呕吐、腹痛、腹泻同时并见，故亦称急性胃肠炎。

三、如何抵制传染病的传播

预防传染病的传播，大学生应做到以下几点：

（1）注意气候变化，随时增减衣服，避免着凉，保持室内的通风，宿舍的通风能够减少宿舍本身的异味，也能够减少细菌滋生。定期地清洁宿舍环境，好的环境有助于保持良好的身体机能。

（2）注意加强身体锻炼，要多选择到室外运动，增强自身体质，提高人体免疫力，预防疾病。

（3）注意生活规律，保证充足睡眠。要注意饮食均衡，保证每天适量的蛋白质、淀粉、维生素的摄入，注意饮食卫生，多食新鲜的蔬菜、水果，不吃变质的和过保质期的食品，以防病从口入，不暴饮暴食。

（4）加强个人卫生和个人防护，如勤洗手、戴口罩等，养成个人的良好卫生习惯，勤晒被子，换洗衣服，不要与他人共用毛巾、牙刷等洗漱用品。

（5）预防接种，流行季节前可进行相应的预防接种。如接种流感、肺炎、麻疹、腮腺炎、流脑等疫苗。

（6）疾病流行季节，尽量减少到人多的公共场所，不要参加大型的集会。

（7）当发现有传染病出现的时候，向老师或学校方面反映情况，避免疾病的传播，尽早的治疗能够让疾病更快地痊愈。

（8）加强传染病防控知识和技能学习，一旦发生传染病要按照要求控制传染源、切断传播途径，严格落实相应的防控措施。

思考题

1．食物中毒的救助措施有哪些？

2．大学生在校内外防范各种传染病，应采取哪些措施？

第十章 网络安全

【学习目标】

1. 了解网络安全基本知识。
2. 了解网络安全事故的表现形式及特点。
3. 全面提高大学生网络素质。
4. 大学生学会文明使用网络。

第一节 网络安全基本知识教育

一、网络安全基本概念

网络是指由计算机或者其他信息终端及相关设备组成的按照一定的规则和程序对信息进行收集、存储、传输、交换、处理的系统。网络安全是指通过采取必要措施，防范对网络的攻击、侵入、干扰、破坏和非法使用以及意外事故，使网络处于稳定可靠运行的状态，以及保障网络数据的完整性、保密性、可用性的能力。

（一）新媒体时代大学生网络安全教育的内涵

大学生网络安全教育属于高校安全教育的范畴，是针对大学生因不当使用网络而导致危及自身或他人的身心、财产，危及社会安全而采取的必要的教育及干预手段。它是指高校教育者和管理者以全面提高大学生综合素质为目标，以党和国家法律、法规、方针、政策为依据，以普及网络安全知识和增强网络安全意识为主要教育内容，通过新生教育、课程设置和宣传教育等多种途径，使在校大学生全面系统地掌握网络安全知识，提高网络安全防范意识，增强网络安全意识与自我保护技能，更好地运用网络，适应大学生活和社会而进行的教育。网络安全教育内含两个方面的意义，即基于网络技术手段方面的网络安全技术教育和对网络使用者的网络安全意识和能力教育。

（二）新媒体时代对大学生网络安全教育产生的影响

新媒体时代对大学生网络安全教育产生了直接影响，这种影响主要可以分为两个层面。首先，在新媒体时代，大学生可以借助更为多样的智能设备进行网络资源及信息的获取，这使得很多不良信息具有了更多腐蚀大学生思想的可能，与之对应的大学生网络安全教育活动开展也会更为复杂和困难。其次，大学生网络安全教育活动在开展上可以利用新媒体时代下的一些媒体传播形式，从这一层面上来看，大学生网络安全教育可以从更多的角度来进行。

法律链接

《中华人民共和国网络安全法》第六十三条规定："违反本法第二十七条规定，从事危害网络安全的活动，或者提供专门用于从事危害网络安全活动的程序、工具，或者为他人从事危害网络安全的活动提供技术支持、广告推广、支付结算等帮助，尚不构成犯罪的，由公安机关没收违法所得，处五日以下拘留，可以并处五万元以上五十万元以下罚款；情节较重的，处五日以上十五日以下拘留，可以并处十万元以上一百万元以下罚款。"

2022年9月14日发布的关于修改《中华人民共和国网络安全法》的决定（征求意见稿），提出，将六十三条和六十七条合并改为："违反本法第二十七条、第四十六条规定，从事危害网络安全的活动，或者提供专门用于从事危害网络安全活动的程序、工具，或者为他人从事危害网络安全的活动提供技术支持、广告推广、支付结算等帮助，或者设立用于实施违法犯罪活动的网站、通讯群组，或者利用网络发布涉及实施违法犯罪活动的信息，尚不构成犯罪的，由公安机关没收违法所得，处五日以下拘留，可以并处五万元以上五十万元以下罚款；情节较重的，处五日以上十五日以下拘留，可以并处十万元以上一百万元以下罚款。"

二、大学生网络安全现状

（一）网络自控能力较低

1. 沉迷于虚拟交友

大学宽松的学习和生活环境使得大学生们有更多的自主空间，网络的虚拟性又使他们能逃避社会现实带来的诸多压力。于是，一些大学生沉迷于虚拟的网络空间或沉溺于各种网络游戏，导致其心理或身体受到各种损害。刚从高考压力中解放出来的大学生，在学习和生活上充满了对自由的渴望。网络这个开放虚拟的自由平台可以让大学生摆脱现实的束缚和舆论的监督，获得他们向往的"自由"，于是网络成为大学生实现"自由"的首选。

不少大学生选择通过网络来度过课余时间，他们在网络上有自己志趣相投的朋友，有自己的社交圈子，在网络上获取信息和发布信息，网络成为大学生重要的精神家园。开放虚拟的环境，加上网络上的不良信息，尤其是色情、暴力等信息对正处于青春期的大学生诱惑很大，使他们不知不觉地沉迷其中，进而扭曲了对世界的认识。大学生心理上并不成熟，自控能力差，容易受到网络这种虚拟满足的诱惑。

大学生可以利用网络平台便利地与他人交流，部分大学生习惯了在网络上虚拟的交流方式，而逐渐丧失了现实生活中的社交能力，出现社交障碍。不仅如此，大学生在学习和生活中出现的困难和对现实的不满，往往不愿向亲友和身边的人倾诉，而是选择写在网上，与网友交流分享。这种逃避现实的行为会导致与他人交流的障碍，长此以往逐渐会出现社会适应困难等与现实生活脱离的情况，而进入恶性循环：越是依赖网络，越是难适应社会；越难适应社会，越依赖网络。

【案例】

某市女大学生杜某到派出所报案，称被人骗取了 1 万多元。之前杜某在某知名网络社交平台上认识了一名自称在金融公司上班、月收入过万、有房有车的"高富帅"刘某（假名）。在短暂地聊天之后，刘某提出交往。交友期间，刘某编造多种理由向杜某借钱。杜某借出了 1 100 元生活费后，又在其怂恿下从支付宝借呗平台贷出 1 万余元借给刘某。两天后，刘某以各种理由避见杜某、拖延还款，并再次要求杜某帮其借高利贷，杜某终于起了疑心并报案。经查，刘某其实姓兰，是一名"五无"人员，因为赌博欠下巨额高利贷，无力还款，就想通过网络进行诈骗。杜某也不是第一个上当受骗的姑娘。公安机关依法对兰某实施刑事拘留。

（资料来源：云法律，2018 年 02 月 25 日）

【点评】

网络是虚拟的环境，交友的前提是真实。所以在网络交友的时候一定要提前核实对方的身份，并与身边亲友多沟通，以免陷入对方的陷阱。切莫被"感情"冲昏头脑，更不能抱着"虚荣心"交友，如果涉及钱财问题，不能听信对方任何说辞、借口，及时说不。

法律链接

参照《刑法》和《最高人民法院关于审理诈骗案件具体应用法律的若干问题的解释》的规定：诈骗公私财物，数额较大的，处三年以下有期徒刑、拘役或者管制，并处或者单处罚金；数额巨大或者有其他严重情节的，处三年以上十年以下有期徒刑，并处罚金；数额特别巨大或者有其他特别严重情节的，处十年以上有期徒刑或者无期徒刑，并处罚金或者没收财产。

2. 沉溺于网络游戏

除了信息的获取和与人交流之外，网络游戏也是大学生网络行为的主要内容之一。网络游戏的种类繁多，其中不乏需要组成团队集体完成的竞技游戏，这类游戏需要多人组队参与，在相互配合中按照团队的力量相互竞技，此类游戏也是目前在大学生中最为盛行的。大学生在校期间以寝室或班级组成游戏团队的并不罕见，这些游戏团队在寝室间盛行，定期组织以竞技的形式进行的比赛。不管是组队的网络游戏，还是个人的网络游戏，都有丰富的情节设置和绚丽的游戏界面，这对在大学期间有相对宽松环境的大学生具有非常大的诱惑力。加之大学生的从众心理，认为不玩游戏或者不参与同学之间的游戏就是一种不合群行为，容易造成大学生集体沉溺其中。更有甚者，将游戏中的竞技带到现实生活中，出现打架斗殴等严重影响大学生正常学习生活秩序的事件。

对于部分不习惯独立生活的同学而言，老师与学生不再是严格意义上的管理者与被管理者的关系，大学更加强调学生的自我管理和自我约束。并且大学的课程多，但每周的课时很少，大学生自己能够支配的时间多；大学期间考试也比较少，学生的学历压力也相对较小。这为学生玩游戏提供了大量的机会和时间。

【案例】

11月10日，某大学一学院网站发布了一则通报。通报称，本学期9名同学累计获得学分数少于15个，进入退学预警期；6名同学在退学预警期内获得学分数少于15个且获得总学分数低于结业标准，按照该校《本科生学籍管理办法》，予以退学。通报内容显示，被予以退学的学生均为男生，都是某某专业，其中四人被指沉迷网络游戏、逃课、逃考试。

2018年中国社会科学院"中国大学生追踪调查"发现，大学生平均每天玩网络游戏的时间大约是2小时。据通报，6名同学被清退后，一人转学，一人被送戒网瘾中心，两人重新参加高考，还有两人提前离校打工。

（资料来源：中国青年网，2020年11月12日）

【点评】

本案例中大学生沉迷网络游戏的心理剖析。

（1）爱与归属需要。爱与归属需要包括与其他人建立亲密关系的渴求，成为某个群体一员的感受，也就是人际交往需要。通过网络游戏这个中间媒体，能突破时空、人数、地位限制，进行"人－机－人"方式沟通，大家似乎都在平等自由地玩。通过网络游戏这个桥梁，他们可以与形形色色的人以游戏为共同话题进行交流，共同剖析游戏攻略，交流体会。网络游戏促进社会团体形成、团体认同与紧密合作方式建立，对个人成长与成熟会产生非常大的影响，它能够促进个人更好地发展，加速个人社会化进程。然而，这种自然团队认同逐渐被当今社会某些人为规定所阻断，只能通过游戏得到好友、知音与小众社会价值认同。在并肩作战、共同对抗敌人中，他们得到了真诚信任与友谊。很多人玩网络游戏是因为现实交往出现危机，孤独与怀疑让他们早熟，而这种早熟却充满了无奈与酸涩。他们渴望与人交往，渴望获得别人的认同与信任，可是现实并不能满足他们。

（2）尊重需要。这是一种对自我积极与高度评价的需要。这种评价可被分成两类——自尊需要与他人尊重需要。自尊需要驱动个体去获得成功、力量、自信、独立与自由。从本质上来说，自尊需要是一种觉得自己有价值渴望。他人尊重需要是获得名誉、地位与认可，他人对我们能力赏识，以及希望有一种重要感。当尊重需要得到满足时，我们就会有自信感与自我价值感，就会认为自己活在世上是有价值的。在现实生活中，人们都希望获得成功,渴望得到他人认可。然而,现实社会却存在着残酷竞争与利益争夺,因此才有抗争成功与抗争失败。于是,问题出现了:一旦不成功,个体就会为维护自我概念与自我价值体系,而产生相应心理适应不良与心理失调,当心理长期处于失调状态下,人就会主动寻找适应自身价值体系的事物,如将注意力从主流价值体系分离出来,投向网络游戏,在远古神话传说或现代反恐游戏中扮演英雄人物,在游戏进程中一步步实现自我价值与自我认同感,在虚拟社区中不断展示个人魅力。

网络游戏对大学生心理有诸多危害,主要体现在以下几点:

(1)网络游戏对大学生认知的不良影响。长久地接触网络会造成大学生的感知能力严重下降。现在的网络信息有很大一部分以图像的形式呈现,这在某种程度上改变了大学生的思维方式,在遇到问题时也只愿意用最简单的方式解决,不愿意深究事物更深层的意义。

(2)网络游戏对大学生人格造成的不良影响。网络人格心理失真又称为网络自我迷失。个体表现为脱离实际、胆小、孤僻、耽于幻想等行为特点。大学生过分迷恋网络上的"人—机"式交往,呈现"人机热人际冷"现象,导致大学生忽视真实存在的人际关系,出现网络人格心理失真。

(3)网络游戏对大学生精神意志造成的不良影响。大部分大学生的自制能力较弱,并且网络游戏中诱惑性因素众多,大学生一旦接触这类网络游戏就很容易沉迷其中,导致大学生在实际生活中缺乏意志力。

(4)沉迷网络游戏对大学生身体的危害。研究表明,长期玩网络游戏会对人的左前脑造成伤害,进一步会影响到右脑发育,出现亚健康状况或直接导致心理障碍。

(5)沉迷网络游戏对大学生学业的危害。沉迷网络游戏的大学生一般对学业不感兴趣,对学校的课程不重视,甚至在上课时间躲在宿舍或者去网吧打游戏。沉迷在网络的虚拟世界中的大学生耗费掉大量本该用于完成学业的时间和金钱。

大学生远离网络游戏的对策:

(1)树立理想信念,明确自己的理想和目标。

有一部分学生在进入大学前对自己的认知并不清晰,每天为了准备高考忙碌于学习,高考是生活的绝对中心和目标。进入大学后,没有了高考这样一个清晰的努力方向,行动开始迷茫,学习失去动力。新的理想目标的树立对于大学新生学习动力的保持至关重要,有理想支持的学习和行动才能是高效并且能见到成效的。理想层次越高,抱负越大,学习的内在动力就越强。只有这样,大学生才能深刻认识到自己肩负的历史使命,才能真正明确学习目的,端正学习态度,真正养成一种勤奋、严谨、拼搏、创新的良好学风,努力成长为社会主义建设事业的可靠接班人。

(2)积极培养自身广泛的健康向上的兴趣和爱好。

兴趣转移法是促使大学生逐渐远离网络游戏的有效办法之一。大学生可利用业余时间积极参加学校举行的各种校园文化活动,不断充实自己的精神生活,让自己忙碌起来。这样一来,不仅可以分散自己在网络游戏上的精力,努力克服自己沉迷网络游戏的欲望,也有助于养成积极向上的生活态度,形成良好的自我调节能力和交际能力。只有不断提高自身的自律意识和自我控制能力,才能有效抵制网络游戏的不良诱惑。

(3)坚持敞开心扉,必要时接受心理咨询和干预。

如果按照正常的途径和方法,大学生靠个人意志无法克制游戏成瘾,就有必要借助必要的心理干预,采取心理咨询的方式帮助自己克制网络成瘾。

（二）网络信息识别能力不强

大学生的人生观、价值观和世界观都处于初步形成阶段，网络上繁杂的信息容易导致大学生价值取向的偏差，信息甄别能力减弱。多数大学生不具备完整、成熟的判断力和事实甄别能力，在网络生活中容易受到网络上不良信息的蒙蔽和他人的鼓动，对事实的甄别能力不强。以往大学生接触的信息主要来自家长、教师及媒体的灌输，这些内容经过层层把关，赋予了很强的意识形态，不良信息已被过滤。而在网络上，各种信息通过网络传播渠道完整地呈现在大学生面前，尽管杀毒软件、防火墙等过滤技术不断进步，也无法屏蔽所有的有害信息，于是一些享乐主义、拜金主义、极端个人主义的信息通过网络影响到大学生的个人判断和甄别能力。

作为一名大学生，如何识别网络信息的真假？可从以下四点做起：

1. 克服占小便宜心理

大学生要坚信"天上没有掉馅饼"的事，有些信息天天鼓吹轻轻松松就能赚大钱，如果真有这么轻松的事，还用做广告？风险和收益是共存的，如果没有风险，只有收益，那人人都去做了，还会找到你？所以头脑要冷静，或者考虑十天半个月再说，多对比，多询问朋友亲人，是避免上当的好办法。

2. 切勿因小失大

各类没花过一分钱就想中奖的事不要相信，如手机号中奖、真情回馈活动，不要相信，没有这么无私的企业。如果还要自己先付各种费用，哪怕金额再小，也要立即停止。

3. 严防诈骗信息

社会信息化，个人的信息可能被一些不法之徒利用，冒充同学、朋友来借钱、骗物。这时我们也要用核实一下。

4. 相信正规渠道

凡是钱财交易只信官网，另外不要偷懒，不要盲目相信短信、QQ等信息，打个电话问清最好。

总之，钱财交易多小心，信息事项多核实，陌生情况多咨询，遇事最好多交流，切忌头脑发热、一时冲动。

（三）网络安全意识薄弱，个人信息泄漏情况严重

大学生个人信息泄露的途径有哪些？如何防范呢？

1. 社交媒体软件

许多大学生在使用社交媒体软件时不注意保护隐私，随意添加不熟悉的好友，有的在聊天时不自觉地说出自己的姓名、职务、工作单位等信息。也有的将上述内容在QQ、微信中进行标注。还有一些人经常在朋友圈晒自己的火车票、登机牌、出游地、美食，无意中泄露了个人信息。另外，有的家长在网上发布孩子的图片或文字记录，泄露了孩子的相貌和姓名，而不法分子会利用这些信息进行诈骗等。大学生可通过以下措施加以防范：

（1）要将加好友的方式设置成验证模式，在QQ、微信等社交软件中采用昵称加自己为好友的，一定要询问对方的真实姓名，拒绝添加不明身份的好友。

（2）尽量不在QQ、微信朋友圈等社交软件中，通过视频、照片、文字等形式暴露自己的家庭住址、单位地址、子女情况等信息。

（3）不拉自己的好友进入陌生群，朋友拉自己进入陌生群时也不要参加。在与陌生人聊天时，要特别注意不要轻易说出个人的信息。

2. 快递单和包裹皮

网购的繁荣催生了快递业的飞速发展，但很多人在发快递时，忽视对单据的妥善保管，而这张小小的快递单上，至少包含了收件人的姓名、地址、联系电话三项重要的个人信息。在网上购物时，小件物品商家大都采用塑料袋包装后，由快递公司打印粘贴收件人信息的胶贴，当购买人收到快递拆开包裹后，将包裹封皮随意扔掉，而封皮上就存有大量的个人信息，比如姓名、家庭地址、电话。有的快递包裹还标注了购买物品的种类、购买时间，以及购买于哪个网站等内容。大学生可通过以下措施加以防范：快递包裹不论大小，每个包裹上都贴有相关信息，收件人在收到包裹后，可先行将有相关信息的部分撕下，或者用黑色油性笔涂抹掉收件人的信息，不能随意丢弃，以免落入不法分子手中；邮寄包裹的单据也要暂时稳妥保存，等对方收到包裹后，再根据自己的需要对单据收存保管，或者将单据粉碎处理，切勿乱丢乱放。

3. 购物网站

在不靠谱的网站购物时，有的商家会用即时通信工具给客户直接发送支付链接，这个链接会绕开第三方支付平台的安全监控，让你直接给他打钱，从而实现诈骗的目的；也或者利用低价商品做诱饵，诱使消费者扫描植入木马的二维码，从而盗取用户的信息和钱财。犯罪分子还会从网上购买客户资料，以"退款"等为由，诱骗用户提供姓名、银行卡号、身份证号等信息；有的骗子还制作了以假乱真的"钓鱼网站"，步步设坑，骗取用户重要信息。大学生可通过以下措施加以防范：网上购物尽量到正规、大型网站，并仔细检查网址，谨防犯罪分子制作的"钓鱼网站"。

（1）不轻易点击、接收、安装不明软件，不随便点击聊天中对方所发来的拓展阅读，除非你知道这个拓展阅读是干什么的。

（2）谨慎填写银行账户和密码，防止个人信息泄露而造成不必要的损失。必要时，可以对个人账号和密码进行复杂的加密处理。

4. 身份证复印件

公民在办理涉及政治、经济、社会生活等方面的事务时，需要大量使用有效身份证件，为了避免别有用心的人盗用自己的身份信息，在提供复印件时一定要写明用途。大学生可通过以下措施加以防范：

以身份证为例，无论是申请信用卡、办理房贷等，一律要进行签注。身份证复印件签注人写法："本身份证复印件仅提供××储蓄所……他用无效……"要用蓝色或者黑色签字笔，部分笔画与身份证的字交叉或接触，每一行后面一定要划上横线，以免被偷加其他文字。

5. 业务单据和车票等

飞机票、火车票、保险单、办理银行业务的单据常常出现在生活中，不可避免地包含了很多个人重要信息，如银行卡号、交易金额等涉及个人财产的重要信息；火车票虽然对涉及个人信息的内容进行了保密处理，但上面仍有购票者的姓名、出生年份、身份证尾号等内容。上述票据所含的信息内容如果被不法分子利用，更容易造成损失。大学生可通过以下措施加以防范：包含个人信息的票据不能随意丢弃，以免落入不法分子手中；无用的单据可以直接碎掉，或将姓名、电话、地址等个人信息涂黑再丢弃，有用的票据则要妥善保存，切勿乱丢乱放。

6. 中介机构

各类培训机构、中介机构、装修公司在办理业务时都会要求客户留下个人姓名、联系方式等信息，稍有不慎就会被中介机构的"内鬼"非法倒卖。此外，个人上网时经常会碰到各种填写调查问卷、玩测试小游戏、购物抽奖，或申请免费邮寄资料、申请会员卡等活动，一般要求填写个人姓名、详细联系方式和家庭住址等个人信息，遇到这类情况，必须要谨慎。大学生可通过以下措施加以防范：

（1）不要在商场、超市随意留下自己的电话等联系方式。

（2）不要贪图小便宜在街头参加一些需要填写真实身份、手机号码等个人信息的抽奖、竞猜、促销送礼品等活动。

（3）不在不靠谱的中介登记。即便在求职时，也是首先查看求职平台和企业是否正规，然后再根据其要求填写必要的个人信息。

7. 免费开放的Wi-Fi

目前，手机网购支付、手机网银、手机理财已成为我们日常生活中不可缺少的内容，而这些都需要网络的稳定支持。少数不法分子利用网络的开放性，搭建藏有木马的"钓鱼网站"，在网络后台就能获取用户银行卡账号和密码；有时会通过伪基站发送非法链接，用户在手机上打开拓展阅读后即运行了植入木马的恶意程序，手机钱包里的钱会不知不觉地流失；有的甚至劫持支付短信，将银行卡内的钱财洗劫一空。

此外，宾馆、饭店、商场、车站等人员密集的公共场所，通常设有开放的免费Wi-Fi，这些无线网络安全防护功能比较薄弱，不法分子只需凭借一些简单设备，就可盗取整个Wi-Fi内的任何用户名和密码，甚至连网银、支付账号和密码等重要信息都能一并窃取。大学生可通过以下措施加以防范：尽量不在公众场合使用开放的Wi-Fi上网购物，确需购物支付时，尽量使用流量，以确保支付安全；下载手机应用程序要去正规的应用软件网站，不安装使用来历不明的软件；定期做好手机软件的安全防护。

8. 要谨慎处理自己更换下来的手机

现在手机升级换代速度快，有的人喜欢赶时尚，频繁更换手机，而对载有大量个人信息的旧手机大都采用一删了之的办法处理后，即拿到二手市场变卖，也有的随意送人。公开资料显示，我国每年都有上亿部手机被淘汰，二手手机成了个人信息泄露的"重灾区"。有些收购二手手机的商贩，利用这一漏洞"倒卖"个人信息，他们只要利用简单的工具，就能轻而易举地恢复手机里的数据，然后再以几毛钱一条的价格打包出售机主的手机号、通讯录、支付宝账号等信息。这些信息一旦流向市场，个人的财产和人身安全难以得到保障。大学生可通过以下措施加以防范：在处理旧手机时，首先要将手机存储卡的数据拷贝备份后直接物理销毁；然后是处理手机本机存储的信息，这个可通过反复装满并删除内存、用第三方刷机工具进行一键刷机等方法彻底清除个人信息，从根源上避免个人隐私泄露。总之，旧手机不能随意扔弃，也不能未经处理个人信息就出售或者送人。

第二节　常见网络诈骗及其防范措施

一、网络诈骗的概念和类型

（一）网络诈骗的概念

网络诈骗与电信诈骗相似，是在特定历史发展阶段社会矛盾和社会消极因素综合作用的真实写照，指以非法占有为目的，借助网络，利用数字化工具，使用虚构事实或者隐瞒真相的方法，骗取数额较大的公私财物的行为，具有高技术性、跨国性、多样性和隐蔽性等特征。

（二）网络诈骗的类型

当前，网络诈骗犯罪形势严峻，已成为发案最多、上升最快、涉及面最广、人民群众反响最激烈的犯罪类型，其中刷单返利、虚假投资理财、虚假网络贷款、冒充客服、冒充公检法五种诈骗类型发案占比近80%，成为最为突出的五大高发类案，其中刷单返利类诈骗发案率最高，占发案总数的三分之一左右；虚假投资理财类诈骗涉案金额最大，占全部涉案资金的三分之一左右。

1. 刷单返利类诈骗

刷单返利类诈骗由于返利周期短、引流成功率高，已逐步演变为当前变种最多、变化最快的诈骗类型，并与其他网络诈骗手法相互"融合"，成为网络诈骗主要引流方式。诈骗分子主要犯罪手法包括以下几步：

第一步，前期引流。通过网页、短信、社交软件、短视频平台等渠道发布兼职广告，打着"足不出户、高额佣金"的旗号，或以色情内容和免费礼物为诱饵，招募"刷单客""点赞员""推广员"，一旦有受害人"上钩"，即将其拉入"做任务"的聊天群。

第二步，小额返利。加入聊天群后，诈骗分子会让受害人在群内领取"新手任务"，"任务"主要是提高平台商家、网店的交易量、信誉度，关注相关公众号、账号，为短视频点赞评论刷粉丝等。受害人完成"新手任务"后，诈骗分子会快速返还小额佣金，用以骗取受害人信任。

第三步，诱导下载刷单App。在受害人完成前期任务并获利基础上，诈骗分子通常会安排专人在微信群中散布其获得高额佣金的截图，引诱被害人下载虚假刷单App做"进阶任务"。随后，诈骗分子以"充值越多、抢单越多、返利越多"为诱饵，骗取受害人在刷单App中垫资充值，实际是将受害人资金转入其提供的银行账户，而受害人的App账户中显示的金额仅仅是虚拟数字。

第四步，完成诈骗。当受害人完成任务想要提现时，诈骗分子将设置重重障碍，以"任务未完成""卡单""因操作异常，账户被冻结"等各种借口，拒不支付本金和佣金，甚至诱骗受害人加大投入，进而骗取更多资金。一旦受害人识破骗局，诈骗分子将切断与受害人的一切联系渠道。

【案例】

2022年5月,湖北郜某某在微信群内看到"固定底薪、点赞评论返佣金"的信息及二维码。郜某某通过扫码加上客服,在客服诱导下下载某刷单App。安装App后,郜某某在App内联系上"接待员",由其指导做刷单任务。最初,"接待员"在郜某某完成评论任务后返了20元佣金到其支付宝账号。郜某某见佣金确实到账了,便根据对方的提示进入App内任务大厅认购任务单。认购任务单需交纳相应的本金,交纳金额越高,返还佣金越高。郜某某先后完成了5单任务,认购本金100元至1 000元不等,每次的佣金都返还至其App账户,后由郜某某提现到自己的银行卡中,到账速度很快,其进一步放松了警惕。随后,为了获得更多佣金,郜某某开始认购金额更大的复合任务单。此类任务需连续完成多单且中途不能退出,郜某某先后投入本金达11万元。但当郜某某按要求完成任务后却发现无法提现,便赶快联系"接待员",对方告知其操作有误造成"卡单",需要再做一次任务才能提现。郜某某此时已觉察被骗,向对方索要本金时发现对方已删除联系方式,且App已无法登录。

(资料来源:https://cj.sina.com.cn/articles/view/1966478617/7536151901901134f)

【点评】

兼职刷单做业务,就是把自己的财产处置权交给对方。刷单行为涉嫌违法,需要个人承担相应的法律责任,凡是需要先行充值或垫付资金的刷单行为都是诈骗,远离并自觉抵制身边的刷单行为,谨防给自己造成不必要的财产损失。

2. 虚假投资理财类诈骗

虚假投资理财类诈骗的受害人多为具有一定收入、资产的单身群体或热衷投资、理财、炒股的人群。诈骗分子主要犯罪手法包括以下几步:

首先,诈骗分子通过多种渠道锁定受害人并骗取其信任。锁定受害人的方式包括通过社交软件寻找受害人并建立联系、发布股票外汇等投资理财信息网罗目标人群、通过婚恋交友平台确定婚恋关系骗取信任等。

其次,在获得受害人信任后,诈骗分子采用冒充投资导师、金融理财顾问,或谎称有特殊资源可获得高额理财回报等方式,引诱受害人加入"投资"群聊、听取"投资专家"直播课、接受"股票大神"投资指导。

最后,诈骗分子将诱导受害人在其提供的虚假网站或App上投资,前期小额投资试水可获得返利,一旦受害人加大资金投入,就会发现无法提现或全部亏损,并被诈骗分子拉黑,且虚假网站、App无法登录。

3. 虚假网络贷款类诈骗

诈骗分子通过网络媒体、电话、短信、社交软件等发布办理贷款、信用卡、提额套现等广告信息,打着"无抵押""免征信""无息""低息""快速放款""免费提额套现"等幌子,以事先收取手续费、保证金、验资、交税等为由,或以检验还贷能力、调整利率、降息、提高征信等为借口,诱骗具有贷款需求或曾办理贷款业务的受害人转账汇款,甚至骗取受害人银行账户和密码等信息用于自己直接转账、消费。

二、网络诈骗犯罪的特点

（一）方式更加专业化

不同于普通的诈骗犯罪，网络诈骗大多是团伙作案，经过专业训练，内部有严密的组织结构、成员分工明确，团伙上面有指挥人员，下面有拨打电话组、群发短信组、钱财收纳组，有网络平台的还有技术维护组等。不同分工的人员专门负责各环节的事务，但又互相不认识，呈现出既是整体又是独立个体的特点。在网络诈骗中，由指挥人员统一协调，利用网名对成员进行工作分工，为减少风险采用单线联系方式。这种网络诈骗的运作模式具有专业性强和效率高的特点，特别是社会阅历少的大学生，很容易掉入其陷阱中。

（二）类型更加多样化

网络诈骗犯罪分子不断更新诈骗手段，将其与时代背景、社会生活相结合，翻新诈骗方式，披着多种"外皮"危害公众。根据公安机关统计，如今最常见的诈骗类型有线上购物、虚构中奖、网络兼职求职、冒充公职人员等，除此之外，还有冒充部队采购人员、冒充熟人、冒充"黑社会"、虚构绑架事件、虚构消费退税、虚构子女出事、网银密码升级、补办手机卡等方式。

（三）手段日趋信息化、智能化

在互联网技术快速发展的同时，网络诈骗犯罪分子利用发展趋势，对犯罪类型、犯罪工具进行不断升级更新。诈骗分子熟练掌握了多种现代化通信方式、支付类型，熟悉相关法律法规，熟知信息技术的漏洞。从利用电脑和手机群发短信、自动语言呼叫系统、网络拨号等方式，到利用显号改号软件、病毒等手段窃取用户信息等方式，犯罪手段也随着时代进步在更新升级，日趋信息化、智能化。

三、大学生网络诈骗防范措施

（一）不随意泄露身份信息

网络诈骗，正以诡谲多变、防不胜防的态势侵入我们的生活，树立牢固的安全观念，常备警惕之心对没有固定收入的大学生而言尤其重要。大学生要提高自我保护意识，注意妥善保管自己的私人信息，如本人证件号码、账号、密码等，并尽量避免在网吧等公共场所使用网上电子商务服务。那种针对性的诈骗发生的开端就是身份信息泄露，同学们不要在网上随意注册那种要填身份证号的账号，快递单和填有各种信息的废纸妥善处理后再扔，确保信息不会轻易被泄露。

（二）不贪小便宜

天上不会掉馅饼，对于那种说你中了奖要输验证码领奖的短信直接删了就好，电话直接挂了，绝不多听这些人的话，你听多了有可能不由自主就信了，不听不接是正道。平时生活中，做到不贪小便宜，就不容易被骗。

（三）不着急转账

凡是以各种名义要求你先转账的信息，请不要轻信，也不要轻易把自己的银行卡借给他人。遇到说你银行卡涉及洗黑钱、家里出事要转账这种信息，不要着急转账，先确认一下信息，联系一下银行和父母，即使是真的也不耽误你多长时间，若是假的就避免了损失。谨慎最重要。

（四）警惕校园网络贷款的陷阱

最近很火的大学生校园网络贷款，大家应该都有了解，那些骗子就是掌握着大家消费欲望高，贪图校园贷贷款门槛低的心理来进行敲诈勒索的。父母给的学费是足以让你度过学年的，所以，不乱花钱是很有必要的。

（五）避免陷入网购的陷阱

网络购物物美价廉又低碳环保，深受年轻人的喜爱。殊不知，骗子们无处不在。如果同学们接到陌生的短信或电话，要多留心眼，冷静判断，可以先拨打邮政、银行、公安等部门电话进行核实查询，不要直接拨打短信或是对方提供的号码，也不要将钱轻易转入对方告知的账户，一旦受骗及时报警。

第三节　警惕各种网络陷阱

一、网络陷阱的表现形式

高校学生常见的网络陷阱主要分为主动型和被动型两种，主动型是指高校学生利用计算机网络从事违法犯罪活动，被动型是指高校学生在上网社交中发生被侵害的安全事故。其中，网络社交安全事故包括网游陷阱、网恋陷阱、网络求职陷阱、网上购物陷阱、"网络钓鱼"等案例。

（一）网络游戏圈套

心理学专家郭莲舫教授就学生沉溺于游戏机房的现象曾提出：沉迷于网络游戏当中，不能控制自己就相当于吸食毒品成瘾，危害极大，解决这一问题必须要社会和政府的共同努力。事实上，一些带有赌博性质的财富值和游戏币游戏正在侵蚀越来越多的大学生，导致个别学生因此逃学、厌世、自杀、抢劫等，危害极大。

沉迷网络对大学生人际关系有一定影响，网络在满足参与者虚荣感的同时，也使他对现实世界产生了深深的隔膜，很多大学生远离人群，远离社会，希望躲入虚拟的网络世界寻求庇护。沉迷网络导致学生学习动机减弱，严重影响学生的学习与生活，上网成了他们生活的主题。由于网络本身极具吸引力，加之大学生缺乏自我控制能力，因此沉迷网络耽误了学习时间，削弱了学习兴趣，破坏了学习习惯，降低了学习效率，从而影响了学习成绩。

【案例】

王某高考结束后以优异的成绩考入北京某大学。在刚到大学学习之初，他充满了抱负和希冀。但随后在与同学和老师的交往中，他失去了中学时期的中心位置，感觉受到了冷落，发现达不到自己的期望。虽然学习不顺利，但他网络游戏技术上进步很快，在游戏中他找到了成就感和满足感，交到了很多的朋友，网络让他摆脱了现实的孤独寂寞。一段时间之后，他与同学交流渐渐减少，性格变得内向，时有自卑感，情绪低落，甚至与家长对抗，对数学知识、体育运动和其他事物兴趣下降，出现一系列的心理问题，并经常逃课，彻夜不归。经同学和班主任劝告，他一段时间内停止了网络游戏，但出现心烦意乱、易激动、上课注意力不集中、睡眠障碍等现象，后来又再次沉迷网络游戏。网络已经成为其逃避问题或缓解不良情绪的途径。

（资料来源：散文吧网站，2017年05月22日）

【点评】

现在的大学生多为独生子女，本来就与他人缺乏沟通，沉迷于网络会使其更加缺乏人际交流，容易引发性格上的孤僻、冷漠、怪异和暴躁等心理问题，产生自闭倾向。人类情感的真实表达需要手势、语言、表情等媒介，而网络中的交往仅仅停留在运用简单的符号来传递，缺乏现实情感体验。当人们越来越多地在网上寻求情感满足的时候，心理上必然会对网络产生依赖感，也必然导致个体对现实情感的疏远。

（二）网恋陷阱

随着大学生个人电脑的普及，"女生网恋聊天、男生打怪升级"成为校园奇观。一方面，虚拟梦幻是网络的魅力之所在；但另一方面，虚拟梦幻也是网恋的危险之所在。真伪难辨、鱼龙混杂的网恋引发的案件不断上升，从盗窃、抢劫、诈骗到强奸等不一而足。

【案例】

女孩戴某是湖南某大学的大三学生，与男子周某通过网络认识，后确定恋爱关系。交往4个月后，两人感情稳定，周某以各种理由向戴某借钱。戴某不但将自己学费借给周某，还受其指使，利用自己大学生的身份前后分9次通过银行进行网络小额贷款，再转借给周某，共计7万余元。后戴某发现周某早已成家生子，一直编造理由哄骗自己，于是告知家人并报警。因两人是恋爱关系，证据不足，不构成诈骗罪，双方则达成了调解协议：1. 周某当即偿还戴某学费19 000元；2. 周某以戴某名义所借款项及利息共计51 000元，还款期限为一年，逐月还清，每月支付4 250元，如逾期未还，按每月3分的利息计算，亦可起诉。事后，周某一直躲避，无法联系。戴某无奈，凭双方签字的调解协议和欠条诉至法院。

依照《中华人民共和国合同法》第二百零六条、第二百零七条，最高人民法院《关于审理民间借贷案件适用法律若干问题的规定》第二十九条，《中华人民共和国民事诉讼法》第六十四条、第一百四十四条之规定，做出判决被告周某偿还原告戴某借款51 000元，自借款到期日起至清偿日止，按年利率24%（月息2分）的标准支付逾期利息。

（资料来源：黑龙江省肇源县法院网，2017年05月15日）

【点评】

网恋具有隐瞒性、欺骗性、玩弄性、颓废性、危险性。有些不法分子利用"腰缠万贯、容貌出众、谈吐特别"等虚假的形象欺骗那些刚"上线"的少男少女们。有些不良的人士在网上四处传播一些"丑陋现实、歪曲事实、扭曲灵魂"的毒害信息，给那些自控能力差的人们起到"推波助澜、捕风捉影"的负面作用。如果一个人过度痴迷网恋的话，那么他（她）就比较容易走向"堕落"。

（三）网络求职陷阱

求职陷阱是指在大学生就业过程中，用人单位或一些不法分子为达到某种目的有意设计的圈套。根据目的和性质的不同，求职陷阱有善意陷阱与恶意陷阱之分。善意陷阱不以侵害大学生权益为目的，常见在用人单位面试、考核毕业生的过程中，作为考核内容的一部分，旨在观察毕业生的能力与素质。而恶意陷阱则是以侵害大学生的权益为目的，这类陷阱情况复杂，形式多样，近年来呈上升趋势，毕业生们要高度警惕，认真识别。

1. 高薪诱饵

初次求职的大学生对薪水常常有高于实际的要求，一些不法分子利用学生的这一心理，以夸张、离谱的高薪为饵，诱使求职者上钩。近年来，一些大学生被诱骗至目的地，被不法分子控制，强迫从事传销活动，很多就是以高薪为诱饵的。

2. 虚假中介

一些非法或违规经营的职业介绍所，采取与小公司串通，或自行安排招聘广告，有意发布一些虚假的就业岗位。对前来求职的毕业生，他们要求先交中介费，再推荐工作。待大学生交了中介费后，他们便将毕业生推荐至事先串通好的小公司工作，一两天后，这家小公司便会以各种理由将毕业生辞退，或设计各种障碍让毕业生自行离开，更有一些非法中介自行安排所谓的面试，收取毕业生中介费后，则以面试不合格或招聘名额已满为由将学生退回，其中介费却不退还。

【案例】

大学毕业后，小吴在一家职业中介交了10元会员注册费，又交了150元的信息费后，中介将为他联系5个用人单位进行面试。没想到，小吴5次面试均碰壁，对方要么称"已招到人"，要么称"不合适"。小吴发现，其他在该中介注册的大学生也遇到了和他一样的情况，他明白自己碰上了"黑职介"。

（资料来源：豆丁网，2018年11月20日）

【点评】

  目前，大学就业的形势较为严峻，招聘欺诈很多，骗术也"日新月异"，令人防不胜防。"黑职介"利用大学生缺少社会经验，同时又挣钱心切的心理，收取信息费后提供虚假信息，找几家用人单位来回"忽悠"学生。甚至有些中介在收费后便人间蒸发，让学生投诉无门。劳动部门曾多次提醒，求职者找工作时一定要去正规的职业介绍机构，要看有无劳动保障部门颁发的职业介绍许可证、物价部门颁发的收费标准证、工商管理部门颁发的营业执照等。如果遭遇"黑职介"，可向劳动监察部门举报。

  3. 热心帮忙

  人潮汹涌的人才交流会上，当你的求职材料被理想中的用人单位退回，正在唉声叹气时，可能有一个人出现在你面前，劝你不要灰心，信誓旦旦地说可以帮助你。如果你像抓住救命稻草一样地请他帮忙，他就会把你拉到一边为你出谋划策，说他认识这个单位某领导，只要他出面完全可以办妥此事等。你正在暗自庆幸遇到好心人时，他又会说想办好事需要找些关系，在这方面需要花些钱。当然，第一次他一般不会开价太高，估计你会愿意给。待过了一段时间后，你再找他，他会说，事情有进展，但还需要一些钱进行下一步发展，这时的你又不想让第一次给的钱打了"水漂"，就很有可能咬咬牙再给他钱。等你过段时间想问问结果时，那个好心人也许就再也找不着了。

  4. 限招美女

  这类陷阱常见的特征是，对毕业生所学专业、能力等方面没有什么特别的要求和限制，只要求女生形象好、气质佳。通常广告上安排的所谓岗位也是体面、轻松的，一旦大学生根据要求去见面，不法分子就有可能通过试酒量或限制人身自由等方式，对女大学生实施侵害行为。

  5. 网络招聘

  近年来，网上招聘已逐步体现其特有的优势，通过网上招聘的形式，求职者足不出户便可参与应聘，方便而快捷。但与此同时，一些不法分子利用网上求职互不见面的特点，处心积虑，设置陷阱，以种种名义骗取求职者的钱财，侵害求职者权益。惯用的方法有：利用毕业生求职心切的心理，通过网络发布虚假需求信息，并以各种名义要求毕业生汇款到指定的可以全国通存通兑的账号，待钱一到账立刻取走，公安部门很难追查；一些非法机构发布虚假需求信息，毕业生一旦联系，他们便以不能见面为由，要求毕业生提供照片，然后，他们窃取毕业生发布在网页上的照片，尤其是女大学生的生活照，有选择地粘贴在色情交友网站上，以骗取网民的点击率和中介费。

【案例】

  小崔是一名在校大学生，由于大学生活时间松散，于是就想找一份网络兼职工作补贴学费。其在上网时发现网上有很多招工信息，于是进入"招工"网站，填写了自己的基本身份信息。随后有人在QQ上联系小崔，对方自称是中介，可以帮其联系兼职工作。两人聊了一段时间后，该中介让小崔先交500元介绍费，在小崔向对方汇款后，对方留给小崔一个电话号码，称是一家正在招收兼职打字员的公司，让小崔与对方联系。小崔打通该公司电话后，对方称确实正在招工，每天工作量为5万字左右，日薪200元。小崔觉得比较合理，于是向对方表示想要应聘，对方称需要小崔填写个人信息，并先缴纳2 000元保证金，保证金在离职时将会退还。小崔未加思考果断转账给对方，而后对方让小崔等通知"面试"。可是等了两天后也没等到对方的联系，小崔才意识到自己被骗了，随即拨打110报警。

（资料来源：烟台网警巡查执法，2019年1月7日）

【点评】

很多大学生选择兼职或实习，想着赚取生活费，还能学点新技能。由于涉世未深加上求职心切，不少大学生陷入了不法分子设置的骗局。近几年来，通过网络诈骗的案件有很多，尤其在寒暑假期间是不法分子行骗的高峰期。"没有实体店的，需要支付押金的，网上刷单的，几乎都是网络诈骗。"

大学生网络求职应注意以下事项：

1. **不要登录不正规的网站**

一般而言，在校的大学生尽量在高校就业网上寻找自己满意的职位，因为学校会对招聘单位的资质与招聘信息的合法性、真实性和有效性进行严格审查。

2. **不要向任何网上"雇主"发送自己个人重要资料**

如身份证号码、信用卡号及银行账号。由于网络的安全性无法保证，在网络上输入的信息有可能被他人窃取、利用，造成损失。

3. **不要盲目地发送自己的简历**

网上的信息量很大，自己要有准确的定位，根据个人的专业、爱好、特长，有目标、有方向地向招聘单位求职，否则会让你疲于奔命，应接不暇。

4. **不要同时应聘同一单位的数个不同岗位**

这样做容易给招聘单位留下随意、不专业的印象，甚至认为你缺乏必要的诚意和诚信。不少大公司的软件系统会直接删除应聘信息含糊不清的简历。

5. **不要以同一份简历来应聘不同的公司或不同的职位**

简历针对不同的要求，略微改动一下，写几句"量身定制"的求职语句，表现出你对该行业的了解、对该工作的重视。

6. **不要申请不符合自己实力的职位**

衡量自己所申请的职位是否和自己简历中的描述相称，如果学历、工作经验等仅有一至两项符合的话，很可能第一轮就被按照条件设置进行检索的HR们刷了下来。

7. **不要以附件的形式来发送自己的求职简历**

某些招聘单位的电脑无法打开附件，有的附件会感染病毒也不会打开。最好按公司招聘要求发送，或者用纯文本格式发送。

8. **不要以很高的频率发送简历**

避免在一周内重复发送简历至一家公司，这种行为很可能引起招聘单位的反感从而过滤掉你的邮件，让大好的工作机会白白溜走。

9. **不要忽视已经发送的简历**

最好对发出的简历做一份跟踪档案，并随时关注它的进展，记录下应聘公司的信息。如你在面试时满头雾水或者张冠李戴，可能招聘公司会就此取消面谈。

10. **不要因为没有回音而过分焦虑**

要保持平和的心态，耐心坚持，把握机会。

(四)网上购物、拍卖陷阱

第 45 次《中国互联网络发展状况统计报告》显示,截至 2020 年 3 月,我国网络购物用户规模达 7.10 亿,较 2018 年年底增长 1.00 亿,占网民整体的 78.6%;手机网络购物用户规模达 7.07 亿,较 2018 年底增长 1.16 亿,占手机网民的 78.9%。截至 2020 年 3 月,我国网络支付用户规模达 7.68 亿,较 2018 年底增长 1.68 亿,占网民整体的 85.0%;手机网络支付用户规模达 7.65 亿,较 2018 年底增长 1.82 亿,占手机网民的 85.3%。网上购物有着快捷便利、信息量大、价格相对低廉等方面的优势,越来越受到当代大学生的喜欢。然而,并不是所有的网上购物都是安全的。虚拟世界里无法直接了解真实情况,容易被制作的图文并茂、设计精美的电子信息所迷惑,相信谎言而上当受骗。由于网上交易的特殊性,一旦产生纠纷,买方很难取得相应证据,进而难以通过法律途径解决纠纷。因此,网上购物时须注意以下几方面:

1. 超低价格是否合理

上网购物时,不要被低价所迷惑,不妨了解一下当地市场销售的同类商品的价格,以此判断网上售价是否合理。

2. 附带条款看仔细

网上购物算总价时,要考虑运送和处理费用。如果网站没有清楚写明这类收费或无法打印出来,不要轻易购买,购买前要认真阅读附带条款。

3. 确认网站安全性

网上购物时,要检查自己的浏览器是否保险,查看网站管理者及安全编码方式等信息。网上购物难免提供诸如银行卡、地址之类的个人资料,记住查阅有关"隐私保护"等条款。

4. 核实运送天数

在网上购物前明确从下单到货物送达所需的时间,拿到运送天数的书面文件或从该公司网站打印出来。

5. 保存消费记录

把公司网页上任何有关消费保证的事项(送货时间、客户服务、退货办法或其他相关事项)打印出来。因为网页随时有可能更换,写下所有电话联系的细节,包括日期、时间以及对方的姓名,保留商品的所有文件资料,包括收据、取消的签账单以及厂商的商业信函等。

二、大学生网络安全事故的防范

(一)加强网络安全法律知识学习

大学生要不断增强自主学习网络安全法律知识的意识和能力,强化自身网络安全法制观念。具体而言,大学生不仅要认真学习必修课中涉及健康、安全上网的内容,还应该积极参加学校、学院组织开设的其他网络安全教育课程、讲座及相关的活动、比赛等,这样不仅可以学习网络安全教育知识,加强网络安全防范意识,还可以丰富大学生的业余生活。除此之外,我们还可以通过借阅图书馆的相关书籍来进行网络安全法律知识学习。通过学习网络安全法律知识,可以提高大学生对网络信息的辨别、判断能力,使大学生了解自己在上网过程中可以做什么,不能做什么,从道德他律走向自律,真正意识到自己不仅是网络的使用者，更是网络的建设者和真正的主人，从而促使大学生自觉养成遵守网络安全法规的良好习惯，避免网络安全事故的发生。

（二）提高信息保护能力

在生活中，许多网络安全事故的发生主要是由于个人信息泄露被犯罪分子获取利用来骗取钱财，因此同学们有必要加强自身信息的保护。为此，同学们可以利用课余时间，加强对网络安全的基本理论知识和系统安全策略的学习，如加密解密算法、防火墙工作原理、作用、系统漏洞及修补方法、病毒处理等知识，以此保证自己电脑信息的安全，也可以防止自己在网络购物过程中的信息被泄露。

（三）增强网络安全防范技能

一方面，同学们可以通过手机观看网络安全防范技能宣传片，以丰富自身的网络安全防范技能；另一方面，同学们还可以通过关注新闻时事来了解网络安全事故的表现形式和常见诈骗类型，并善于从中汲取诈骗经验教训。即便在以后的生活中我们遇到了类似诈骗行为，也可以清楚地分辨出来，谨防自身财产、人身受到威胁。

（四）树立正确的消费观，不盲目跟风和超前消费

作为大学生，我们的经济来源较单一，资金来源几乎完全依赖于父母，没有完全自主的经济权，只有少数学生的收入是靠勤工俭学、假期兼职社会实践等途径获得。但是，有的学生存在着严重的消费结构不合理且非理性消费严重的问题，消费主观随意性很强，容易被广告或促销蒙蔽双眼，出现非理性消费现象。正是由于大学生有着这样的特点，无形之中给了网络上的不法分子可乘之机，于是出现了诸多超前消费的形式，如分期消费、网络借贷等，尤其是网络借贷，给不少大学生及其家庭带来了巨大的危机与伤害。因此，大学生个人要树立正确的消费观，约束自身不切实际的物质欲望，杜绝盲目跟风或超前消费，自觉抵制社会不良诱惑，避免深受其害；更不能把网络信贷的"工具"异化为非理性消费的借口，助长不法分子的违法行为；切不可为了满足一时的虚荣心，而给自己和家人带来危机，甚至给自己带来不可挽回的后果。

1. 你认为解决当代大学生沉迷网络游戏的有效方法是什么？
2. 对于网络求职陷阱，你认为当代大学生应该怎么才能避免？
3. 作为一名当代大学生，你认为网络交友可靠吗？
4. 关于网络安全，作为一名大学生的你是怎么理解的？

第十一章

求职就业安全

【学习目标】

1. 了解求职就业安全知识，认清就业形势。
2. 掌握毕业生就业有关各方的权利和义务，具备防范求职就业陷阱的意识和能力。
3. 引导学生认清就业形势并做好自我分析和自我定位，培养积极乐观的求职心态和就业心理素质。

第一节 大学生求职就业相关法律政策

就业政策是国家在一定的历史条件和阶段下，为促进经济发展和社会进步，创造劳动者就业条件、扩大就业机会所制定的行为准则，它包括就业指导思想、管理体制、指导原则、就业范围和渠道及相关的具体规定等。只有全面了解国家就业政策，增强自主择业意识，主动地面向社会主义经济的人才需求市场，按照供需见面、双向选择和市场竞争的原则，才能顺利就业。

一、大学生就业制度

现行的大学生就业制度由毕业生就业的有关方针政策、就业管理制度和就业服务保障体系等内容构成。

（一）方针政策

我国现行大学毕业生就业工作运用"贯彻统筹安排、合理使用、加强重点、兼顾一般和面向基层，充实生产、科研、教学第一线"的方针，遵循"在保证国家需要的前提下，贯彻学以致用、人尽其才"的原则，采用"实行国家宏观调控，学校和各级政府推荐，学生和用人单位双向选择"的就业模式。人事组织部门针对当前大学毕业生的就业现状，还制定了一些促进大学生就业的具体政策。

1. 劳动、人事政策

人事组织部门制定的促进大学生就业的政策包括以下几个方面：

（1）组织、人事部门会同编制部门，为西部地区和艰苦边远地区的乡镇下达部分周转编制，用于接收应届和往届高校毕业生。

（2）各地落实企业用人自主权，鼓励各类企业根据实际需要招聘高校毕业生。到中小企业和非公有制单位就业的高校毕业生在专业技术职称评定方面与国企员工享有同等待遇。

（3）加快建立并完善技术技能岗位准入制度，扩大高校毕业生的就业空间。根据规定，各级党政机关特别是地（市）县、乡级机关录用公务员，要严格坚持"凡进必考"制度。国有企事业单位新增管理和技术人员，应主要面向毕业生公开招聘、择优录取。

（4）政府举办的公共就业服务机构、人才交流服务机构、高校毕业生就业指导服务机构，对高校毕业生提供免费职业介绍服务。

（5）离校后未就业的高校毕业生可到各类人才和职业中介机构登记求职。有就业愿望但在一定时间内仍未就业者，可到入学前户籍所在城市或县劳动保障部门办理失业登记。劳动保障和人事部门免费为其提供就业服务，组织其参加职业培训或就业见习。

（6）对每个登记失业的毕业生，劳动部门承诺在3个月内免费提供一次政策咨询和职业指导，提供3次基本适合的岗位需求信息；对申请参加职业资格培训和见习者，按规定给予培训补贴；对失业时间较长或家庭生活困难的毕业生，要重点帮助其尽快就业。

（7）人力资源和社会保障部的相关文件指出，要逐步建立和完善高校毕业生就业见习制度。各地在考察用人单位工作岗位、工作环境的基础上，将条件合格并有积极性的企事业单位确定为见习单位。

2. 户口政策

针对大学生实施的户口政策也是一种便民政策，包括以下几点内容。

（1）对用人单位跨地区聘用的高校毕业生，省会城市、副省会城市、地级市应取消户口限制，简化有关手续。

（2）国家鼓励各类中小企业和非公有制单位聘用高校毕业生，公安机关要放宽建立集体户口的审批条件。

（3）取消对接收高校毕业生收取的城市增容费、出省（自治区、直辖市）费、出系统费和其他不合法不合理的收费政策。

（4）公安部门对应届毕业生凭用人单位与毕业生签订的就业协议书和毕业生所持的普通高校毕业证书，办理落户手续。非应届毕业生凭用人单位录用手续、劳动合同和普通高校毕业证书办理落户手续。

（二）就业管理制度

目前我国的大学生就业管理制度主要包括人事代理制度和劳动合同制度。

1. 人事代理制度

人事代理制度就是政府人事部门所授权的人才交流服务机构接受各类用人单位或个人的委托，代为管理与办理人事关系和人事业务，提供人才社会化服务。人事代理是社会主义市场经济条件下人事管理制度的创新。对毕业生而言，实行人事代理有利于保障毕业生的合法权益，解决毕业生的后顾之忧；有利于各类毕业生合理流动和发挥作用，实现毕业生的社会价值。

2. 劳动合同制度

劳动合同是劳动者与用人单位为建立劳动关系而达成的协议，也称劳动契约。劳动合同制度是一项重要的劳动法律制度，它包括有关劳动合同的订立、履行、变更解除和终止，违反劳动合同的责任，劳动合同纠纷的调解和仲裁，劳动合同的管理等一系列劳动法律、法规和规章制度。

3. 就业准入制度等

就业准入制度指中国为了提高从业人员的职业素质，加强对持证上岗的管理，制定的准入制度。是指根据《劳动法》和《职业教育法》的有关规定，对从事技术复杂、通用性广、涉及国家财产、人民生命安全和消费者利益的职业（工种）的劳动者，必须经过培训，并取得职业资格证书后，方可就业上岗。实行就业准入的职业范围由劳动和社会保障部确定并向社会发布。

（三）就业服务保障体系

1. 毕业生就业指导与服务体系

就业指导与服务体系的宗旨是为大学生就业服务提供全方位、高质量、方便快捷的指导和服务，其功能有信息服务、就业咨询服务、职业指导服务、职业介绍服务、职业培训服务、社会保障服务等。构建毕业生就业指导与服务体系是全国高校面临的一个全新的课题，目前高校并不能为广大毕业生提供真正意义上的就业指导与服务。

2. 劳动关系调整体系

劳动关系调整体系是劳动就业保障工作的重要组成部分。做好劳动关系调整工作不仅是在用工行为和就业行为市场化之后协调用人单位和劳动者劳动关系的需要，更是当前深化企业改革和维护社会稳定的需要。劳动关系调整就是对供需双方在生产和工作中的义务与权利、合作与冲突等相互交织的各种关系（如劳动报酬、劳动保护等）予以调整。劳动关系调整体系一般由政府用人单位及员工组成。

3. 社会保障体系

社会保障体系是指社会保障各有机部分组成的相互联系、相辅相成的总体。完善的社会保障体系是社会主义市场经济体制的重要支柱，关系改革、发展、稳定的大局。我国的社会保障体系包括社会保险社会救助、社会福利、优抚安置和社会互助、个人储蓄积累保障等。社会保障体系是社会的"安全网"，它对社会稳定、社会发展有着重要的意义。

4. 法律法规体系

国家通过制定相关法律法规、制度等，建立健全监督机制和服务保障机制，规范就业市场主体的行为，保护大学生和用人单位的权益，使大学生可以在更加公平、公正、公开的环境下择业。

二、各类大学生的就业政策

（一）基层就业优惠政策

1. 鼓励毕业生到基层就业主要优惠政策

（1）对高校毕业生到中西部地区和艰苦边远地区基层单位就业、履行一定服务期限的，按规定给予学费补偿和国家助学贷款代偿。

（2）结合政府购买服务工作的推进，在基层特别是街道（乡镇）、社区（村）购买一批公共管理和社会服务岗位，优先用于吸纳高校毕业生就业。

（3）艰苦边远地区县乡事业单位公开招聘高校毕业生可适当放宽年龄、学历、专业等条件，可以拿出一定数量岗位面向本县、本市或者周边县市户籍人员（或者生源）招聘；乡镇事业单位招聘本科以上高校毕业生、县级事业单位招聘硕士以上高校毕业生，以及招聘行业、岗位、脱贫攻坚急需紧缺专业高校毕业生，可以结合实际情况，采取面试、直接考察的方式公开招聘；可以根据应聘人员报名、专业分布等情况适当降低开考比例，或不设开考比例，划定成绩合格线。

2. 学费补偿和助学贷款代偿政策

（1）对到中西部地区和艰苦边远地区基层单位就业的中央部门所属高校应届毕业生实行学费补偿或国家助学贷款代偿政策，本专科生每人每年最高不超过12 000元，研究生每人每年最高不超过16 000元。本科、高职（专科）、研究生和第二学士学位毕业生补偿学费或代偿国家助学贷款的年限，分别按照国家规定的相应学制计算。每年补偿学费或代偿国家助学贷款总额的三分之一，三年代偿完毕。

（2）各省（自治区、直辖市）制定吸引和鼓励本地所属高校毕业生面向艰苦边远地区基层单位就业的学费补偿和国家助学贷款代偿办法。

3. 基层就业户口档案政策

落实省会及以下城市放开对高校毕业生落户限制的规定，高校毕业生在基层就业可根据需要自愿迁移户口。人事档案按规定转至就业地县级人力资源社会保障部门所属公共就业和人才服务机构，或有关单位的组织人事部门。

4. 中央基层就业项目优惠政策

近年来，中央有关部门组织实施的引导高校毕业生基层就业项目主要包括：大学生志愿服务西部计划、"三支一扶"计划、农村义务教育阶段学校教师特设岗位计划。凡参加以上三种计划的高校毕业生，可享受以下优惠政策：

（1）公务员招录优惠：每年拿出公务员考录计划的一定比例，专门用于定向招录服务期满且考核称职（合格）的服务基层项目人员。服务基层项目人员也可报考其他职位。

（2）事业单位招聘优惠：各省（区、市）县乡基层事业单位公开招聘时，应根据本地区实际拿出一定数量或比例的岗位，对"三支一扶"等服务期满考核合格的人员进行专项招聘，并增加工作实绩在考察中的权重，聘用后可以不再约定试用期；省市事业单位公开招聘时，对"三支一扶"等服务期满且考核合格的人员同等条件下优先聘用。

（3）考学升学优惠：服务期满后三年内报考硕士研究生初试总分加10分，同等条件下优先录取；高职（专科）学生可免试入读成人本科。

（4）国家补偿学费和代偿助学贷款政策：参加中央基层就业项目的毕业生，符合规定条件的，可享受相应的学费补偿和助学贷款代偿政策。

（5）服务期满自主创业的，可享受税收优惠、行政事业性收费减免、创业担保贷款和贴息等有关政策。

（6）参加基层服务项目前无工作经历的人员，服务期满且考核合格后 2 年内，在参加机关事业单位考录（招聘）、各类企业吸纳就业、自主创业、落户、升学等方面可同等享受应届高校毕业生的相关政策。

（7）各基层就业项目服务年限计算工龄。服务期满到企业就业的，按照规定转接社会保险关系。

（二）到非公有制单位就业的大学生可享受的优惠政策

我国为了鼓励大学毕业生到非公有制企业就业，特别制定了一些优惠政策。

（1）到非公有制单位就业的高校毕业生，公安机关将积极放宽建立集体户口的审批条件，及时、便捷地办理落户手续。

（2）用人单位将按照国家有关规定与所聘高校毕业生签订劳动合同，为其办理社会保险手续，缴纳社会保险费，保障其合法权益。

（3）从事个体经营和自由职业的高校毕业生要按当地政府的规定，到社会保险经办机构办理社会保险登记，交纳社会保险费。鼓励和支持高校毕业生自主创业，工商和税收部门简化审批手续，积极给予支持。

（4）人力资源和社会保障部门所属人才服务机构将为到非公有制单位就业的高校毕业生提供集体户口存放人事关系。同时还为这些毕业生提供人事关系接转、人事档案管理转正定级党团关系接转、专业技术职务任职资格申报评审、社会保险金缴纳等全方位的服务，解除这些到非公有制单位就业的高校毕业生的后顾之忧。

（5）对于以非全日制、临时性和弹性工作等灵活形式就业以及到个体、私营等非公有制经济组织就业的高校毕业生。将按照有关规定，在工资支付、社会保险、劳动争议处理等方面维护其合法权益。

（三）应征入伍的大学生可享受的优惠政策

保家卫国是每位公民的职责，为了鼓励大学生到部队去学习锻炼，去保卫神圣的疆土，大学生应征入伍可享受许多优惠政策。

1. 优先征集政策

（1）大学生入伍优先报名应征、优先体检政考、优先审批定兵、优先安排使用，大学生参加体检开辟绿色通道。高校新生应当在户籍所在地参加应征；高校应届毕业生和在校生可在学校所在地参加应征，也可在入学前户籍所在地参加应征。

（2）报名网址：全国征兵网 https://www.gfbzb.gov.cn/

2. 学费资助及优待政策

（1）学费补偿、国家助学贷款代偿、学费减免，本专科生每人每年最高不超过 12 000 元，研究生每人每年最高不超过 16 000 元。

（2）入伍大学生按规定享受优待政策，义务兵家庭优待金由批准入伍地发放，其家庭享受军属待遇。

3. 升学优惠政策

（1）设立"退役大学生士兵"专项硕士研究生招生计划，每年专门面向退役大学生士兵招生约 8 000 人，并向"双一流"建设高校倾斜。

（2）在部队荣立二等功及以上，免试（指初试）攻读硕士研究生。

（3）在完成本科学业后 3 年内参加全国硕士研究生招生考试，初试总分加 10 分，同等条件下优先录取。

（4）高职（专科）学生应征入伍，退役后在完成高职（专科）学业的前提下，可免试入读普通本科，或根据意愿入读成人本科，自 2022 年专升本招生起执行。

4. 复学政策

（1）高校学生（含高校新生）服役期间按国家有关规定保留学籍或入学资格，退役后 2 年内允许复学或入学。

（2）经学校同意，大学生士兵退役后复学可转入本校其他专业学习。

（3）退役复学后免修军事技能等课程，可直接获得学分。

5. 在部队选拔培养政策

（1）符合条件的取得全日制本科学历和学士学位的毕业生（含毕业学年入伍，服役期间取得的），入伍 1 年半以上，可选拔为提干对象。

（2）参加全军统一考试，录取到有关军队院校学习。

（3）优先选取士官。

（4）参加保送入学对象选拔，同等条件下优先推荐。

6. 退役后技能培训政策

面向自主就业退役士兵开展职业技能培训，实施学历证书＋若干职业技能等级证书制度和学分银行制度，建立学习成果认定、积累和转换机制，按规定享受培训资助。

7. 退役后就业服务政策

（1）退役后一年内，凭用人单位录（聘）用手续，可办理就业报到手续，户档随迁。

（2）退役高校毕业生士兵可参加户籍所在地省级毕业生就业指导机构、原毕业高校就业招聘会，享受就业信息、重点推荐、就业指导等就业服务。

（3）乡镇补充干部、基层专职武装干部配备时，注重从退役大学生士兵中招录；在军队服役 5 年（含）以上的高校毕业生士兵可以报考面向服役基层项目人员定向考录的职位。

（4）教育部在"24365 校园招聘服务"活动中开辟退役大学生士兵岗位专区，畅通求职就业渠道。

（四）重大科研项目选聘大学生的政策

大学生是拥有专业知识的群体，应当发挥自己的聪明才智，为社会的进步贡献力量。一些科研院校和相关部门可以从大学毕业生中挑选优秀的毕业生参加科研活动。

1. 积极聘用优秀高校毕业生参与国家和地方重大科研项目

高校毕业生在参与项目研究期间，享受劳务性费用和有关社会保险补助，户口档案可存放在项目单位所在地或入学前家庭所在地人才交流中心。聘用期满，可续聘或到其他岗位就业，就业后其工龄与参与项目研究期间的工作时间合并计算，社会保险缴费年限连续计算。

2. 服务协议期满后的就业

协议期满，如果项目承担单位无意续聘，则毕业生到其他岗位就业。同时国家鼓励项目承担单位在正式聘用（招用）人员时，优先聘用担任过研究助理的人员。项目承担单位或其他用人单位正式聘用（招用）担任过研究助理的人员，应当依据《中华人民共和国劳动合同法》《国务院办公厅转发人事部关于在事业单位试行人员聘用制度意见的通知》等执行。

3. 正式录（聘）用后落户手续与工龄接续

担任过研究助理的人员被正式聘用（招用）后，按照《国务院办公厅转发教育部等部门关于进一步深化普通高等学校毕业生就业制度改革有关问题意见的通知》（国办发〔2002〕19号）有关规定，凭用人单位录（聘）用手续、劳动合同和"普通高等学校毕业证书"办理落户手续；工龄与参与项目研究期间的工作时间合并计算，社会保险缴费年限连续计算。

（五）自主创业的大学生可享受的政策

为鼓励高校毕业生自主创业，以创业带动就业，财政部、国家税务总局发出《关于支持和促进就业有关税收政策的通知》，明确毕业生从毕业年度起3年内自主创业可享受税收减免的优惠政策。其中，高校毕业生在校期间创业的，可向所在高校申领"高校毕业生自主创业证"；离校后创业的，可凭毕业证书直接向创业地县以上人力资源和社会保障部门申请核发"就业失业登记证"，作为享受政策的凭证。

1. 税收优惠政策

（1）持人力资源和社会保障部门核发"就业创业证"的高校毕业生在毕业年度内创办个体商户的，可按规定在3年内以每户每年12 000元为限额（最高可上浮20%，具体由各省、自治区、直辖市人民政府根据本地区实际情况确定）依次扣减其当年实际应缴纳的增值税、城市维护建设税、教育费附加、地方教育附加和个人所得税。

（2）对高校毕业生创办小微企业的，可按规定享受小微企业普惠性税费政策；创办个体工商户的，对其年应纳税所得额不超过100万元的部分，在现行优惠政策基础上减半征收个人所得税。

2. 担保贷款和贴息政策

（1）创业担保贷款和贴息支持：可在创业地申请创业担保贷款，最高贷款额度为20万，对符合条件的个人合伙创业的，可根据合伙创业人数适当提高贷款额度，最高不超过总额的10%。对10万元及以下贷款、获得设区的市级以上荣誉的高校毕业生创业者免除反担保要求；对高校毕业生设立的符合条件的小微企业，最高贷款额度提高至300万元，财政按规定给予贴息。

（2）创业担保贷款申请程序：申请创业担保贷款贴息支持的个人和小微企业应向当地人力资源社会保障部门申请资格审核，通过资格审核的个人和小微企业，向当地创业担保贷款担保基金运营管理机构和经办银行提交担保和贷款申请，符合相关担保和贷款条件的，与经办银行签订创业担保贷款合同。

3. 资金扶持政策

（1）免收有关行政事业性收费：毕业2年以内的普通高校毕业生从事个体经营的，3年内，免收管理类、登记类和证照类等有关行政事业性收费。

（2）求职创业补贴：对在毕业学年有就业创业意愿并积极求职创业的低保家庭、贫困残疾人家庭、原建档立卡贫困家庭和特困人员中的高校毕业生，残疾及获得国家助学贷款的高校毕业生，给予一次性求职创业补贴。

（3）一次性创业补贴：对首次创办小微企业或从事个体经营，且所创办企业或个体工商户自工商登记注册之日起正常运营1年以上的离校2年内高校毕业生，试点给予一次性创业补贴。

（4）享受培训补贴：对大学生在毕业年度内参加创业培训的，按规定给予培训补贴。

4. 工商登记政策

简化注册登记手续：创办企业，只需填写"一张表格"，向"一个窗口"提交"一套材料"，登记部门直接核发加载统一社会信用代码的营业执照，"多证合一"。

5. 户籍政策

取消落户限制：高校毕业生可在创业地办理落户手续（直辖市按有关规定执行）。

6. 创业服务政策

（1）免费创业服务：可免费获得公共就业和人才服务机构提供的创业指导服务。

（2）技术创新服务：各地区、各高校和科研院所的实验室以及科研仪器、设施等科技创新资源可以面向大学生开放共享，提供低价、优质的专业服务。

（3）创业场地服务：鼓励各类孵化器面向大学生创新创业团队开放一定比例的免费孵化空间。政府投资开发的孵化器等创业载体应安排30%左右的场地，免费提供给高校毕业生。有条件的地方可对高校毕业生到孵化器创业给予租金补贴。

（4）创业保障政策：加大对创业失败大学生的扶持力度，按规定提供就业服务、就业援助和社会救助。毕业后创业的大学生可按规定缴纳"五险一金"。

7. 学籍管理政策

（1）折算学分：各高校要设置合理的创新创业学分，建立创新创业学分积累与转换制度，探索将学生开展自主创业等情况折算成学分。

（2）弹性学制：学校可以根据情况建立并实行灵活的学习制度，可放宽学生修业年限，保留学籍休学创新创业。

（六）对于经济困难的大学毕业生的救助办法

为确保家庭经济困难的学生能顺利入学、完成学业，拥有人生出彩的机会，国家与高校出台一系列高校学生资助政策。毕业后资助政策汇总如下：

（1）凡高校毕业生因患病等原因短期无法就业、生活困难的，由高校毕业生户籍迁入地所在地民政部门参照当地低保标准给予临时救助，享受临时救助的时间最长不得超过一年，一年后家庭生活仍有困难的，按有关规定申请享受最低生活保障或其他社会救济。对于滞留高校尚未办理户籍迁移的高校困难毕业生，民政部门不予受理。

（2）高校生活困难毕业生申请临时救助，按最低生活保障的申请审批程序办理。高校生活困难毕业生应当向户籍迁入地所在的申请审批机关出具高等学校颁发的毕业证书、个人身份证以及省级高校毕业生就业工作主管部门签发的全国普通高等学校本专科毕业生就业报到证或者全国毕业研究生就业报到证。

（3）享受临时救助的高校毕业生已参加就业或家庭经济条件好转，应及时取消对其的临时救助。

（七）普通高校就业服务信息查询

1. 岗位信息服务

（1）教育部会同社会招聘服务机构推出"24365校园招聘服务"，举办各类区域性、行业性、联盟性专场招聘会。高校毕业生可用学信账号登录"国家24365大学生就业服务平台"（https://www.ncss.cn/）或微信搜索关注"国家24365大学生就业服务平台"（ncssfwh）公众号并绑定学信账号，获取求职意向登记、岗位一键搜索、职位精准推荐、在线求职应聘等一站式服务。

（2）各地各高校不定期举办各类线上线下招聘活动，高校毕业生可以通过各地各高校就业指导部门及其网站，获取信息服务。

2. 就业指导服务

（1）教育部推出"互联网+就业指导"公益直播课，通过新华网、央视频、学习强国、中国教育电视台等平台，围绕就业形势与政策、职业生涯教育、求职择业指导、行业发展趋势等主题，帮助毕业生答疑解惑。毕业生可通过"24365就业资讯"（ncssweb）公众号获取课程直播信息，通过"国家24365大学生就业服务平台"（https://www.ncss.cn/）学职平台版块回看课程。

（2）组织开展"宏志助航计划"，教育部推出全国高校毕业生就业能力培训网络平台，提供就业指导和职业技能类网络课程，帮助大学生拓展职业视野、了解行业发展和岗位要求、提高职业技能和就业竞争力，学生可通过"国家24365大学生就业服务平台"（https://www.ncss.cn/）宏志助航版块进入。符合条件的在校生还可在高校报名参加线下培训。

（3）各地各高校开展线上线下就业指导活动，提升毕业生求职就业能力。毕业生可以在各地各高校的就业指导部门获取指导服务，也可通过"国家24365大学生就业服务平台"（ncssfwh）公众号访问"我的辅导员"与辅导员关联，获取辅导员帮助指导。

3. 签约及去向登记服务

（1）教育部推出"全国高校毕业生网上签约与毕业去向登记平台"（以下简称"网签平台"），毕业生和用人单位可根据高校的要求，选择在线签约和去向登记。平台可通过"国家24365大学生就业服务平台"（https://www.ncss.cn/）网上签约/去向登记版块进入。

（2）毕业生可使用平台完成线上签约/解约、线下签约/解约、登记就业协议信息等，具体操作方式可咨询本校就业部门。

（3）签订就业协议的毕业生在网签平台上传就业协议，经学校（院系）审核通过后，完成去向登记。其他去向的毕业生通过平台选择毕业去向类型，按照具体要求填写相关去向信息，上传证明材料，经学校（院系）审核通过后，完成去向登记。

4. 查询反馈服务

教育部提供毕业生就业去向查询反馈服务。每年6—9月，应届毕业生可以登录学信网在"学信档案"中查看本人毕业去向，并可在线反馈信息是否准确。如信息不准确，可备注说明具体情况，由毕业生所在高校根据反馈情况及时更新。

第二节　大学生谨防求职招聘陷阱

一、大学生常见的求职就业陷阱

（一）变相收费陷阱

1. 中介陷阱

非法中介机构和部分合法中介机构利用大学生求职心切等心理，收取高额的中介费、报名费、面试费、体检费、押金等。有的中介在收取费用后迟迟不给介绍工作；有的中介介绍了工作，如果出现面试未通过，则称学生自身的原因，之前的费用不予退还；有些中介收取高额的中介费用后所介绍的岗位，或工资待遇低，或工作环境差，均与最初的承诺相差甚远，导致毕业生自动离职；中介机构之间相互串通，以大城市落户、解决住房、工作稳定、薪资水平高等作为诱惑，介绍给外地的中介机构，外地的中介机构或直接不见踪影或重复上述手段。

2. 培训陷阱

部分企业录用毕业生的前提是毕业生必须在上岗前缴纳"培训费"，不参加有偿培训不予录取，而事实上，参加有偿培训的也不一定会被录取；一些培训机构以"高薪就业""某公司提供岗前培训"为由头，向毕业生收取培训费后，并未给学生有用的培训，也不提供就业岗位；有些培训机构在毕业生缴纳培训费后，推荐到偏远、低薪的岗位，或在试用期被借故辞退；有些企业要求新进毕业生必须经过某培训机构安排的培训，考核合格才能录用，毕业生缴纳了高昂的培训费但考核通过者很少；"培训贷"陷阱是培训机构诱导毕业生参加所谓的就业技能培训或岗前培训，承诺培训费用可在工作后每月从薪金扣除或分期缴纳，实际上是变相欺骗学生在中介机构或贷款公司进行贷款，培训之前大多签订贷款合同，培训期间毕业生不会拿到钱，也不会学到有用的技能，培训机构承诺的高薪职位也不存在，最终毕业生却要承担高额的贷款和利息，如果毕业生中途反悔还要承担违约金。

3. 押金陷阱

有些企业利用高薪、解决大城市户口、解决住房等引诱毕业生，要求毕业生在面试后上岗前缴纳"保证金"或"押金"，随后以种种借口不让毕业生上班，已缴纳的"保证金"或"押金"不予退还；还有一些毕业生在工作一段时间后，发现该公司许诺的条件没有兑现，导致毕业生自动离职，已缴纳的"保证金"或"押金"也不予退还。

（二）获取廉价劳动力陷阱

1. 试用期陷阱

有些用人单位利用毕业生刚入职场没有经验，对相关法律了解不多，在与毕业生签订合同时只签订试用期合同，且试用期时间较长，试用期结束后就找各种借口辞退毕业生；有些用人单位会在合同上随意延长试用期，在试用期快要结束时，找各种借口告知毕业生试用不合格，要求再次试用；有些用人单位在毕业生报到时就马上签订劳动合同，要求毕业生立刻上岗工作，合同中不体现试用期的字样，当毕业生工作一段时间后发现自己不适合此工作要更换工作时则需要承担解除合同的违约责任；有些用人单位利用毕业生分不清试用期和实习期的区别，故意用实习期替代试用期，给毕业生发放低于试用期薪资的实习费用、不为员工缴纳相应的社会保险费等。试用期期间毕业生的薪资应为约定工资的80%或不低于本单位同岗位最低档工资，且用人单位应为毕业生办理缴纳社会保险等五险一金费用。

【案例】

某高校大四学生小罗，四处投递简历，后来接到了一家小型出版社的电话。该出版社表示，如果小罗可以在出版社实习3个月并表现得令人满意的话，双方就可以正式签约。小罗想，在求职的高峰期去实习的话将错过不少其他求职机会。而且，如何定义"表现得令人满意"？于是就没有答应。小罗同学小夏听说之后，觉得机会难得，于是就联系了这家出版社。在3个月的实习中，小夏一直在出版社中忙项目、整理资料，十分认真。不过，3个月后，出版社并没有与小夏签约。后来，小夏听说出版社只是这段时间的工作比较多，需要人手，并没有打算与小夏正式签约。

（资料来源：华律网，2020年2月18日）

【点评】

针对此案例，需要告诉同学们，这种口头合同存在较大的不确定性，求职者们一定要当心，如果因此错过了招聘的黄金时期，接下来再找工作的话可能存在一定的困难，因为很多用人单位可能都已经招到人了。此外，《劳动合同法》明确规定，劳动合同可以约定试用期，但试用期最长不得超过六个月。如果试用期超过六个月就是明显的侵权行为。这些都需要大学生求职者多加注意。与此同时，求职者与用人单位签订劳动合同时，一定要仔细阅读劳动合同中关于劳动报酬、工作内容、合同期限和社会保障等方面的细节。在劳动报酬一栏中，要看清考核、奖励办法；在工作内容一栏中，注意对职位的具体约定；在合同期限一栏中，要注意试用期的期限及相关问题。

2. 高薪陷阱

有些用人单位对岗位和工资待遇夸大其词，许诺工资待遇高、工作环境良好等，可是实际情况往往大相径庭，所承诺的高薪、年底分红等待遇在实际工作中都将和业绩挂钩，根本不存在所谓的轻轻松松赚取高薪的情况。

3. 合同协议陷阱

有的单位在招聘时提出的待遇很好，但却不签订就业协议书或劳动合同；有的用人单位在招聘员工时做出了口头承诺，却没有体现在合同或就业协议书中，在工作中用人单位没有兑现之前的承诺，毕业生是无法维护自己的合法权益的；还有一些用人单位在合同里设置一些带有迷惑性的字眼或者模棱两可的信息，导致毕业生无法维护自己的合法权益；有的用人单位与毕业生签订一些"霸王条款"等不平等协议，一些毕业生在签订合同时，并未认真阅读条款或不了解条款的含义，有些毕业生能够明白自己签的是不平等的协议，但碍于找工作的不易等因素而签订。

（三）盗取信息陷阱

1. 盗取个人信息陷阱

有些用人单位在网络或其他媒体发布待遇诱人的招聘广告，吸引毕业生投递简历，之后与毕业生联系套取个人信息，如身份证号码、个人联系方式、家长姓名、家庭住址、家庭电话、父母情况、银行账户等。不法分子利用盗取的信息，或直接倒卖个人信息，或直接盗用账户，或冒名高额透支，或向求职者家里行骗。

2. 盗取劳动成果陷阱

此类陷阱一般是小规模的广告、设计、软件开发或营销公司，由于自身缺乏人才，资金不足，不能聘请相关的专业技术人员来设计项目，就通过招聘的模式来获取新颖的创意、方案等劳动成果。利用毕业生在应聘考试中急于表现自己的心理，在面试的时候将公司遇到的问题或是某个项目作为考题，或在试用期将公司内接下的项目作为通过试用期考题直接交给毕业生完成。

3. "公关"陷阱

有些招聘单位以高收入做诱饵，却对学历、专业等工作技能没有任何要求。这些所谓"公关"公司会在面试或岗前培训中为毕业生"洗脑"，引诱求职者从事传销、色情或其他非法职业。

（四）勤工俭学陷阱

与其他侵财型案件不同，勤工助学诈骗案一般不使用暴力，而是在一派平静甚至"愉快"的气氛下进行，大学生容易上当。下面是大学生在勤工俭学时的几条注意事项：

第一，大学生勤工俭学时一定要加强自我保护意识，去正规、合法的职介所找工作，兼职前务必看好中介机构及用人单位的营业执照等有关证件，以免上当受骗，遇到非法招工时，要及时报警。

第二，大学生勤工俭学销售产品时，不能提供正规发票的就不要轻易交钱。

第三，大学生要树立正确的财产观，不贪图不义之财，自觉抵制不法分子的诱惑。

（五）网络兼职诈骗陷阱

近年来，网络兼职以其不受空间限制、占用时间少等优点，在高校大学生中流行起来，同学们常可以在各种社交软件、搜索引擎、分类信息网站上看到"轻松＋高薪＋日结"等字样的网络诈骗信息，由于具体兼职工作简单、便捷，只需在电脑上每天工作几个小时，就能有数百元收入，因此吸引许多同学参与。当同学们有兼职意向时，诈骗者就会以各种理由要求同学们用手机发送短信或打付费电话，从而骗取手机信息费；要求输入银行账号、密码，从而盗用银行卡资金；要交押金、保证金、材料费、培训费、办理健康证等，从而骗取金钱。

【案例】

2017年12月29日，德州市某高校大二女生张某在58同城网站上发现了一份"打字员"招聘广告"打1 000字可以获得三四百元的酬劳"，于是添加了招聘广告上留"人事部，秦某"的QQ。秦某让张某通过语音软件添加了一位"培训师"，"培训师"让其交纳230元的保证金，称培训结束后再把钱送回来。没过多久，张某与其他几名应聘者参加了第二轮培训，并以文稿保密为由要求张某再次交纳400元保证金，张某付款后，却没有等到返款，却等来了第三次培训，"培训师"再次要求她交纳了400元保证金。由于"培训师"承诺的都没有兑现，张某意识到被骗了。在与"培训师"理论的过程中，"培训师"把她拉黑了。

（资料来源，htp: //ly.163．ceom/v/rice/deai/D7CO6PQ0512ES8F.html）

【点评】

网络兼职诈骗成功很大程度上是由于大学生比较单纯，缺乏社会经验，无防备心理。人们常说，天上不会掉馅饼，"贪心"才是导致上当受骗的根源，但其实很多刷单诈骗受害者是想利用自己的闲暇时间做点兼职，挣钱补贴家用。而这类案件的高发群体也正是在校大学生。

（六）网络招聘诈骗陷阱

在当前就业形势较为严峻的情况下，一些不法分子抓住毕业生们涉世不深、缺乏社会经验和求职心切的心理实施网络招聘诈骗。诈骗者首先制作一个版面精美、内容齐全的山寨公司网站。然后，开始在全国各主要的招聘网站或者高校BBS上发布虚假招聘信息，并公布网站网址。网络招聘诈骗的主要方式有：通过冒充用人单位或中介单位，收取就业押金、中介费；骗取求职简历，据此向用人企业收取招聘费、信息费；打着招聘的旗号，将人带入传销陷阱等。

【案例】

马某是某大学应届毕业生，和其他同学一样，大四下学期一开始就在网上海投简历。2015年4月份，他接到了一个自称某著名外企的电话，称马某比较符合公司招聘条件，想对马某进行电话面试。近半小时的通话后，对方表示对马某的回答非常满意，初步决定录用。对方留下了公司网址，挂掉电话后，马某立即浏览了该公司网站，发现该公司的确在招聘员工，只是招聘的岗位跟自己的应聘方向稍有偏差，不过，他不想错过这次难得的机会，3天后，他主动拨通了该公司的电话，对方要求马某带好身份证、学历证书等到公司报到。就在去公司报到的前一天，马某在网上无意浏览到了一则消息，说近期有一些骗子冒充某些知名企业进行招聘诈骗。毕业生到公司后，被安排到一间封闭的小屋内，进行所谓的"培训"，并强迫其接受传销知识。马某觉得自己有可能受骗，随即放弃了去该公司报到的计划。

（资料来源：htp: //wwwyibyscom/quzhizhianshow79480html）

【点评】

随着互联网的普及，网络招聘以其方便、快捷、高效率的特点，受到用人单位和求职者的青睐，但由于网络的虚拟性、不确定性，网络招聘乱象丛生，给求职者带来伤害，给社会带来资源、时间的浪费，危害了公共安全。网络招聘虚假信息，一方面，因为某些个人、用人单位、网络平台唯利是图，丧失了对法律的敬畏和商业伦理底线；另一方面，主管部门监管也存在盲区。对于求职者来说，要学会掌握一些防范措施，提高对虚假错误招聘信息的甄别能力，避免自身陷入网络求职骗局。

二、大学生求职就业安全注意事项

（一）大学生社会实践安全注意事项

同学们在参与社会实践的过程中不但要防范各类陷阱，而且要注意人身财产安全。要强化安全防范意识，提高自我保护能力，以免上当受骗。具体可从以下几点做起：

（1）要到有资质、信誉好的中介机构找工作，或者直接与用人单位或雇主签订书面用工协议或合同。中介机构的资质包括劳动部门颁发的职业介绍许可证和工商部门颁发的营业执照，只有具备这两证的中介机构，才能从事职业介绍工作。

（2）不要轻易将个人证件和证书给用人单位或雇主作为抵押，不能随便将原件和复印件交给他人，更不能将手续交给不相识的人代办。

（3）注意将个人信息合理适度公开，不要随便分发自己的求职简历，不要随意留下自己的个人信息和通信方式（包括家庭通信方式），以防不法分子倒卖同学们的个人信息资料和向亲属实施诈骗。

（4）不要因为害怕失去兼职机会而轻易掏钱，当用人单位或雇主提出收取报名费、押金、服装费、培训费、风险金等要求时，一定要索取正规发票，并妥善保管。

（5）对一些表格、问卷等要仔细看清，不能随便签字，以免落入圈套，陷入不必要的麻烦和纠纷。

（6）与用人单位领导或雇主保持一定的距离，不要随意接受别人的馈赠，以减少遭遇意外的可能性。

（7）对于提供超出正常水平的高薪兼职，一定要冷静，不要被高薪冲昏头脑。一些单位往往以丰厚的待遇为诱饵，吸引同学们，骗取中介费、加盟费，或者诱使同学们从事传销、色情服务等违法活动。

（8）通过网络找兼职工作的同学们要擦亮自己的双眼，不要盲目将自己的姓名、银行卡账号和密码、手机号等告知陌生人。

（9）如果遇到意外情况，应沉着应对、敢于抗争、寻机脱险，并及时向学校保卫部门和地方公安机关报告，并注意保留证据，提供有关线索，以便于有关部门进行调查。

（二）大学生家教安全注意事项

从事家教活动是同学们将知识转化为财富的最直接形式，个别同学由于社会经验不丰富，人生阅历较浅，合法权益尤其是人身安全容易受到伤害。因此，同学们外出做家教时应注意以下几个方面：

1. 通过正规渠道联系

想要外出做家教的同学，要通过学校、老师或正规的家教服务机构、人才市场等渠道联系家教。通过报纸、街头举牌、散发和张贴小广告等方式找家教，很容易被不法分子所利用。同学们一旦发现上当受骗，要及时报警，大胆揭发。

2. 不要随便轻信他人

家教一般在学生家中或双方约定的图书馆、自习室进行。如果对方和同学们约见在与家教不相关的场合，并提出要借用同学们的贵重物品，同学们一定要提高警惕。

3. 合理安排家教时间

同学们一旦当上家教老师后，要相对固定家教时间，应尽可能安排在周六、周日的白天。没有特殊情况，不要随意改动家教时间，辅导的时间也不宜过晚。第一次和雇主见面时，最好约同学陪同前往，让同学对自己的行踪有所了解。

4. 及时结算报酬

同学们做家教之前，一定要和对方确认好价格，并在每次上完课后及时结算。如果对方是按月付费，则最好与对方签订合同，以保障自己的利益不受损害。

【案例】

据悉，某高校的小林之前在大学附近的一个家教中介公司求职，这个公司要求小林办会员卡，收取了30元的费用，在给小林介绍了第一份工作的时候又收取了他300元的信息费。之后小林就兴高采烈地打电话联系中介公司提供的去做家教的那家"家长"，这位"家长"接电话后和他约定了见面的时间和地点。但是等小林在规定的时间过去了之后，却一直没看到人，再打电话过去的时候，这位"家长"一直说自己没空，只能改天再约时间，等了好几天都没有再联系，到一周后小林不想再等待又打过去，"家长"的手机却一直显示的是关机状态。等小林去找中介公司的时候，发现已经人去楼空了。

（资料来源：文知家教网，2018年05月25日）

【点评】

本案中小林轻易向中介公司缴纳费用，不法分子利用了小林急于赚钱的心理行骗。因此，为了避免大学生陷入家教求职陷阱，建议大学生在寻找家教工作时选择正规的家教中介渠道。第一，通过正规渠道，寻找合法中介；第二，不因求职心切而降低自我保护；第三，初次见面要谨小慎微；第四，坚持试讲，观察对方是否真正需要请家教老师；第五，尽可能避免晚上进行家教；第六，合理选择家教地点。

（三）大学生实习安全注意事项

求职是高校教学过程中的一个重要环节，也是大学生基本素质向能力转化的重要阶段。个别同学在校内或校外实习时，由于思想麻痹、安全意识淡薄、安全知识匮乏，从而引发安全生产事故。同学们做好实习期间的安全事故预防工作，需要从以下几方面入手：

（1）在工作过程中，要听从单位领导、实习老师的指导，严格遵守用人单位的各项规章制度和技术操作规程。尤其是从事专业性强、有一定危险性的工作，如机械加工、医疗卫生等，要严格执行行业安全规范。

（2）在进行实习编组时，注意男生和女生混合编组，尽量避免女生单独编组，禁止一个人单独进行野外实习。

（3）了解掌握厂矿、企业内特殊危险区域、地点及物品，避免发生意外事故。

（4）按不同岗位的要求穿戴好防护用品，留长发的同学必须戴工作帽。女同学不准穿高跟鞋、裙子上岗。男同学不准穿背心、短裤上岗，不准穿拖鞋。

（5）严格按照操作规程使用实习工具，不准擅自触摸带电的危险设备、设施和电路板，未经允许不得动用他人设备和工具。

（6）在实习现场行走时，要随时注意头顶的管道和脚下的阴沟与地槽，严禁进入任何废弃的设备内。

（7）不准在实习现场随便触摸裸露的管道与设备，不准随便动现场的阀门与按钮，防止发生紧急停车、物料放空等生产事故。

（8）严禁在实习现场乱闯、打闹、喧哗，防止发生交通事故、高空坠落、机械伤害等安全事故。

（9）在实习操作过程中，如发现不正常现象或发生安全事故，应及时向指导老师报告，听从指导老师的安排。

（四）大学生维权应对措施

据调查，大学生的维权状况并不乐观，在权益受到侵害后，有四分之一的同学选择"保持沉默"。大学生在参与社会实践过程中，其人身权、财产权受侵害的现象屡屡发生。因此，同学们应提高维权意识，学会在做兼职、实习、就业等过程中运用法律的思维来解决问题。一旦自身的合法权益受到侵犯，同学们应该积极运用法律武器，通过申请调解、仲裁、诉讼等合法途径，维护自己的正当权益。

（1）一旦发现用人单位或雇主有侵权、违约等行为，要及时向用人单位或雇主所在地的劳动、工商部门投诉。对于传销、诈骗等违法犯罪活动，可以直接到公安部门报案。

（2）如果同学们与用人单位或雇主发生工资待遇、劳动质量等方面的劳务纠纷，可以与用人单位或雇主协商解决，也可以直接到合同履行地法院起诉维权，无须劳动仲裁救济前置程序。

（3）对于用人单位或雇主违法收费、无偿占有智力成果等行为，同学们可以向人民法院提起诉讼。

（4）如果在实习期间受伤，不能进行工伤鉴定，只能按照人身伤害进行赔偿。因为大学实习生不是劳动法的适用主体，不受《中华人民共和国劳动法》的保护。

（5）如果是同学们自己联系的实习，同学们必须保留好实习的证据以及医院出具的诊断书、医药费发票等所受侵害的证据。如果与用人单位或雇主协商不成，可以通过拨打政府服务热线、法律热线寻求帮助，还可以通过民事诉讼的方式维权。

第三节 大学生如何保护自身的就业权益

一、就业权益保护概述

（一）毕业生就业有关各方的权利和义务

1. 大学生的权利和义务

（1）大学生在就业过程中，享有以下权利：

①接受就业指导权。大学生有权从学校接受就业指导。学校应成立专门机构，安排

专门人员对毕业生进行就业指导，包括向毕业生宣传国家关于毕业生就业的有关方针、政策，对毕业生进行择业技巧的指导，引导毕业生根据国家、社会需要，结合个人实际情况进行择业，使毕业生通过接受就业指导，准确定位，合理择业。当然，随着毕业生就业完全市场化，毕业生也将由从学校接受就业指导而转为主动到市场寻求和接受一些有益的就业指导。

②信息知情权。大学生有了解就业政策与管理规定的权利。国家、省（直辖市、自治区）、市、县有关大学生就业政策和高校有关毕业生就业管理规定对大学生就业行为有直接的影响，大学生有及时获取用人单位需求信息的权利。

③被推荐权。高等学校在就业工作中的一个重要职责就是向用人单位推荐毕业生。历年工作经验证明，学校的推荐往往在很大程度上影响用人单位对毕业生的取舍。高校在对毕业生进行推荐时，应实事求是，根据毕业生的实际情况向用人单位进行介绍、推荐，不能故意贬低或随意捧高毕业生在校的表现。

④职业选择权。根据国家有关规定，大学生在国家就业方针、政策指导下通过供需见面、双向选择实行自主择业。毕业生就业只要符合国家的有关方针、政策，如定向、委培生回定向、委培单位就业，从事教师工作必须取得教师资格证书等，就可以自主选择从事的职业，自主选择用人单位，任何部门或个人无权干涉毕业生的选择自由。

⑤平等待遇权。用人单位招录毕业生，应坚持公开、公平、公正的原则，任何凭关系、走后门及性别歧视等都是对毕业生平等待遇权的侵犯。根据《劳动法》相关规定："劳动者就业，不因民族、种族、性别、宗教信仰不同而受歧视。""妇女享有与男子平等的就业权利。"

（2）大学生在就业过程中的义务如下：

①服从国家需要的义务。虽然毕业生在就业时有了相当大的自主择业的权利，但是并不能排除服从国家需要的义务。当国家重点建设项目或某些行业急需人才时，应积极为国家的重点建设工程或项目服务，如西部志愿者、"三支一扶"、服兵役等。

②向用人单位实事求是介绍个人情况的义务。毕业生在向用人单位进行自我推荐、自我介绍和接受考察时，有义务全面、实事求是地反映个人情况，以利于用人单位的遴选，不得夸大其词、弄虚作假。

③接受用人单位组织的测试或考核的义务。用人单位为了招聘到符合要求的毕业生，一般要通过一些测试或考核手段来了解毕业生的情况，通过比较，做出是否录用的决定。因此，毕业生应积极配合，充分展现自己的能力，接受用人单位的测试和考核。

④严格按照就业协议及其他合法约定履行相应的义务。《中华人民共和国民法典》第四百六十五条规定：依法成立的合同，受法律保护。依法成立的合同，仅对当事人具有法律约束力，但是法律另有规定的除外。

2. 用人单位的权利和义务

（1）用人单位的权利。

①自主录用毕业生的权利。在国家有关大学生就业政策规定的范围内，用人单位可以通过双向选择，自主录用毕业生，这是用人单位的一项基本权利。

②全面了解毕业生信息的权利。用人单位有权要求学校或毕业生本人提供思想表现、学习成绩、能力特长等方面的材料。当然，用人单位在行使这一权利时，要注意保守毕业生个人或家庭情况秘密，并尽量不要涉及个人隐私问题。

③考核毕业生的权利。用人单位有权决定考核毕业生的时间、地点、形式、程序、标准，但考核标准中不能含有歧视性的条款。

（2）用人单位的义务。

①如实宣传的义务。用人单位在招聘毕业生时，有实事求是向毕业生介绍单位实际情况的义务，不得做虚假宣传，不得夸大宣传，更不能采取欺骗方式诱导毕业生。介绍单位情况时，不能只讲好的方面，不讲差的方面，要具体而全面，以免影响毕业生的择业决策。

②做好接收工作的义务。当毕业生根据就业协议，通过国家派遣，持"全国普通高校毕业生就业报到证"到用人单位报到时，用人单位有义务做好各项接收工作，办理好相关手续，并主动关心毕业生生活，安排好毕业生的工作岗位。

③违约赔偿的义务。用人单位违约，会给毕业生会带来难以想象的负面影响，不仅对毕业生重新择业造成了困难，对其心理上的伤害也是短期内难以抚平的。因此，用人单位若因特殊原因不得不提出违约时，应主动承担违约责任，给予毕业生适当的经济赔偿，并向毕业生表示歉意。

3. 学校的权利和义务

（1）学校的权利。

①管理毕业生就业工作的权利。尽管毕业生就业工作是一项服务性很强的工作，但由于实际工作的需要，学校对就业工作仍承担了一定的管理责任。学校为加强毕业生就业日常管理，规范毕业生就业行为，有权制定有关管理规定，以确保毕业生就业工作的正常运行。

②了解用人单位真实情况的权利。对拟招聘本校毕业生的用人单位，学校有权了解其地址、单位性质、工作内容、生产生活条件等基本情况，有权了解用人单位的招聘办法、考核与录用过程、毕业生安排意向等，也有权审核用人单位的营业执照等资料。只有通过对用人单位真实情况的全面了解，学校方可向毕业生宣传、推荐用人单位，指导毕业生择业。

③审核就业协议的权利。学校既是就业协议签订的主体之一，也是受教育主管部门委托的就业协议书管理者。因此，学校有权审核用人单位与毕业生签订的就业协议是否符合国家有关就业政策，是否公平、公正，是否符合就业协议签订的程序等。

（2）学校的义务。

①成立各级大学生就业权益维护服务中心，有效维护毕业生合法就业权。

随着国家对大学生权益维护工作的日益重视和大学生自我维权意识的逐步增强，部分高校已经把大学生就业权益保障问题纳入学校重要的议事日程，纷纷组织成立了大学生就业权益保障与服务中心等专门机构，这为维护大学生的合法权益起到了重要作用。同时还应该有效利用网络渠道，开设"大学生在线维权服务"，宣传权益保护知识，呼吁全社会重视大学生就业权益保护问题。例如，北京联合大学就成立了大学生就业权益服务中心，它是北京地区最早成立的维护大学生就业权益的学生组织，取得了良好的社会效果。

②开设就业权益指导讲座，引导大学生正确规避就业风险。

就业前期，在大学生中开展就业指导教育，对参加毕业生就业指导工作的教师和毕业生开设就业权益指导讲座，使日常的系统教育与有针对性的指导相结合是预防大学生就业权益受损的有效途径。学校通过典型个案说理或邀请遭遇合法权益受损事件的毕业生现身说法，让大学生在真实的案例情景中明晰事理，在了解当前就业状况的同时又提升了自我防范意识,以提前判断和预防各种陷阱。

③积极构建大学生权益保障体系,凝聚保护合力。

学校应在深入了解大学生就业权益保护现状的基础上,持续完善相关就业服务机制,突出人性化服务理念,全面提高大学生就业权益保障部门服务的能力,真正发挥权益服务作用,形成一套成熟完善的学生就业权益规章制度。同时,还可以积极建设维权网络系统工程,借助网络、媒体、报刊等多种辅助手段,发挥各级维权组织的积极作用,积极为维护大学生就业权益搭建信息平台。

一般认为,与毕业生就业有关的法律、法规可分为四个层次:第一层次是指相关的法律,如《民法典》和《劳动合同法》,它们具有绝对的权威性,在就业、劳动市场的运作方面处于统领地位;第二层次是指教育部及有关部委关于毕业生就业的规范,如教育部颁布的《普通高等学校毕业生就业工作暂行规定》。该规定对全国高校、毕业生、用人单位具有普遍的约束力,是目前最为系统全面的就业规范;第三层次是指各地方就业主管部门关于毕业生就业的规范性文件;第四层次是指各高校关于毕业生就业的管理规定、实施办法、细则等。

二、就业协议与劳动合同

(一)就业协议概述

1. 就业协议的概念

就业协议是明确毕业生、用人单位和学校在毕业生就业工作中权利和义务的书面表现形式。目前,普遍采用的就业协议书是教育部高校学生司统一制定的"全国普通高等学校毕业生就业协议书"。就业协议书经大学生、用人单位、学校签字盖章后生效,生效后任何一方违约都要承担相应的法律责任。

2. 就业协议的组成与内容

(1)签约须知和注意事项。

①毕业生应按国家规定就业,向用人单位如实介绍自己的情况,了解单位的使用意图,表明自己的就业意见,在规定的时间内报到,若遇特殊性情况不能按时报到,需征得用人单位同意。

②用人单位要如实介绍本单位的情况,明确对毕业生的要求及使用意图,做好各项接收工作。凡取得毕业资格的毕业生,用人单位不得以学习成绩为由提出违约,未取得毕业资格的结业生,协议无效;毕业生、用人单位、学校三方如有其他约定,应在备注中注明,并视为协议书的一部分;本协议经各方签字、盖章后生效,三方都应严格履行协议,若有一方提出变更协议,须征得另外两方同意,由违约方承担违约责任,并在备注栏中注明。

(2)签署意见与签字盖章。

①毕业生情况及意见。这部分内容由毕业生本人填写,特别需要注意毕业生意见栏,许多毕业生签协议时往往忽视这内容,往往不填或只简单填"同意"二字。然而,这一栏的意见对毕业生来说是十分重要的,毕业生应对是否愿意到用人单位就业表明自己的意见,同时也应将与用人单位在洽谈中达成的基本条件写明,以免日后发生争议。尤其是先与单位主管部门签订就业协议,报到后才安排具体单位的毕业生,更应注意此处的意见。

②用人单位情况及意见。这部分由用人单位填写。有几种情况要特别留意：一是档案地址一定要详细；二是用人单位意见栏有用人单位意见与用人单位上级主管部门意见两部分。由于一些用人单位没有独立的人事权，毕业生录用还必须通过其上级主管部门审核同意。因此，毕业生签协议时，一定要注意用人单位上级主管部门的签章。

③学校意见。学校意见分学院意见与学校意见。学院意见主要是审核毕业生资格，如毕业生是否能如期毕业，是否符合用人单位录用条件等。学校意见是实质性审核，表明学校对毕业生与用人单位所签就业协议书的态度，同意或不同意定要态度明确。

（3）备注部分。备注是为毕业生、用人单位、学校三方共同约定其他条款所设计的，许多毕业生往往忽视这一部分，毕业生与用人单位洽谈好的一些条件，如违约处理、住房安排、薪资标准等都可在备注栏注明，同时要求双方签章，这样就可避免今后一些不必要的争议。

3. 签订就业协议的程序

（1）毕业生到学校就业工作部门领取就业协议书。

（2）毕业生和用人单位达成就业意向后，双方在就业协议书上签字盖章。

（3）无独立人事权的用人单位报请上级主管部门在就业协议书上签字盖章。

（4）毕业生所属学院审核就业协议，并签字盖章。

（5）学校审核就业协议，并签字盖章。

4. 签订就业协议应注意的几个方面

（1）认真了解国家及相关省、市、自治区就业政策与规定。

①学习了解国家有关就业政策。高校毕业生就业政策和规定，是指导和规范毕业生顺利就业的政策依据。

②了解各省、市、自治区录用毕业生的相关政策。由于各种各样的原因，各地在引进人才方面出台了许多政策，这些规定对录用毕业生的条件进行了规定，如上海市、北京市、深圳市等中心城市，对录用毕业生的学校、专业、普通话水平、计算机等级等方面都有具体规定。

（2）要注意弄清用人单位是否具备合法的主体资格。只有具备合法主体资格的单位，才拥有录用毕业生的自主权。因此，毕业生签订就业协议前，要仔细了解用人单位的主体资格，以免上当受骗。

（3）双方协商条款的内容必须在备注栏中注明。在毕业生与用人单位洽谈中，必然会就一些具体问题进行协商，达成一致意见后，协商条款一定要在备注栏中书面说明，并由双方签字盖章。备注栏中需要注明的条款一般有以下两类：

①关于工资福利待遇、住房条件、服务期限等。这些条款的提出，有利于保护毕业生的自身权益。毕业生报到后与用人单位签订劳动合同时，不需要重复协商此类问题。

②明确违约处理办法。毕业生就业协议书一经订立，任何一方都不得随意解除，否则就应承担违约责任，但由于各种各样的原因，违约现象也是客观存在的，为维护自身权益，有必要约定双方违约所要承担的责任，如规定违约金数额等。

（二）劳动合同概述

1. 劳动合同的概念

劳动合同是劳动者与用工单位之间确立劳动关系、明确双方权利和义务的协议。劳动合同按合同的内容分为劳动合同制范围以内的劳动合同和劳动合同制范围以外的劳动合同，按合同的形式分为要式劳动合同和非要式劳动合同。

2. 劳动合同的主体

劳动合同的主体即劳动法律关系当事人，有劳动者和用人单位。劳动合同的主体与其他合同关系的主体不同：其一，劳动合同的主体是由法律规定的，具有特定性，不具有法律资格的公民与不具有用工权的组织不能签订劳动合同；其二，劳动合同签订后，其主体之间具有行政隶属性，劳动者必须依法服从用人单位的行政管理。

（1）需要签订劳动合同的对象。按照全面实行劳动合同制度的改革要求，需要签订劳动合同的对象包括新招用的劳动者、原有的固定工及原固定工身份的特殊人员。

（2）需要签订劳动合同的用人单位。根据劳动法律、法规的规定，需要与劳动者签订劳动合同的用人单位包括中国境内的企业法人，个体、合伙制非法人经济组织；国家机关、事业组织和社会团体；特殊类型经济组织，如租赁经营（生产）、承包经营（生产）的企业等。

3. 劳动合同的内容

（1）法定条款。根据《劳动合同法》第十七条规定，劳动合同应当具备以下条款：

①用人单位的名称、住所和法定代表人或者主要负责人。

②劳动者的姓名、住址和居民身份证或者其他有效身份证件号码。

③劳动合同期限。

④工作内容和工作地点。

⑤工作时间和休息休假。

⑥劳动报酬。

⑦社会保险。

⑧劳动保护、劳动条件和职业危害防护。

⑨法律、法规规定应当纳入劳动合同的其他事项。

（2）约定条款。协商条款是订立劳动合同双方当事人经过协商约定、自行规定的条件，如生活福利、劳动者从事的工种、担任的职务、住房条件、争议解决的途径等。

4. 签订劳动合同应注意的问题

（1）劳动合同签订的时间。自用工之日起一个月内订立书面劳动合同即可，否则用人单位须向劳动者支付双倍工资。自用工之日起超过一年未与劳动者签订书面劳动合同的，视为双方已经形成无固定期限劳动合同。

（2）劳动合同的期限。劳动合同的期限有3种：有固定期限的劳动合同、无固定期限的劳动合同和以完成一定的工作为期限的劳动合同。用人单位与劳动者在签订劳动合同时要根据双方的需求来协商确定劳动合同的期限。同时，如果约定有试用期，试用期是包含在劳动合同期限内的，若劳动合同仅约定试用期的，试用期不成立，该期限为劳动合同期限。并且以完成一定的工作为期限的劳动合同或者劳动合同期限不满3个月的，依照《劳动合同法》的规定该情形不得约定试用期。

（3）对非全日制用工要特别注意的问题。

①非全日制劳动者在同一用人单位一般平均每日工作时间不超过4小时，每周工作时间累计不超过24小时。

②非全日制用工不得约定试用期。

③非全日制用工小时计酬标准不得低于最低小时工资标准。

④非全日制用工劳动报酬结算支付周期最长不得超过 15 日。

（三）就业协议与劳动合同的共性与区别

1. 就业协议与劳动合同的共性

（1）合同的性质一致。毕业生与用人单位签订了就业协议，毕业生就应按协议要求的时间去用人单位报到上班，用人单位要为毕业生安排相应的工作。从实质上说，这就是确定了一种劳动关系，确定这种劳动关系的依据是就业协议。从这一点来看，就业协议与劳动合同的性质是一致的。

（2）都是在当事人双方自愿情况下签订的。无论是就业协议，还是劳动合同，都是双方在平等协议、充分表达主观意愿的情况下签订的，双方对协议或合同中订立的权利、义务都是完全认可的，无强制、胁迫等因素的影响。

（3）都具有法律效力。就业协议和劳动合同都是用人单位与毕业生订立的书面协议，双方都应严格履行，任何一方违约都要承担法律责任。因此，它们具有相同的法律效力。

2. 就业协议与劳动合同的区别

（1）适用的主体不同。就业协议专指高校应届毕业生与用人单位签订的协议，就业主体是大学生、用人单位和学校三方。大学生与用人单位是平等的主体，而学校一方因处于管理者的地位，所以制约着大学生与用人单位的签约行为。劳动合同适用于平等主体，签订劳动合同是劳动者与用人单位以平等主体的身份签订，无须第三人的介入和干涉。另外，签订劳动合同，确立劳动关系的劳动者既可以是高校大学生，也可以是其他劳动者。

（2）签订的内容不同。就业协议是学校、大学生与用人单位签订的初次工作协议，其主要内容是大学生如实介绍自己，并表示愿意到用人单位就业，用人单位表示愿意接收，学校也同意推荐，一般不涉及详细的双方具体权利与义务；而劳动合同的内容十分完整，涉及劳动报酬、劳动纪律、工作内容等诸多方面，权利与义务也更为明确。

（3）适用的法律不同。就业协议双方发生争议的解决一般不会提升到法律的高度，主要根据协议本身内容、现有就业政策和法律对合同的一般规定来解决。而劳动合同发生争议，应依据《劳动合同法》来处理。

（4）签订的时间不同。一般来说，就业协议是大学生毕业离校前，落实了用人单位后签订的；就高校大学生就业而言，劳动合同是大学生到用人单位报到后订立的。可见，就业协议签订在前，劳动合同签订在后。

（5）生效的条件不同。就业协议在大学生与用人单位签字、盖章后还须经学校就业主管部门审核批准后才生效，而劳动合同是双方当事人签字、盖章后生效。

【案例一】

毕业生小王在新生入学教育的就业指导课上，得知现在的就业市场上陷阱重重。因此学计算机专业的她除了在大一时认真学好法律基础课外，还利用业余时间比较系统地看了《劳动法》《劳动合同法》等法律法规，对于劳动就业的规定有了一个大致的了解。毕业签约时，单位提出"试用期 8 个月，试用期满后签订劳动合同"的要求时，小王依据自己掌握的法律知识，以劳动法规定试用期最长不得超过6个月、试用期必须包含在劳动合同期限内为由与单位据理力争，最终使单位按照劳动法的规定签订就业协议，较好地保护了自己的合法权益。

（资料来源：淘豆网，2017年11月09日）

【点评】

就业的市场化体制要求毕业生就业依靠这只无形的手来实现人力资源的合理配置，市场经济是法制经济，毕业生就业也必须走法制化道路。因此，毕业生求职时必须了解就业的法律法规、政策制度，了解劳动用工的相关规定，不断提升自身的法律意识和法律思维，从而更好地保护自身的合法权益。

【案例二】

12月，小李想趁寒假找份工作，她在两家招聘网站上投放了简历。小李说，一家房地产销售公司与她联系了，面试很顺利，今年1月7日，她便在该公司上班了，"主要就是办公室事务，没什么难度"。当时公司告诉她工资每月2 000元，每月15日发放。但当她要求签劳动合同时，公司负责人表示，合同一签，双方的责任、要求也就多了，会很麻烦……看着负责人一脸真诚的样子，她没签合同便开始工作了。和小李一起的，还有另外三个大学毕业生，也都没签劳动合同。从第一个月到第三个月工资发了，可干到第四个月和第五个月，工资就不发了，这让他们无法忍受。"开始说是公司资金出了点儿问题，暂时给不了，后来我再去找，人家居然说我丢失了他们的重要资料，所以钱一分都不给。"

（资料来源：应届毕业生网，2020年12月13日）

【点评】

依照《中华人民共和国劳动合同法》第八十二条的规定，用人单位自用工之日起超过一个月不满一年未与劳动者订立书面劳动合同的，应当向劳动者每月支付两倍的工资，并与劳动者补订书面劳动合同。否则，小李可以随时解除劳动合同，且不承担任何违约责任或者赔偿的风险。如果因为单位故意拖延不订立劳动合同（包括劳动合同到期后不及时续订劳动合同），造成劳动者工资损失、工伤、医疗等待遇损失的，依法承担赔偿责任。

法律链接

《中华人民共和国劳动合同法》第十九条规定："劳动合同期限三个月以上不满一年的，试用期不得超过一个月；劳动合同期限一年以上不满三年的，试用期不得超过二个月；三年以上固定期限和无固定期限的劳动合同，试用期不得超过六个月。同一用人单位与同一劳动者只能约定一次试用期。以完成一定工作任务为期限的劳动合同或者劳动合同期限不满三个月的，不得约定试用期。试用期包含在劳动合同期限内。劳动合同仅约定试用期的，试用期不成立，该期限为劳动合同期限。"

三、劳动争议

（一）什么是劳动争议

劳动争议又称劳动纠纷，是指劳动关系当事人之间因劳动权利和义务产生分歧而引起的争议。劳动争议处理制度是解决劳动争议的重要机制，是劳动争议当事人尤其是劳动者维护自身合法权益的重要法律救济途径。

根据《中华人民共和国劳动法》《中华人民共和国劳动争议调解仲裁法》《中华人民共和国劳动合同法》等法律调整范围的规定，我国境内的企业、个体经济组织、民办非企业单位等组织及国家机关、事业组织、社会团体和与之建立劳动关系的劳动者，事业单位与本单位实行聘用制的工作人员，因劳动权利义务产生分歧而引起的争议，属于劳动争议。但用人单位之间、劳动者之间、用人单位与没有与之建立劳动关系的劳动者、国家机关与公务员之间产生的争议，都不属于劳动争议。劳动争议处理的其他法律依据还包括《中华人民共和国民事诉讼法》《最高人民法院关于审理劳动争议案件适用法律若干问题的解释（1）》《最高人民法院关于审理劳动争议案件适用法律若干问题的解释（2）》《最高人民法院关于审理劳动争议案件适用法律若干问题的解释（3）》《最高人民法院关于审理劳动争议案件适用法律若干问题的解释（4）》以及国务院劳动行政部门依照《中华人民共和国劳动争议调解仲裁法》的有关规定制定的《劳动人事争议仲裁办案规则》。

（二）处理劳动争议的原则

《中华人民共和国劳动争议调解仲裁法》第三条规定，解决劳动争议，应当根据事实，遵循合法、公正、及时、着重调解的原则，依法保护当事人的合法权益。劳动争议处理的过程中应遵守以下几项基本原则：

1. 合法的原则

合法的原则要求在处理劳动争议时，调解组织、劳动人事争议仲裁委员会及人民法院都必须查明事实真相，准确适用法律、公正合法处理劳动争议。贯彻合法的原则还要求，劳动争议的处理程序要合法，劳动争议的处理方法要合法，劳动争议的处理结果要合法，不得损害社会公众利益和他人的合法权益。

2. 公正的原则

公正的原则要求调解组织、劳动人事争议仲裁委员会及人民法院在处理劳动争议案件时，必须客观、公平、合理地处理劳动争议，不能偏袒任何一方，更不能徇私舞弊。任何一方在申请调解仲裁和提起诉讼时，在参加调解、仲裁和诉讼活动时，都享有同等权利，承担的义务也是相同的。

3. 及时的原则

及时的原则是指在劳动争议案件处理中，当事人要及时申请调解或仲裁，超过法定期限将不予受理。调解组织、劳动人事争议仲裁委员会在处理劳动争议案件时，要在规定的时间内完成，人民法院也要及时审判，否则应承担相应的法律责任。

4. 着重调解的原则

处理劳动争议时，在查明事实的前提下，依据法律法规的规定和集体合同、劳动合同的约定，通过说服、劝导等方式，促使争议双方在平等协商、互谅互让的基础上，自愿达成解决劳动争议的协议。实行着重调解的原则,程序简化,有利于争议双方相互理解,也有利于及时、彻底地处理劳动争议。

为了充分发挥调解的作用,《中华人民共和国劳动争议调解仲裁法》不仅规定在仲裁程序中,仲裁庭裁决前应当先行调解,而且单列一章专门规定调解程序,突出了调解的作用,意在引导当事人双方更多地通过协商和调解解决劳动争议。

> **思考题**
>
> 1. 你是否了解大学毕业生求职就业政策?
> 2. 大学生求职就业过程中会有遇到哪些常见的陷阱?如何避免这些求职陷阱?
> 3. 你是否清楚毕业生就业有关各方的权利与义务?

第十二章 心理安全

【学习目标】

1. 了解大学生心理健康的基础知识。
2. 了解心理健康的重要性。
3. 掌握心理健康调适的基本技能。
4. 了解心理健康在大学生思想政治领域的重要意义。
5. 学会处理心理问题的方法。

第一节 大学生心理健康

一、心理学概述

（一）心理学的研究对象

心理学是一门研究心理现象及其发展规律的学科。心理过程包括认识过程、情感过程、意志过程。心理学的研究内容包括个性心理、个性心理倾向、个性心理特征、自我意识。

（二）学科性质

心理学是自然科学和社会科学之间的边缘学科。

（三）学科体系

心理学包括普通心理学、实验心理学、社会心理学、儿童心理学、管理心理学、异常心理学、教育心理学、心理卫生学等。

心理学家是研究人类行为的专家。心理学家关心人们为什么那样思想、那样行动。心理学家与精神科医师和精神分析家的不同点是：没有医学学位。一位"临床心理学家"（Clinical Psychologist）可以担任心理治疗的工作，但一般不会依据弗洛伊德的精神分析理论治疗他的病人。心理学家可以提供下列服务：教育和职业指导、婚姻情感咨询、个人智力和人格测试。

1948年世界卫生组织（WHO）成立时，把健康定义为：健康乃是一种生理、心理和社会适应都日臻完满的状态，而不是没有疾病和虚弱的状态。

二、健康的新观念

古希腊哲学家赫拉克利特说："如果没有健康，智慧就难以表现，文化无从施展，力量不能战斗，财富变成废物，知识无法利用。"

古罗马哲学家西塞罗说："心理疾病比起生理疾病为数更多，为害更烈。"

在我国，关于心理健康的认识可以追溯到古代。《素问·阴阳应象大论》中就提出："喜怒伤气，寒暑伤形；暴怒伤阴，暴喜伤阳。"

1989年，WHO宣言把健康定义为：躯体健康；心理健康；社会适应良好；道德健康。

三、心理健康

（一）什么是心理健康

心理健康是指个体在各种环境中，都能保持良好的心理状态。也就是说，一个人在各种环境中都能保持积极的、乐观的、向上的、良好的心态，在外界环境发生变化时，能及时地调整自己的心态，与外界环境相协调。

1. 心理健康是身体健康的基石

身体健康与心理健康是相辅相成的。一方面，心理健康依赖于身体健康，一个人生病之后，心情一定不会好，情绪易变得消极、低落，这个很容易理解；但是另一方面，心理健康又会影响身体健康，这一点往往很容易被人忽视。

2. 心理健康是学习进步的保证

心理健康不仅与身体健康密切相关，更与学习效果密切相关。体现最明显的就是情绪的影响。相信我们都有这样的体会和感受，在心情愉快、轻松、心态平和、正常的情况下，学习效率高；而在心情不好、郁闷的情况下，怎么学都学不进去。

（1）北京大学王登峰等人提出的心理健康的标准：

①了解自我，悦纳自我。

②接受他人，善与人相处。

③正视现实，接受现实。

④热爱生活，乐于工作。

⑤能协调与控制情绪，心境良好。

⑥人格完整和谐。

⑦智力正常。
⑧心理行为符合年龄特征。
（2）判断心理是否健康的标准：
①智力正常（智商 IQ 70~130）。
②善于协调与控制情绪，心境良好。
③有较强的意志品质。
④人际关系和谐。
⑤能主动地适应和改变现实环境。
⑥有完善、健康的人格。
⑦心理行为符合年龄特征。
（3）大学生主要存在的心理问题特点：
①拥有美好的理想与心理准备不足相矛盾。
②浓厚的享受意识与劳动观念淡薄相矛盾。
③渴求得到别人的理解与心理封闭相矛盾。
④独立意识与依赖心理相矛盾。
⑤进取心强与自制力相对较弱相矛盾。
⑥信息视野扩大与鉴别能力不足相矛盾。
⑦性生理的成熟与性心理的准备不足相矛盾。

美国心理学家特尔曼，对 800 名男性进行了 30 年的跟踪研究表明：成就最大的 20% 和成就最小的 20% 之间，最明显的差别不在于智力水平，而在于是否有良好的心理素质。

3. 心理健康是拥有坚定理想信念的基石

心理健康有助于树立自立的观念，减轻依赖心理。从我们步入大学的那一刻，就意味着我们今后要开始独立的生活了。而通过心理健康教育可以更快地学会面对独自生活，摆脱依赖心理，从而更快地适应大学生活，建立坚定的理想信念，从容地面对生活中的挫折与挑战。

4. 心理健康是人生幸福的源泉

有良好心理素质的人才能发挥出自己的最大潜能，才能不断战胜工作、生活中的困难与挫折，才能不断调节自己保持良好的心态去面对人生，才能拥有成功与幸福的人生。

（二）大学生角色适应与心理健康

1. 大学生角色的新变化

由未成年的中学生成长为具有社会责任意义的大学生，由不自觉的角色者成长为自觉的角色者，由依赖父母的半独立人成长为离开父母照顾、自主安排学习生活的独立人。

2. 大学生角色改变障碍的类型

（1）角色固恋型。环境改变而思想观念和行为模式仍沿用过去的模式。
（2）角色混乱型。个体在青春期阶段与他人所做出的各种认同之间缺乏协调，不知如何定位自己，对未来方向彷徨迷惑。
（3）角色退行型。个体因挫折而改用过时的行为模式来应对当前的环境。

3. 青年角色改变障碍的原因分析

（1）转折太大。

（2）阅历不足。
（3）怀旧倾向。
（4）挫折遭遇。

4. 适应角色改变，排除障碍

（1）了解"角色"是什么。角色，也叫社会角色。它是某一个人因占据一定的社会位置而产生的被期望的心理与行为模式。一般来说，每一个社会角色都有一套相应的社会道德规范或行为标准，这些标准客观上规定了个体在扮演某一特定角色时所应具有的角色和行动，是不以扮演者自己主观的标准为转移的。

（2）清晰角色意识。社会心理学研究认为，社会角色是"非个性"的，不管任何人，也不管他有什么样的个性，只要他充当了某种角色，他就必须按角色被赋予的规范去行动。因此，作为一名大学生，就应知道大学生意味着什么，从而自觉地按大学生的角色规范去规范自己的思想，支配自己的行动。

（3）学会适应，走向成功。进入大学，大家处在同一起跑线上，我们要有"从头再来"的精神，确立起新的目标，并朝着目标锲而不舍地追求，并坚信总有一天会成功。

①重新确立新目标。依据自身的专业、兴趣、特长、个性、条件，重新确立一个目标。

②力争良好的开端。俗话说："既来之，则安之。"面对现实，适应现实，不怨天尤人，培养专业兴趣，不要这山望着那山高，完成学业是第一位的，追求学业优秀才是最佳选择。

③学会自我管理。自我管理包括生活管理和情绪管理，其中生活管理包括习惯关、气候关、语言关、自理关；情绪管理包括走出封闭自我，广泛结交新朋友；学习之余多参加集体活动，多和同学交流、挖掘新生活的亮点；主动关心帮助他人，可以得到对等的回报；做独特的自我。一个人不可能永远保持领先地位，但任何时候都可以做独特的自我，同时也是优秀的自我；学习他人的长处助力自己成长，善于肯定和发现他人的优点；发现自己的优势快乐自信成长，全面客观地认识自己，不断地超越和完善自己。

5. 分清主次，保证重点

大学生的生活丰富多彩，但我们要知道什么是最重要的，什么是最想要而又要得到的，什么是不能失去的。只有抓住最主要的，大学四年才不会虚度。

【课堂互动】

（一）课堂练习

进入大学后"五个最"：
1. 进入大学后，我最满意的是什么？
2. 进入大学后，我最高兴的是什么？
3. 进入大学后，我最关心的是什么？
4. 进入大学后，我最担心的是什么？
5. 进入大学后，我最想做的是什么？

（二）心理适应能力测验

下面的问题能帮助你进行心理适应能力的自我判别。请认真阅读，并判断这些问题与你实际情况的符合程度，然后从每个项目后面附的三种备选答案中选出一个来。

1. 我最怕转学或转班级，每到一个新环境，我总要经过很长一段时间才能适应。

A. 是 B. 无法肯定 C. 不是
2. 每到一个新的地方，我很容易同别人接近。
   A. 是 B. 无法肯定 C. 不是
3. 在陌生人面前，我常无话可说，感到尴尬。
   A. 是 B. 无法肯定 C. 不是
4. 我最喜欢学习新知识或新学科，它给我一种新鲜感，能调动我的积极性。
   A. 是 B. 无法肯定 C. 不是
5. 每到一个新地方，我第一天总是睡不好，即使在家里，只要换一张床，有时也会失眠。
   A. 是 B. 无法肯定 C. 不是
6. 不管生活条件有多大变化，我都能很快习惯。
   A. 是 B. 无法肯定 C. 不是
7. 越是人多的地方，我越感到紧张。
   A. 是 B. 无法肯定 C. 不是
8. 我的成绩多半不会比平时练习差。
   A. 是 B. 无法肯定 C. 不是
9. 全班同学都看着我，心都快跳出来了。
   A. 是 B. 无法肯定 C. 不是
10. 对他（她）有看法，我仍能同他（她）交往。
    A. 是 B. 无法肯定 C. 不是
11. 我做事情总有些不自在。
    A. 是 B. 无法肯定 C. 不是
12. 我很少固执己见，常常乐于采纳别人的观点。
    A. 是 B. 无法肯定 C. 不是
13. 同别人争论时，我常常感到语塞，事后才想起该怎样反驳对方，可惜已经太迟了。
    A. 是 B. 无法肯定 C. 不是
14. 我对生活条件要求不高，即使生活条件很艰苦，我也能过得很愉快。
    A. 是 B. 无法肯定 C. 不是
15. 有时自己明明把课文背得滚瓜烂熟，可在课堂上背的时候，还是会出差错。
    A. 是 B. 无法肯定 C. 不是
16. 在决定胜负成败的关键时刻，我虽然很紧张，但总能很快地使自己镇定下来。
    A. 是 B. 无法肯定 C. 不是
17. 我不喜欢的东西，不管怎么学也学不会。
    A. 是 B. 无法肯定 C. 不是
18. 在嘈杂混乱的环境里，我仍然能集中精力学习，并且效率较高。
    A. 是 B. 无法肯定 C. 不是
19. 我不喜欢陌生人来家里做客，每逢这种情况，我就有意回避。
    A. 是 B. 无法肯定 C. 不是
20. 我很喜欢参加社交活动，我认为这是交朋友的好机会。
    A. 是 B. 无法肯定 C. 不是

【评分规则】

（1）凡是单数号题（1，3，5，7，…），选"是"得 –2 分，选"无法肯定"得 0 分，选"不是"得 2 分。

（2）凡是双数号题（2，4，6，8，…），选"是"得 2 分，选"无法肯定"得 0 分，选"不是"得 0 分。将各题的得分相加，即得总分。

【结果解释】

35~40 分：心理适应能力很强。能很快地适应新的学习、生活环境，与人交往轻松、大方。给人的印象极好，无论进入什么样的环境，都能应付自如，左右逢源。

29~34 分：心理适应能力良好。

17~28 分：心理适应能力一般，当进入一个新的环境，经过一段时间的努力，基本上能适应。

6~16 分，心理适应能力较差，依赖于较好的学习、生活环境，一旦遇到困难则易怨天尤人，甚至消沉。

5 分以下：心理适应能力很差，在各种新环境中，即使经过相当长一段时间的努力，也不一定能够适应，常常困惑，因与周围事物格格不入而十分苦恼。在与他人交往中，总是显得拘谨、羞怯、手足无措。

如果你在这个测试中得分较高，说明你的心理适应能力较强。但是，如果你得分较低，也不必忧心忡忡，因为一个人的心理适应能力是随着年龄的增长、知识经验的丰富而不断增强的。只要你充满信心，刻苦学习、虚心求教、加强锻炼，你的心理适应能力一定会增强。

（三）大学生心理健康的标准

1. 智力正常

正常的智力是大学生学习、生活与工作的基本心理条件，也是适应周围环境变化所必需的心理保证，因此衡量时，关键在于是否正常地、充分地发挥效能，即有强烈的求知欲，乐于学习，能够积极参与学习活动。

2. 情绪健康

情绪健康的主要标志是：情绪稳定和心情愉快（乐观开朗，充满热情，富有朝气，满怀自信，对生活充满希望，善于控制和调节自己的情绪，既能克制约束，又能适度宣泄，不过分压抑，情绪反应正常）。

3. 意志健全

意志是推动人们采取各种行动，克服困难以达到目标的心理动力。意志健全者为实现目标在行动中能表现出较多的自觉性、果断性、顽强性、自制力，机智灵活地克服困难、坚韧不拔、持之以恒，不受外界诱惑。意志不健全者不良习惯多而难以改正，缺乏主动性、优柔寡断、轻率鲁莽、害怕困难、顽固执拗、易受暗示，容易更换目标，甚至"一曝十寒"。

4. 人格完整

人格指一个人所具有的稳定的心理特质的独特综合。人格完整指具有健全统一的人格，即心理和行为和谐统一的人格。

（1）人格要素无明显的缺陷和偏差。
（2）具有正确的自我意识。
（3）人生观正确，并以此支配自己的心理与行为。
（4）人格相对稳定。

如果一个爽朗、乐观、外向的大学生无缘无故地突然变得沉闷、悲观、内向，那就有可能是他的心理不健康了。

5. 自我评价正确

自我评价是指一个人对自己的身心状况、能力和特点，以及自己所处的地位、与他人及社会关系的认识和评价。一个心理健康的人能够做出恰当的自我评价，他们能体验到自己存在的价值，对自己的能力、性格、优缺点能客观评价；同时，能接受自己，对自己抱有正确的态度，不骄傲也不自卑。心理不健康的人常缺乏自知之明，对自己的优缺点缺乏正确的评价，自高自大，自我欣赏，还有的是自暴自弃。

6. 人际关系和谐

良好而深厚的人际关系，是事业成功与生活幸福的前提。其表现为：乐于与人交往，既有广泛而深厚的人际关系，又有知心朋友；在交往中保持独立而完整的人格，有自知之明，不卑不亢；能客观评价别人和自己，善取人之长补己之短，宽以待人，乐于助人，积极的交往态度多于消极态度，交往动机端正。

7. 社会适应

良好社会适应指对社会环境中的一切刺激能做出恰当正常反应。心理健康的大学生能适应生活环境的变化，与现实保持良好的接触，不回避现实，主动面对各种挑战，妥善处理环境与自身的关系，创造条件使自己始终处于有利环境中。心理不健康的大学生则相反。

8. 心理行为符合大学生的年龄特征

大学生是处于特定年龄阶段的特殊群体，大学生应具有与年龄和角色相应的心理行为特征。

【案例】

前几日，晓慧同学找到老师说："我最近状态很差，每天在学校里我知道自己要干什么，学习任务很多，要考的证书也很多，但是情绪一直调整不过来，导致每天效率都很低，朋友也很少，仿佛没有人喜欢和我做朋友。"

【点评】

从晓慧的经历中，我们可以看到，在学习生活中，缺少目标，缺少动力，情绪也变差了，也不愿意交朋友了。对于情绪问题，有三种调适方法可以尝试，即运动训练法、自我认同法、参与社交法。运动训练法，就是利用定期定量的运动锻炼，调节自己的身体状况，缓解压抑、消极的情绪。有多项科学研究表明，定期运动锻炼不仅可以缓解压力、带来快乐，还可以修复长期焦虑、压力带来的损伤，有益于记忆、学习和情绪控制。自我认同法是鼓励大家要克服焦虑，先学会做自己的主人。在与自我相处过程中，花点时间分析一下，得出属于自己的结论，保持自己的想法和意识，不要因为他人的影响沉浸在不好的情绪中。不管每天自己和哪些人聊天、互动，不管获得的是批评还是表扬，这些都是我们认识世界和内醒的素材和契机。还有一种方法是参与社交法，有些同学说我不擅长社交，我有社交恐惧症。首先，"社恐"未必不是好事，"社恐"可以把更多的精力用在自我提升和发展上，所以"社恐"不是必须要改掉的"坏毛病"。但对于调节和释放情绪，多参与社交确实是一个好的方法。

第二节 大学生常见心理问题及影响因素

大学生的成长过程，既包含着身体机能的发育，也包含着心理素质及思想境界的提升。这种成长不仅表现在身体健康方面，也表现在人格、思想及心理的发育成熟方面。方方面面的因素会直接对大学生心理发育、思想及思维、人格的形成带来一定影响，心理健康问题也便顺势而生。在大学期间出现一些问题在所难免，因而，我们在面对大学生各种形形色色的心理健康问题时，应结合实际，从其学习、就业、情感、人际交往及对周边环境的适应性等方面予以分析。

一、大学生常见的心理问题及应对措施

（一）大学生常见的心理问题

1. 环境适应问题

这在大一新生中较为常见。大学新生都有一个角色转换与适应的过程，每年刚入学的大学生往往会出现各种各样的心理问题，心理学上将这一时期称为"大学新生心理失衡期"。导致新生心理失衡的原因首先是现实中的大学与他们心目中的大学有差距，由此产生心理落差；其次是新生对新的环境、新的人际关系、新的教学模式不适应，产生困惑而造成心理失调；此外，新生作为大学中普通的一员，与其以前在中学里作为佼佼者的感觉大不一样，这也是导致心理问题的诱因之一。

2. 学习问题

大学生常见的学习问题主要表现为学习目的问题、学习动力问题、学习方法问题、学习态度问题，以及学习成绩差等。大学期间，学习往往不再如高中阶段那样得到绝大多数人的重视，目的不明确、动力不足、态度不好是构成学习问题的主要方面。

3. 人际关系问题

如何与周围的同学友好相处，建立和谐的人际关系，是大学生面临的一个重要课题。同高中阶段相比，大学生对人际关系问题的关注程度更高，也成为大学生心理困扰的主要来源之一。人际关系问题常常表现为难以和别人愉快相处，没有知心朋友，缺乏必要的交往技巧，过分委曲求全等，以及由此而引起的孤单、苦闷、缺少支持和关爱等痛苦感受。

4. 恋爱与性心理问题

大学生的恋爱与性问题是不可避免的。恋爱问题一般包括单相思、恋爱受挫、恋爱与学业关系问题、情感破裂的报复心理等；而性心理问题常见的有手淫困扰，以及由婚前性行为、校园同居等问题引起的恐惧、焦虑、担忧等。

5. 性格与情绪问题

性格障碍是大学生中较为严重的心理障碍，其形成与成长经历有关，原因较为复杂，主要表现为自卑、怯懦、依赖、神经质、偏激、敌对、孤僻、抑郁等。

6. 求职与择业问题

求职与择业问题，是高年级大学生中常见的问题。在跨入社会时，他们往往感到困惑和担忧。如何选择自己的职业，如何规划自己的生涯，求职需要些什么样的技巧等问题，都会或多或少给他们带来困扰和忧虑。

7. 神经症问题

长期的睡眠困难、焦虑、抑郁、强迫、恐惧等都是神经症的临床表现，是偏离正常状态的心理问题，需要进行专业的心理咨询或心理治疗。

（二）如何面对自身的心理问题

随着心理健康教育的普及，人们对心理健康的认识已逐渐加深，但大学生们在对待他人的心理困惑的态度上比对待自己的问题更为理性，一旦涉及自己则表现得优柔寡断，觉得难以启齿，常常不知所措。要改善这一心态，建议可以从以下方面入手：

1. 坦然面对

心理健康也跟身体健康一样，在人的一生中难免会出现这样那样的问题，出现心理困惑只是成长的正常状态，没有问题哪有成长可言，因而不必大惊小怪、怨天尤人。

2. 不要急于"诊断"

心理问题本身多种多样，成因往往也很复杂，切忌盲目从一些书籍上断章取义，或者道听途说，急于"对号入座"，认定自己患了什么病。弄清问题当然是必要的，但大学生的问题还是发展性的居多，很多都是"成长中的烦恼"，实在不必自己吓自己。

3. 转移注意力

心理问题往往有这么一个特点，就是越注意它，它似乎就越严重。所以，不要老盯着自己的所谓问题不放，不可过分关注自我，而应把注意力转移到学习、生活、工作的方方面面。有自己感兴趣的事情并全力投入是很有利于心理健康的。

4. 调整生活规律

很多时候，只要将自己习惯了的生活规律稍加调整，就会让自己整个的精神面貌焕然一新，所谓的心理问题也随之轻松化解了。

5. 不要忌讳心理咨询

对于严重的、难以排解的心理问题，也可寻求专家咨询及心理卫生机构的帮助。

6. 应对方法

个体维护与增进心理健康的一般原则与措施：

（1）发展良好的自我意识。

（2）自尊自爱。

（3）发展良好的人际关系。

（4）发展良好的社会适应能力。

（5）放弃偏见，求助心理医生。

（6）积极实践，将上述观念用于自己的生活中，及时调整心理状态与反应。

二、大学生心理问题影响因素以及预防

大学生的心理问题复杂、多变，具有独特性，其引发原因多种多样，在具体处理过程中应全面细致地分析其诱因，以便对症下药，迅速有效地解决问题。

（一）环境、角度的变化引发心理冲突

大学生的角色地位及生活环境与高中时期有着很大的不同。首先大学生要自己安排生活，靠自己的能力处理学习、生活、人际等方方面面的问题。据调查，80%的学生以前在家没有洗过衣服，生活自理能力差，对父母有较强的依赖性。生活问题对这部分学生造成了一定的压力。其次，大学中评判学生优劣的标准已不再是单纯的学习成绩，而是包括了组织管理能力、人际交往能力及其他一些因素，这种标准的多样化使部分成绩优秀而其他方面平平的学生感到不适应，心理上产生失落感和自卑感。针对这种情况，首先提高独立生活能力，这是入学适应的第一步，也是适应社会生活的重要一步。

其次需学会正确地评价自己，在不同环境下能够客观地评价自己及他人的长处和短处，并认识到优、缺点是每个人都有的，应当发扬优点，克服缺点，而不应因为缺点的存在就自卑或自暴自弃。

（二）学习压力造成的焦虑心理

现在的大学对学生学习要求严格，若几门课程不及格就会面临失去学位甚至退学的危险，这就给学生造成了一定的心理压力。加之大学更注重学生的自学能力，部分学生由于学习方法不当导致成绩不理想，因而产生挫折感，伴之而生的紧张不安的情绪就是焦虑。适度的焦虑水平及必要的觉醒和紧张对人的学习、工作是必要的，但持续而重度的焦虑则会使人丧失自信，干扰正常思维，从而妨碍学习。

缓解焦虑情绪可从以下几方面入手：首先应建立正确而适度的学习标准，适合自身的能力水平，避免由于期望值过高而造成的过度焦虑。另外，应提高自学能力，掌握适合自己的学习方法，制定良好的学习措施，有效提高学习成绩。如焦虑严重且持续较长，则要通过心理咨询帮助排除。

（三）人际关系不良导致情绪及人格障碍

在大学中，人际关系比高中要复杂得多，要求学生学会与各种类型的人交往，逐步走向社会化。但部分学生不能或很难适应，总是以自己的标准去要求他人，因而造成人际障碍。人际关系不良会导致沟通缺乏，心理紧张，情绪压抑，产生孤独感，从而影响正常的学习和生活。

对于人际关系不良的同学，首先要学会正确对待自己和他人，克服认知偏见。其次要加强个性修养，战胜自卑、羞怯，纠正虚伪自私等不良个性特征。最后要掌握一定的交际原则和技巧，以便建立正常的人际关系，确保学习和生活的正常进行。

（四）爱情引起的情绪困扰

大学生正处于青春期，生理机能已经成熟，逐渐产生了恋爱的要求，但是如果在这个问题上处理不当，就会直接影响心理健康及学习和生活。目前，大学生存在的恋爱困扰主要是对两性交往的不适、性冲动的困扰及缺乏处理恋爱中感情纠葛的能力等。

大学生在校期间谈恋爱不宜提倡，但也不可压制，应该进行正确的引导，正确对待异性交往，培养与异性交往的能力。大学生要学会正确对待自己和恋人，在因恋爱而发生情绪困扰时，应及时进行情绪疏通，使消极情绪得以合理宣泄，以保证正常的学习和生活，维护心理健康。

（五）就业压力造成的心理压力

大学毕业生找工作难是个普遍问题，而要找一个理想的工作就更难。择业过程中遇到的各种问题（如工作单位不如意，担心自己能力不足、缺乏经验而不能胜任工作等），都给临近毕业的大学生造成巨大的压力。这种压力又以一些不正当的渠道宣泄出来，如乱砸东西、酗酒打架、消极厌世等。大学生尤其是毕业生应进行职业辅导，调整择业心态，选择适合于自己的工作。大学生应了解自我，包括对自我身体素质和心理素质（如智力、兴趣、态度、气质、能力等）的认识，这方面可以借助于一些心理测验工具来进行。其次要大学生了解各种职业的基本情况。在这两方面的基础上选择适合于自己特点的职业。同时还应学习基本的求职技巧，以便在求职过程中能发挥优势，表现出自己的真才实干。最后还应正确面对求职中的挫折，调整心态，不断努力寻找机会。

（六）自身心理素质的不足

自我认识片面，情感脆弱、冲动、不稳定，意志薄弱，怯懦、虚荣、冷漠、固执，缺乏正确的人生观和积极的人生态度，耐挫力差，不懂得心理健康，缺乏心理调节的技巧，这些都是心理素质不足的表现特征。因此应丰富心理学知识，增强心理健康意识，学习心理调节的基本技能并力求训练和提高自身的心理素质。

第三节　大学生提升心理健康水平的方法

大学生提升心理健康水平的方法主要从大学生可以做些什么、采取什么措施提升心理水平着手。

一、大学生如何提升心理健康

（一）增强心理健康意识

心理健康意识的确立是保持良好心理健康水平的第一步。心理健康知识是大学生增进自我了解，进而达到自我调节的必不可少的武器。而实践也证明，系统地学习过心理健康知识的大学生，在自我调适、自我疏导方面普遍表现良好，适应能力较强。因此，大学生应该认真地学好大学生心理健康课程，同时也要积极地参加心理健康专题讲座，自觉阅读有关心理健康教育的课外书籍等。

（二）学会自我调适

自我调适，即大学生调整自我认知结构，完善自我的意识，学会调节情绪，锻炼大学生的意志品质，丰富人际交往，提高适应能力，塑造健全人格等。大学生可以使用许多方法来进行自我调适，比如参加学校的各种活动及社团，可以增进大学生的自我管理能力和交际能力，进行体育锻炼，增强体魄，有益身心健康。

（三）积极参加社会实践活动

健康丰富的社会文化交往和社会实践活动，不仅有利于大学生丰富日常生活，也可以锻炼意志品质，提高大学生的实践能力和心理素质，而且有利于大学生自我学习能力的增加。在社会文化交往和社会实践活动中，大学生能充分发挥自身的积极主动性，进行自主的探索和自我的发展，在自我发现、自我判断、自我解决问题的过程中成长，在参与活动中获得亲身体验和感悟。

（四）养成健康的生活方式

健康的生活方式是一个人身心健康的重要保障，生活方式健康的人往往心理健康状况良好。对大学生而言，健康的生活方式主要包括作息合理，膳食平衡，用脑科学，适度运动等。

【案例】

小张是某大学大三的学生，父亲早逝，母亲常年患病，家境贫寒。最近母亲身体状况急转直下，小张认为自己有责任挑起家庭的重担，但又觉得力不从心。即将毕业的他很迷茫，担心找不到理想的工作，但有时又懒得去思考，害怕增添烦恼。学习成绩一般的他看到其他同学都在准备研究生考试后，自己也萌生了想要考研的念头，但是，又不能集中精力学习。小张变得越来越自卑，缺乏自信，回避与同学的交往，生活态度消极，认为一切都糟透了。

【点评】

小张出现的心理困境主要是由多种压力源所造成的，有来自家庭的压力，也有自身能力不足等压力。而小张面对压力采取的是消极应对方式，回避不仅无法解决问题和压力，时间久了，还将对他的学习和生活产生更糟糕的影响。

二、大学生心理安全隐患的预防对策

（一）树立美好的理想和坚定的目标

美好或崇高的理想具有使人振奋、振作的作用，是大学生个体身心健康的催化剂和稳定剂。具有美好或崇高理想的大学生，其内心充满着希望，学习劲头十足。这类大学生内心充实、精神振作，心理安全隐患难以生成。雷锋之所以有非常健康的心理，一个重要的原因是雷锋是一名胸怀崇高理想的战士。正确的航标是保障或保证个体行为始终向上、向善、向阳的重要条件，而"向上、向善、向阳"精神是个体产生正能量的重要基础。

（二）提升自我心理调适能力与意识

诚然，有美好的理想和正确的目标的大学生，其产生心理安全隐患的概率要低些，但是不等于说，有美好的理想和正确的目标的大学生就一定不会产生心理安全隐患。从心理安全的角度来讲，大学生拥有足够的自我心理调适意识和能力，是一种拥有美好的理想和正确的目标更易发挥作用的大学生心理安全隐患预防对策。尤其是对于那些难以建立美好理想或难以确立正确目标的大学生个体，拥有足够的自我心理调适意识和能力显得更为重要。一般来讲，不同的心态可影响个人对成功和失败的态度，可影响个人的抱负水平，可影响个人能力的发展，可影响个人的行为表现。

比如，积极心态常可消除紧张情绪，降低生理疾病发生率，而消极心态常可导致心理和行为失调。以下给出几种健康、快乐心情的形成和保持的基本做法：

1. 放下压力，接纳快乐

现今社会充满着竞争与压力，那些因竞争与压力过大而感到心理安全感缺失的大学生个体要学会让心情回归无谓。这里所说的"无谓"是指明智地、主动地放弃盲目的执着和恰当而实时地削减超过自身能力限度的要求和希望等。当一个人做到"无谓"时，就很容易接纳快乐。事实上，接纳快乐、融入快乐是非常好的心理调适策略。

2. 放下烦恼，积极合理地设定人生理想和目标，克难奋进

当代大学生应主动放下烦恼，积极合理地设定人生理想和目标；要坦然地接受厄运，明白自己的人生就是克难奋进，就是不断地超越自己；要用行动造就出美好的人生，要让含有辛苦劳作汗水的阳光照亮自己的人生。

3. 放下自卑，让精神振奋起来

自卑是妨碍人生前进的负能量，是人生航程上的"冰山"。有自卑心理安全隐患的大学生个体若能越早地破除自卑这一人生前进道路上的障碍，就能越早地振奋精神，就能更好地接纳快乐，就能更好地融入快乐。因此，有自卑心理安全隐患的大学生个体应主动放下自卑，尽快让精神振奋起来。

4. 放下狭隘，让思想开阔起来

一个人若能把自己的人生境界或人生目标定得高一些或远一些，就像雷锋同志那样大公无私、胸怀人民，那么他的烦恼就会更少，他的人生就会更美好。事实上，思想开阔、性格开朗的人往往不容易产生心理安全隐患。这是因为，只有在宽容的世界里，才能奏出和谐的生命之歌，美好的人生才易于实现。

1. 你如何看待大学生心理安全的重要性？
2. 你认为影响大学生心理安全的因素有哪些？
3. 随着学业和生活压力不断增大，大学生很容易受到心理问题的困扰，在日常生活中你更容易受到哪些问题的困扰呢？都是采用什么方法解决的？

参考文献

[1] 张宪民，蒋利明，欧阳雅文. 大学生安全与法制教育 [M]. 北京：中国林业出版社，2019.

[2] 李宗茂. 大学生安全与法纪教育读本 [M]. 北京：中国人民大学出版社，2019.

[3] 李先德，刘凤健. 大学生国家安全教育 [M]. 太原：山西人民出版社，2021.

[4]《总体国家安全观干部读本》编委会. 总体国家安全观干部读本 [M]. 北京：人民出版社，2016.

[5] 唐娣芬，王争辉，李晓林. 大学生安全教育——平安进校园 [M]. 北京：国防科技大学出版社，2017.

[6] 刘跃进. 国家安全学 [M]. 北京：中国政法大学出版社，2004.

[7] 吴少怡. 大学生心理健康教育 [M]. 济南：山东大学出版社，2012.

[8] 胡凯. 大学生心理健康理论与方法 [M]. 北京：人民出版社，2010.

[9] 梁志成. 从校园运动安全事故成因谈校园运动安全防护体系的构建 [J]. 体育师友，2021，44（3）：3.

[10] 任红桦. 基于应急理念的学校运动安全管理策略——评《应急处置与安全自救：校内外学生运动安全管理与教育》[J]. 中国安全科学学报，2021，31（10）：196.

[11] 甘富兰. 浅谈学校安全防范和校园周边环境治理 [J]. 科学咨询，2020（50）：1.

[12] 张立满，周渊. 高校国防教育学科化困境与对策 [J]. 高等教育研究学报，2020，43（4）：6.

[13] 郭继红，王未强. 新冠疫情下思政课加强国家安全意识教育的思考 [J]. 成都中医药大学学报：教育科学版，2020，22（3）：4.

[14] 刘芳. 新时代大学生总体国家安全观教育切入点研究 [J]. 红河学院学报，2018，16（3）：4.

[15] 曹晓飞. 大学生总体国家安全观教育的战略意义及实现路径 [J]. 思想理论教育导刊，2018（2）：5.

[16] 王焕斌. 大学生安全教育 [M]. 上海：上海交通大学出版社，2018.